Rot-weiß-rote Weltreisen

Expeditionen der k. k. Marine

HOLZHAUSEN

Die Deutsche Bibliothek – CIP-Einheitsaufnahme

Rot-Weiß-Rote Weltreisen : Expeditionen der k. k. Marine /
Horst Friedrich Mayer/Dieter Winkler. – Wien : Holzhausen, 1998
ISBN 3-900518-90-4

Verlag Holzhausen

Graphische Gestaltung: Robert Kaitan
Umschlag: Robert Kaitan
Umschlagbild: Meeresoberfläche: Mauritius Bildagentur
Abbildung des Schiffes SAIDA, Sammlung Dieter Winkler
Druck: Adolf Holzhausens Nachfolger, Wien
Printed in Austria

ISBN 3-900518-90-4

Horst Friedrich Mayer / Dieter Winkler

ROT-WEISS-ROTE WELTREISEN

Expeditionen der k. k. Marine

Verlag Holzhausen • Wien 1998

Inhalt

I. SARDELLEN ODER KAKAO

Die Habsburger und ihre Marine

Das Schiffsmaterial

Ausrüstung und Lebensmittel

Die Navigation

Die Zielsetzungen

Kaum eine Kriegsmarine in vergleichbarer Größe hat – wie die Marine der Donaumonarchie – mit so bescheidenen finanziellen Mitteln so bedeutende wissenschaftliche Leistungen vollbracht. Neben Finanzierungsproblemen hatte die Marine auch gegen das distanzierte Verhältnis zu ihrem Obersten Kriegsherren anzukämpfen. Kaiser Franz Josef, der von 1848–1916 regierte, nie in Marineuniform erschien und auch keine besaß, fühlte sich Zeit seines Lebens immer als Herrscher einer Kontinentalmacht. Und das, obwohl mehrere Angehörige des Hauses Habsburg „gelernte" Marineoffiziere waren: Erzherzog Friedrich, der erste Maria Theresien-Ritter der k. k. Kriegsmarine, und Erzherzog Ferdinand Max, der spätere Kaiser von Mexiko, erhielten eine seemännische Ausbildung und führten von 1844–1847 beziehungsweise 1854–1864 das Marinekommando. Aber auch die Erzherzöge Karl Stephan und Leopold Ferdinand frequentierten als Externisten-Zöglinge die Marine-Akademie in den Jahren 1876–1879 und 1883–1887.

Erzherzog Ferdinand Maximilian (1832–1867), der spätere Kaiser von Mexiko, war 1854–1867 Marinekommandant.

In diesem Licht müssen die Erfolge dieser Missionsfahrten und Auslandsreisen der (k. k. und ab dem Jahre 1889 k. u. k.) Kriegsmarine gesehen werden. Besonders Erzherzog Ferdinand Max, der Bruder Kaiser Franz Josefs, erkannte die Notwendigkeit einer starken und organisierten Flotte. Ein Schwerpunkt seiner Bestrebungen bildete die bestmögliche Ausbildung der Besatzungen, Offiziere und Mannschaften durch regelmäßige Auslands- und Schulungsfahrten von Kriegsschiffen zur Förderung der Handelsinteressen der Monarchie. Gleichzeitig aber hob er auch die Bedeutung der Marine für wissenschaftliche Betätigung und Forschung.

Welche Schiffstypen wurden nun für solche Auslandsreisen in Dienst gestellt? Die Klassifikation der Kriegsfahrzeuge der Segelschiffzeit erfolgte nach der vorhandenen Artillerie sowie nach dem Bausystem: der Dreidecker, der Zweidecker, die Fregatte (44–60 Kanonen),

Pola, Kriegshafen, 1886. Fregatten, Korvetten und Hulks liegen an ihren Bojen.

S. M. Brigg SAIDA (344 t), strandete während einer Missionsreise am 2. November 1874 bei Favazina an der kalabrischen Küste; ein Mann ertrank, die Brigg war ein Totalverlust.

die Korvette (15–26 Kanonen), alle mit drei Masten, schließlich die Brigg und der Schoner, die mit zwei Masten bestückt waren. Von diesen Schiffen wurden vor allem die Fregatten und Korvetten auf weite Fahrt geschickt. Auf einer Glattdeck-Korvette standen die Geschütze auf dem Oberdeck, während die Gedeckte Korvette eine Lage Geschütze unter Deck führte. Die Fregatten wiederum verfügten über je eine Lage Kanonen auf und unter Deck. Nach der Einführung der schweren Artillerie wurden freilich die Bezeichnungen „Fregatte" und „Korvette" willkürlich gebraucht; im allgemeinen hießen Schiffe mit gedeckten Batterien nun Fregatten oder Gedeckte Korvette, Schiffe mit ungedeckten Batterien wurden als Glattdeck-Korvetten bezeichnet. Mit der Einführung des Dampfbetriebes wurden diese Holzkriegsschiffe mit Hilfsdampfmaschinen versehen und erhielten meistens heißbare Schrauben, in einem sogenannten Brunnen zwischen Hinter- und Rudersteven eingebaut. D. h. die Schraube konnte bei Segelbetrieb aufgezogen und dadurch der Widerstand im Wasser verringert werden. Ein weiterer Vorteil dieser Anordnung war, daß Schraubenreparaturen ohne Dockung des Schiffes durchgeführt werden konnten. Nun hießen diese Kriegsschiffe entweder Gedeckte Schraubenkorvette oder aber Schraubenfregatte.

Das Innere eines Schiffes des 19. Jahrhunderts bestand aus zwei Etagen, dem Zwischendeck und dem sogenannten „Raum“. Hier befanden sich mehrere Unterteilungen, wie die Laternenkammer, die große Pulver- und Granatenkammer und anschließend links und rechts die Brotkammern, mit Weißblech ausgeschlagen, als Feuchtigkeitsschutz, in denen der Schiffszwieback aufbewahrt wurde. Daran schloß sich das Wein- und Spiritusmagazin, in dem diese Produkte in Fässern gelagert waren. Zu beiden Seiten dieses Raumes lagen die Räume für den trockenen Proviant (Mehl usw.). Am Fockmast wurde in eisernen Zisternen der Großteil des Süßwassers aufbewahrt. Fässer mit gesalzenem Rind- und Schweinefleisch lagerten oberhalb des Ballastes. Im Vorderteil des „Raumes“ lag das Hauptmagazin, in dessen Mitte sich die kleine Pulverkammer befand. Im Hauptmagazin lagerten die Werkzeuge und Materialien des Boots- und des Zimmermannes und der anderen „Professionisten“. Darunter wurde Brennmaterial wie Kohle und Holz gespeichert. Hinter dem Hauptmagazin befanden sich noch die Segelkammer und die „Bottlerei“, sie diente der Verabreichung des täglichen Lebensmittelbedarfes. Diese traditionelle Einteilung mußte in Schraubenschiffen geändert werden, da in der Schiffsmitte ja nun Raum für den Dampfkessel und die Dampfmaschine und für die Welle mit Schraube geschaffen werden mußte. Weiteren Platzbedarf erforderten die Wohnräume der Offiziere, diverse Messen und das Lazarett.

Der Bootsmann und seine Signalpfeife in Aktion. Aus diesem Grund mußte er mit der linken Hand salutieren.

Für die Missionsreisen mußte wegen des höheren Proviant- und Brennstoffbedarfes zusätzlicher Stauraum geschaffen werden. Dafür mußten die Schiffe meist umgebaut werden. Außerdem beanspruchten die mitreisenden Privatpersonen (meist Diplomaten, Wissenschaftler und Militärs) passende Unterkünfte.

Der allgemeine Begriff „Ausrüstung“ gilt für den Ballast, die Anker samt Ketten, die Beiboote, die schweren Geschütze, Waffen und Munition, die Flaggen und schließlich für die Lebensmittel, das Trinkwasser und das Brennmaterial. Zur Sicherung der Stabilität brauchte man einen möglichst tiefliegenden Schwerpunkt, und dafür wiederum führte das Schiff eine große Menge Ballast mit. Dieser Ballast bestand aus länglichen Gußeisenstücken, die im untersten Raum in Schichten aufgestapelt wurden.

Der Anker – das Sinnbild der Marine, auf jedem Emblem, den Knöpfen oder den Distinktionen ist er vorhanden – war aus Eisen geschmiedet und bestand aus Ankerring, Ankerschaft, Ankerhals, Ankerarmen und Ankerhänden. Bei der k. (u.) k. Kriegsmarine waren der Admiralitäts-, der Stock- und Martinsanker in Verwendung.

Das k. k. Marineemblem, bestehend aus der Kaiserkrone und dem unklaren Anker, wie es im Jahre 1857 eingeführt und bis 1918 verwendet wurde.

An Booten führten große Kriegsschiffe in der Regel sieben Boote der verschiedensten Gattungen mit sich. Es waren dies: eine oder zwei Barkassen für 100 bis 120 Mann, meistens mit einer Dampfmaschine als Antrieb versehen; weiters eine Pinnasse mit bis zu sechzehn Riemen, zwei Kutter mit bis zu zwölf Riemen, eine Jolle mit vier Riemen und schließlich das Gigg, das Boot des Kommandanten. Natürlich konnten alle diese Bootstypen getakelt werden, das heißt mit Masten und Segeln versehen werden. Außer den Batterie- und Deckgeschützen kamen noch Boots- und Landungsgeschütze und ein ganzes Arsenal von Blank- und Feuerwaffen, wie Gewehre, Revolver, Enterbeile, Entersäbel und

Enterpiken an Bord. Sicher ist sicher, denn selbst die Dampfer des Österreichischen Lloyd führten noch bis zum Ende des letzten Jahrhunderts Waffen mit, um sich nicht nur auf der Indien- und Chinalinie, sondern auch in der Levante vor Piraten schützen zu können.

Jede seefahrende Nation besitzt und führt ihre Flagge, durch die ihre Schiffe auf See oder im Hafen auch richtig erkannt werden. Schiffe Österreich-Ungarns führten ab dem Jahre 1869 bis zum Zusammenbruch der Doppelmonarchie zwei Flaggen: entweder eine Kriegs- oder eine Handelsflagge. Diese Flaggen wurden entweder auf der Spitze der Besangaffel oder sonst auf einem eigenen Flaggenstock am Heck des Schiffes geführt. Neben dieser Nationalflagge gab es noch eine Reihe von Wimpeln und Standern, die als Kommandozeichen, vom Kaiser bis zum Kommodore, gehißt wurden. Dann natürlich gab es noch den großen Block der Signalflaggen, die zusammen mit dem Signalbuch zur Übermittlung wichtiger Nachrichten gebraucht wurden.

Am wichtigsten waren natürlich die Vorräte an Wasser und an Lebensmitteln. Früher wurde Trinkwasser in Fässern, die viel Platz raubten, gestaut. Später kamen die eisernen Zisternen. Erst im letzten Drittel des 19. Jahrhunderts wurden die Missionsschiffe mit Destillierapparaten zur Trinkwassererzeugung versehen. Diese Geräte verbrauchten aber den so wichtigen Brennstoff und wurden daher nur in Notfällen in Betrieb genommen. Allerdings brachte das köstliche Naß bei tropischen Temperaturen kaum Erfrischung. Erfinderische Köpfe füllten das Trinkwasser in Flaschen und ließen diese während der Nacht im Fahrtwind kühlen. Leider vergingen sich immer wieder Nachtwandler an diesem gekühlten Wasser und ergänzten das fehlende, sehr zum Mißvergnügen der Besitzer, aus dem Meer.

Matrosen beim „Schaffen"

Der mit „Cirkular-Verordnung“ Nr. 6086 vom 18. September 1863 eingeführten „Speisetabelle für die tägliche Schiffskost unter Segel“ entnehmen wir, daß drei Mahlzeiten je nach Wochentag genau vorgeschrieben waren. Am Montag, Mittwoch und Samstag bestand das Frühstück aus 8 Loth Zwieback oder Brot (1 Loth = 16 2/3 Gramm) und Cacao mit Zucker; am Montag, Mittwoch, Freitag und Sonntag das Mittagsmahl aus 16 Loth Zwieback, Pökelfleisch mit Nudeln oder Reis, Hülsenfrüchten sowie einem Viertel Wein; das Nachtmahl täglich aus 8 Loth Zwieback und einem 1/20 Rum. Wer tagsüber nicht Zwieback gespart hatte, dem konnte es leicht passieren, daß er hungrig schlafen gehen mußte.

Dienstags und freitags wurden zum Frühstück Zwieback, Käse sowie ein 1/20 Rum verabreicht; dienstags, donnerstags und samstags standen Zwieback, Schweinefleisch, Nudeln, Erbsen sowie ein Viertel Wein auf der Speisekarte. Das Frühstück am Donnerstag und am Sonntag hatte seinen besonderen Reiz, es gab nämlich 3 Stück Sardellen mit einem Viertel Wein sowie 8 Loth Zwieback. Prost Mahlzeit!

Von den verabreichten Käsesorten wurden Parmesan, Holländer oder Schweizer Käse bevorzugt, während die Käse von Candia, Morea und Sizilien als „der Gesundheit minder zuträglich“ auszuschließen waren. War Käse im Ausland nicht aufzutreiben, wurde er durch „Cacao“ oder Sardellen ersetzt! Ferner erfahren wir aus dieser Verordnung, daß der Rum zur Bereitung des Grogs an die Mannschaft ungewässert auszufolgen ist, es sei jedoch streng Sorge zu tragen, daß der Rum nicht pur, sondern „mit einer dem Geschmacke des Mannes angemessenen Quantität Wasser verdünnt“ genossen werde. Weiters: „In Orten, wo Grünzeug wohlfeil zu haben ist“, also Gemüse und Erdäpfel, wurde bei der Mittagsration ein Loth Fleisch durch frisches Gemüse, Erdäpfel oder beides ersetzt. Konserven gab es zwar schon, doch hatten sie ihr „Ablaufdatum“ meist allzu früh erreicht.

Einschiffung von Frischproviant während einer Missionsreise

Eine große Gefahr für diese „Transversaden“ (so nannte man die Ozeanüberquerungen) bildeten auch Krankheiten, Malaria, Ruhr, Typhus, Gelbfieber, Cholera und Skorbut. Deshalb wurde an Bord auch auf die Hygiene streng geachtet. Duschen oder warme Bäder sollten der Mannschaft alle vier Wochen, den Offizieren alle zwei Wochen ermöglicht werden! Die Maßnahmen zur Bekämpfung des Skorbuts sind in der „Marine Normalverordnung“ Abt. 3/MS Nr. 1246 vom 29. März 1872 festgehalten: „Beim Überhandnehmen von Scorbut auf Schiffen ist der Mannschaft Früh und Abends eine Mischung von 1/40 Maß Essig per Mann mit gleichen Theilen Wasser als Mund-Reinigungsmittel zu verabfolgen, und es haben in einem solchen Falle folgende Aenderungen in der Verpflegung der Bord-Mannschaft einzutreten: Die Mannschafts-Suppe hat mit Essig angesäuert zu werden, derart, daß auf die Ration 1/40 Maß Essig kommt.“

Sollte ein Schiff, welches Skorbut an Bord hat, in See stechen, so hat es so viel frische Erdäpfel oder andere haltbare frische Vegetabilien, inklusive Zwiebeln an Bord zu nehmen, daß von ersteren täglich 1/2 Pfund, von letzteren 1/4 Loth per Kopf für die Dauer des voraussichtlichen Seeaufenthaltes entfallen.

„Nebstdem sind, wo dieses auf den Schiffen überhaupt möglich ist, mit Berücksichtigung der räumlichen Verhältnisse an Bord auch Rinder, und dort, wo keine Rinder zu haben, für die Mannschaft kleinere Thiere, als: Schafe oder Kälber, einzuschiffen." Allerdings hatte das Einschiffen lebender Schlachttiere seine Tücken. Das Mitführen von Rindern war nur auf Batterieschiffen möglich, während kleinere Fahrzeuge auf das liebe Federvieh angewiesen waren. Abgesehen davon, daß diese Lebewesen auch wieder Raum brauchten, der ohnehin schon karg genug war, stanken sie und litten, mit Ausnahme der Schweine, die noch seit Noahs Zeiten geborene Seeleute zu sein scheinen, im höchsten Grade an der Seekrankheit. Sie verloren die Freßlust, magerten in kürzester Zeit zu Skeletten ab und mußten geschlachtet werden. Die Hühner, die ihrer großen Zahl wegen nicht so scharf unter Kontrolle gehalten werden konnten, kamen oft schon als „Bordleichen" auf den Tisch, mit dem Ergebnis, daß ein Seeheimkehrer wieder auf festem Boden in den ersten Monaten auch dem schönsten, gebratenen Poulard oder einem Backhendel im weiten Bogen auswich.

Heute, im Zeitalter der Satellitennavigation, fällt es schwer, die Methoden zur Kurs- und Ortsbestimmung von früher nachzuvollziehen: Die Schiffsführer des Altertums bedienten sich noch der einfachsten Mittel, sie segelten nach dem Sternenhimmel, nach der Richtung der Schatten und nach ihrer Erfahrung. Sie betrieben ja in erster Linie Küstenschiffahrt. Schon die Griechen regten im ersten Jahrhundert v. Chr. die Anlage von Netzkarten an, auf denen die Lage eines Punktes auf der Erdoberfläche durch „Länge" und „Breite" definierbar wäre; auch die Krümmung der Erdoberfläche war ihnen bekannt. Mit dem Untergang der griechischen Kultur gerieten diese Erkenntnisse freilich in Vergessenheit, wie aus den späteren Rad- und Scheibenkarten – Jerusalem als Mittelpunkt – hervorgeht. Erst die Erfindung des Kompasses bildete in der Navigation einen bedeutenden Fortschritt. Obwohl die Wirkung der Magnetnadel den Chinesen schon lange vor uns bekannt war, wurde irrtümlich die Erfindung des Kompasses dem Neapolitaner Gioja Flavio zu Beginn des 14. Jahrhunderts zugeschrieben. Aber schon hundert Jahre vorher hatten der Kardinal Jacques de Vitry und der Kreuzfahrer Pierre de Maricourt über den Kompaß als nautisches Instrument berichtet. Es ist anzunehmen, daß alle Seefahrernationen ihren Teil zur Entwicklung des Kompasses beigetragen haben. Mit Hilfe des Kompasses konnte nun auf Grund der Kompaßrichtung und mit der geschätzten Entfernung diese Distanz auf einer Karte eingetragen werden; so entstanden die sogenannten Kompaßkarten. Allerdings hatten diese zwei gravierende Fehler, sie vernachlässigten die Erdkrümmung und die damals noch nicht bekannte magnetische Abweichung.

Gegen Mitte des 16. Jahrhunderts verbesserte die Projektionsmethode nach Mercator die Seekarten entscheidend. Der niederländische Geograph Gerhard Mercator erkannte, daß die Meridiane und Parallelen in der Darstellung gerade Linien bleiben müssen. Um das zu erreichen, projizierte der Wissenschaftler ganz einfach die Erdoberfläche auf einen endlosen Zylinder. Erst mit der Erfindung des Sextanten durch die englischen Physiker Isaac Newton und Hadley um das Jahr 1700 war eine verhältnismäßig genaue Bestimmung der Lage eines Ortes möglich. Trotzdem blieben noch viele Punkte, speziell auf dem

Gebiet der Seekarten, offen. Es fehlten die Angabe der Tiefe, die hydrographischen Zeichen, der Anfangsmeridian, der einheitliche Maßstab und die Beschriftung. Um 1737 schuf der französische Geograph Buache eine Seekarte, in der zum ersten Mal Linien gleicher Meerestiefen vorkamen. Die in Jahrhunderten gesammelten Erfahrungen und ausgereiften Ideen, die hohe Kunst der Zeichner, Kupferstecher und Lithographen in Verbindung mit den verbesserten Vervielfältigungsmethoden machten erst möglich, daß die Seekarten des 19. und 20. Jahrhunderts ihren an sie gestellten Aufgaben gerecht wurden, wobei österreichische Hydrographen und Angehörige der Kriegsmarine einen wesentlichen Beitrag leisteten. Die Einführung der Dampfschiffahrt mit ihren höheren Geschwindigkeiten steigerte noch die navigatorischen Bedürfnisse und stellte auch höhere Anforderungen an die Hydrographie; so waren zum Beispiel die Maßstäbe der vorhandenen Karten zu klein. Neue Küsten-Aufnahmen, Tiefenmessungen in der Adria, aber auch im Mittelmeer und im Roten Meer schufen jenen Typ von Seekarten, wie er noch heute für die italienischen, kroatischen und englischen Seekarten als Grundlage dient.

Wurde nun ein Schiff „ausgerüstet" und auf die Reise geschickt, erhielt der Schiffskommandant diverse Instruktionen. Diese nannten die beiläufige Dauer der Missionsfahrt, die Reihenfolge der anzulaufenden Häfen sowie den Befehl, bei möglichen politischen Verwicklungen im Einvernehmen mit dem jeweiligen k. u. k. Generalkonsulat zum Schutze österreichischer Staatsbürger einzuschreiten. In erster Linie war der Reisezweck aber die seemännische Ausbildung des Stabes und der Mannschaft. Die jungen Seeoffiziere sollten ihr Wissen durch das Kennenlernen fremder Kulturen und Länder erweitern. Die Instruktionen über die Sicherung der Handelsbeziehungen der Monarchie erfahren wir aus den Anordnungen, die Korvettenkapitän Karl Spetzler als Kommandant des Kanonenbootes NAUTILUS für die von ihm kommandierte Missionsreise nach Siam, China und Japan in den Jahren 1884–1887 erhielt:

„Euer Hochwohlgeboren werden trachten, alles zu bemerken, was in Beziehung auf commerzielle, handelspolitische und consularische Angelegenheiten geeignet erscheint, den vaterländischen Interessen förderlich zu sein, und hierüber möglichst eingehend Bericht zu erstatten. Des weiteren werden Euer Hochwohlgeboren angewiesen, überall dort, wo Sie mit Schiffen der österr. ungar. Handelsmarine zusammentreffen, denselben in jeder zulässigen Weise durch Rath und That behilflich zu sein, und deren Interessen auf diese Art möglichst zu fördern.

Die Frage der Rentabilität der indo-chinesischen Linien, sowie der dortigen Fracht- und Verkehrsverhältnisse überhaupt, ferner die Frage einer eventuellen Ausdehnung jener Linien des Österr.-Ungar. Lloyd zu den chinesischen und japanischen Hafenplätzen, sowie auch die Frage bezüglich des Abschlusses von Cartellverträgen von Seite des Lloyd mit fremden Schiffahrtsgesellschaften, wegen Weiterbeförderung der auf Lloydschiffen transportierten Waren nach Häfen, welche letztere nicht berühren, sind ebenfalls in den Kreis Ihrer Berichterstattung einzubeziehen, und haben Euer Hochwohlgeboren zu trachten, sich diesbezüglich durch die k. u. k. Consularvertretungen, sowie von Seite gewiegter Handelsleute, oder aus sonstigen vertrauenswürdigen Quellen, die gewünschten Informationen zu verschaffen."

Neben solchen offiziellen Instruktionen erhielten die Schiffskommandanten oft noch eine Reihe sogenannter „Wunschzettel" der diversen k. k. Museen mit auf die Reise. Diese Aufträge reichten vom Ankauf ausländischer Münzen für das Münzkabinett bis zur erbetenen Anlage exotischer Herbarien. Aber auch der Tiergarten Schönbrunn benützte Schiffe der Kriegsmarine für Tiertransporte, um die Transportkosten zu senken und den kostspieligen Zwischenhandel auszuschalten. Außerdem erstanden die Seeoffiziere im Ausland gern das eine oder andere exotische Tier, das dann als Spende in Schönbrunn landete. Selbst ein mitgebrachter Kragenbär fand dort ein beschauliches Asyl. Sogar Angehörige des Erzhauses brachten dem Tiergarten aus dem Ausland gern etwas mit. So berichtet der ehemalige Direktor Julius Brachetka in seinem Buch „Schönbrunn und sein Tiergarten" unter anderem:

Triest, Stapellauf des Schlachtschiffes TEGETTHOFF am 21. 3. 1912. Erzherzog Franz Ferdinand, Thronfolger, Admiral und eifriger Förderer der österreichischen Flotte (Mitte) erschien oft und gerne in der Marineuniform.

„Franz Ferdinand hatte der Menagerie zwei Kretenser Steinböcke gespendet. Eines Tages sah nun Kraus (Direktor des Tiergartens), wie der eine Bock in einer Ecke, wo die Gitter zusammenstießen, emporzusteigen versuchte. Um eine etwaige Flucht zu verhindern – derartiges war immerhin schon vorgekommen –, ließ er über besagter Ecke eine Gitterabdachung herstellen. Soweit, so gut; nur hing am nächsten Morgen der eine Steinbock tot in diesem Gitter. Darob große Bestürzung. Melden mußte man es, also rief Kraus den diensthabenden Adjutanten des Erzherzoges an. Dieser, offenbar in dem Bestreben, die unangenehme Nachricht nicht selbst dem Erzherzog mitteilen zu müssen, sagte: ‚Einen Augenblick, ich verbinde Sie mit Seiner kaiserlichen Hoheit.' Gleich darauf meldete sich der Erzherzog am Telefon. Kraus fiel momentan nichts anderes ein, als zu sagen: ‚Kaiserliche Hoheit, der Kretenser Steinbock hat sich erhängt.' Worauf es prompt zurückkam: ‚So, dann geben Sie acht, daß sich der andere nicht erschießt.'"

II. DIE CHINESEN WOLLEN DEN DOPPELADLER SEHEN

Das alte Österreich auf der Suche nach Kolonien

Abenteurer in kaiserlichen Diensten

Eine Wissenschaftsbrücke nach Brasilien

Ungefähr eineinhalb Jahrhunderte währte die Bereitschaft der Habsburger, ihre Kriegsschiffe zu wissenschaftlichen Zwecken in die Welt segeln zu lassen, also mit anderen Befehlen und Aufgaben als die Schiffe der großen Seemächte jener Zeit. Die kaiserlichen Schiffe führten keine Kaperbriefe mit sich, die ihren Kapitänen den Rang legitimierter Piraten verliehen, sie mußten nicht als Geleitzüge schwerbeladene Handelsschiffe sichern, die mit reicher Handelsbeute in die Heimat zurückkehrten – nein, die Schiffe unter dem auf weite Entfernungen auf offener See nur schwer sichtbaren Doppeladler (der 1787 durch die vertrauten, alten rot-weiß-roten Babenbergerfahnen ersetzt wurde) führten vor allem wissenschaftliche Aufträge aus. Der Wiener Historiker Günther Hamann, der sich mit dem Anteil Österreichs an der Erforschung der Erde wissenschaftlich befaßt und ihm einen Teil seiner Forschungsarbeiten gewidmet hatte, schrieb über diese Zeit: „Diesmal hatten wir es im besonderen mit der Wissenschaftsgeschichte, noch dazu in einem auf den ersten Blick eher ungewöhnlichen Zusammenhang zu tun – im Rahmen des militärischen Sektors der altösterreichischen Geschichte, der sich in dieser Hinsicht von seiner besten und nützlichsten Seite zeigte. Denn das vielstrapazierte Wort ‚ruhmreich', das so oft in militärischen Zusammenhängen gebraucht, ja noch viel öfter mißbraucht wurde, ist unter diesen zivilen Aspekten zu einer tieferen, reineren Bedeutung veredelt worden, weil es dabei Leistungen und Werte betrifft, welche sogar das, was an der alten Monarchie sterblich war, überlebt haben."

Hamann ist auch für den Hinweis zu danken, daß bereits der große Botaniker Nicolaus Josef Freiherr von Jacquin von 1755 bis 1759 in kaiserlichem Auftrag im karibisch-mittelamerikanischen Raum unterwegs war. Seine wissenschaftliche Ausbeute trug dazu bei, „daß durch diese einzigartigen Bereicherungen der kaiserlichen Anlagen und Museen die Aufmerksamkeit der gesamten gelehrten Welt auf Wien als ein Zentrum der aufblühenden Naturgeschichte gelenkt wurde." Jacquin, dem die Wiener die Schaffung des Botanischen Gartens, die Erweiterung des botanischen Gartens in Schönbrunn und die Begründung der berühmten Botanikerschule ihrer Universität verdanken, hat auch jene Pläne und Konzepte entworfen, nach denen die späteren wissenschaftlichen Expeditionen im Dienste des alten Österreich vorgingen.

Koloniales Denken war dem Wiener Hof des 18. Jahrhunderts weitgehend fremd. Noch bildeten ja die Türken eine permanente Bedrohung im Osten des Reiches, und die Hauptsorge galt der Wiederbesiedlung der dem „Erbfeind der Christenheit" wieder abgenommenen großen Gebiete und deren dauerhafter militärischer Absicherung. Die militärischen Erfolge des Prinzen Eugen hatten durch den Frieden von Passarowitz den unmittelbaren Druck durch die Türken ein wenig gemildert und Österreich den Status einer europäischen Supermacht eingebracht, aber die Koalitionen im Europa von damals pflegten sich rasch zu ändern. Karl VI. jedenfalls verlagerte den politischen Schwer-

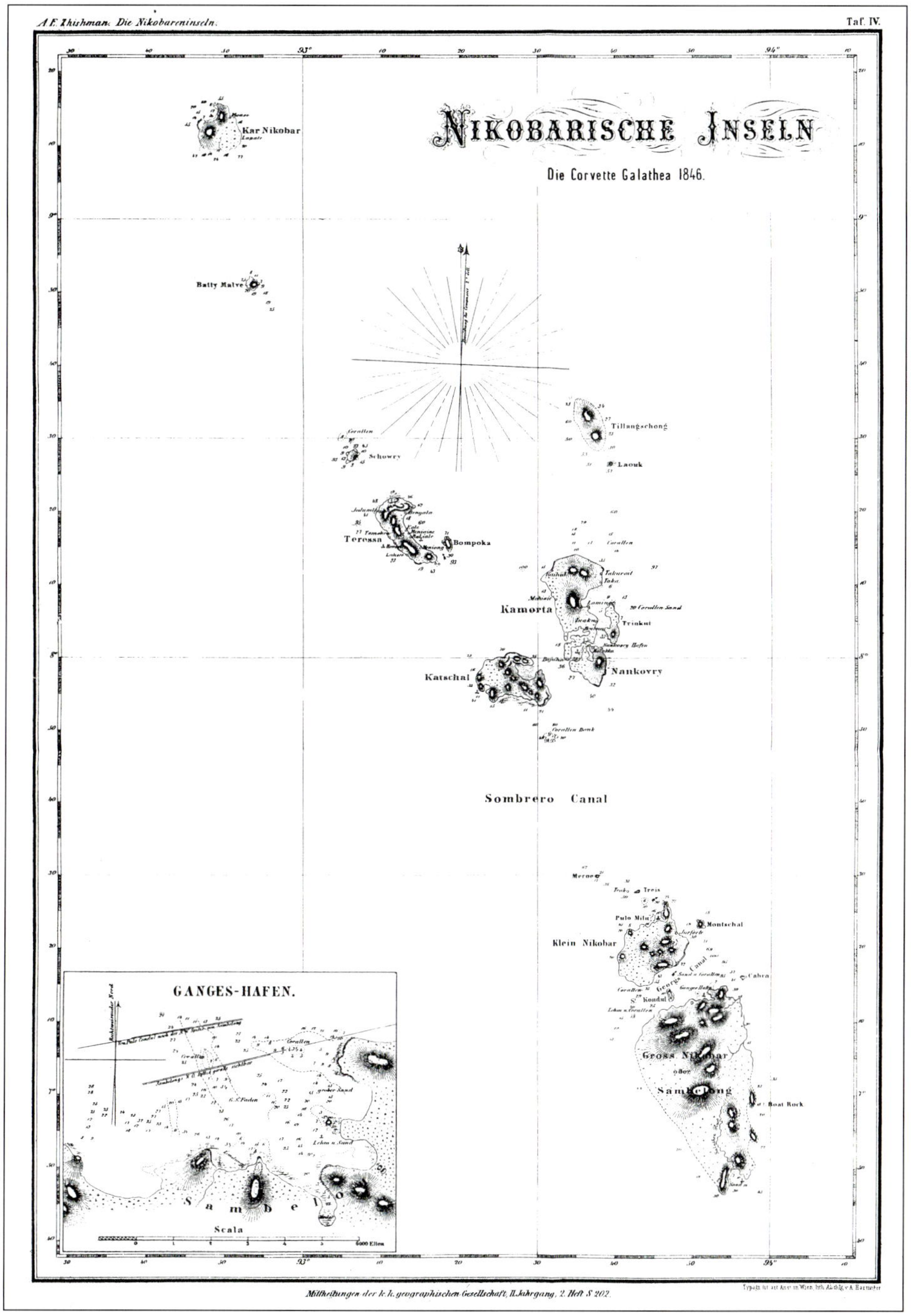

Karte der Nikobarischen Inseln von 1846. Im Mai 1778 wurde diese herrenlose Inselgruppe von Österreich in Besitz genommen.

punkt seiner Herrschaft und seiner Interessen ostwärts – und das kam der Hafenstadt Triest und der österreichischen Fernschiffahrt zugute. In den Jahrzehnten zuvor hatte man von den damals österreichischen Niederlanden aus mit beachtlichem Erfolg versucht, das britische Beinahe-Handelsmonopol zu untergraben und einige Stützpunkte in Bengalen und an der Koromandelküste eingerichtet, aber letztlich wollte es sich Karl VI. mit den Briten doch nicht verscherzen, da er deren Zustimmung zur Pragmatischen Sanktion dringend brauchte, die seiner Tochter Maria Theresia das bisher nur Männern vorbehalten gewesene Nachfolgerecht sichern sollte.

Als es mit dem Habsburgerreich schon fast vorbei war, im April 1917, erinnerte sich eine „Österreichisch-ungarische Kolonialgesellschaft" an die Fernfahrten kaiserlicher Schiffe unter Karl VI., Maria Theresia und Joseph II. und leitete daraus, garniert mit Zitaten Bismarcks und des Großen Kurfürsten, auch die Notwendigkeit österreichisch-ungarischen Kolonialbesitzes nach dem hoffentlich bald zu erwartenden Endsieg ab: „Großmachtpolitik kann in Hinkunft nur mehr von Weltmächten betrieben werden, die Weltmacht der Zukunft wird aber auch Kolonialmacht sein müssen. Die Monarchie muß endlich die Folgerung aus dem Augenblicke und aus einer bestimmenden Erscheinung des letzten Jahrhunderts ziehen, einer Erscheinung, der bei uns keineswegs gebührende Aufmerksamkeit geschenkt wurde: Sie muß, wie alle anderen Großmächte, auch nach überseeischer Machterweiterung, das heißt nach Kolonien streben." Nicht einmal zwei Jahre später hatte das klein gewordene Österreich seine liebe Not, wenigstens seine eigenen Grenzen ziehen und behaupten zu können.

Dabei hatten sich die Autoren der Denkschrift nachdrücklich auf historische Beispiele berufen, die ihrer Meinung nach Ansätze für Kolonialbemühungen schon im 18. Jahrhundert bedeuten. Mit den vorhandenen Quellen freilich waren sie weniger vertraut oder hatten sie bewußt übergangen. Im ersten Teil der amtlichen Darstellung der Geschichte der k. k. Kriegsmarine, der sich mit „Österreichs Seewesen in dem Zeitraume von 1500–1797" befaßt und die von der Marine-Sektion des k. k. Reichskriegsministeriums herausgegeben wurde, heißt es nämlich fast beschwörend: „Was nun die von der österreichischen Regierung angestrebten Versuche, überseeische Kolonien zu gründen, betrifft, so gehören dieselben völlig in das Reich der Fabel, da weder Maria Theresia noch Joseph II. sich je mit solchen Plänen trugen. Österreichs Politik auf dem Kontinente, seine Finanzen, der Mangel nicht bloß einer Kriegs-, sondern auch einer Handelsmarine, kurz der ganze staatliche Bau konnte den entferntesten Gedanken an ein Kolonialwesen nicht aufkommen lassen." Und weiter: „In jenen utopischen Träumereien über österreichische Kolonisation jenseits des Weltmeeres, von denen Geschichtswerke so viel Rühmliches zu erzählen wissen, spielte das Schiff ‚Joseph und Theresia' die hervorragendste Rolle." Und dessen Reise war zu jener Zeit, da die Erde nur zum Teil erforscht war, in der Tat ein seemännisches Abenteuer ersten Ranges, vergleichbar jenen der großen Kapitäne Englands, Frankreichs oder Spaniens. Befehlshaber von JOSEPH UND THERESIA war der Niederländer Wilhelm Bolts. Er hatte vorgeschlagen, an der Küste von Malabar, aber auch in Kanton und Macao sein Glück versuchen zu dürfen und für Österreich dabei überseeische Handelsverbindungen aufzubauen. Geeignete Handelsschiffe fanden sich für einen österreichischen Ostindien-Handel größeren Umfangs an der Adria aber kaum, also mußte man sie im Ausland anmieten, ihnen vertrauenerweckende, heimatlich klingende Namen geben und auf dem Flaggenstock die Doppeladler-Flagge setzen. Auf JOSEPH UND THERESIA wurden sogar Infanteristen und Artilleristen eingeschifft, die die an Bord gebrachten Geschütze bedienen sollten, und Bolts selbst wurde für die Dauer seiner Aufgabe vorübergehend ein kaiserlicher Offiziersrang verliehen:

Er wurde Oberstleutnant, mit dem Recht, Besitzproklamationen im kaiserlichen Namen auszusprechen. Auf seine Reise nahm er Briefe Maria Theresias an den Kaiser von China und an den Schah von Persien ebenso mit wie Empfehlungsschreiben des Staatskanzlers Kaunitz an mehrere indische Fürsten. Von 1776 bis 1781 waren Bolts und seine Männer unterwegs, und der Roman dieser Reise wartet noch darauf, geschrieben und verfilmt zu werden. In der Delagoa-Bucht, an der Südostküste Afrikas, wurde eine österreichische Niederlassung eingerichtet, deren fragwürdige Herrlichkeit freilich später von portugiesischen Kriegsschiffen wieder beendet wurde, denen die Österreicher mangels geeigneter eigener Schiffe nichts entgegensetzen konnten. Auch auf den Nikobaren im Bengalischen Meer setzten sich Bolts und seine Männer fest, hißten die kaiserliche Flagge und setzten einen Residenten als Behörde ein. Wir wissen über die Einzelheiten dieser Reise sehr genau Bescheid, denn der Schiffsarzt Nikolaus Fontana, ein „Polyhistor" im besten Sinne des Wortes, beobachtete sehr sorgfältig, was um ihn herum geschah, und schrieb seine Beobachtungen auf. Sein „Tagebuch der Reise des kais. kön. Schiffes Joseph und Theresia nach den neuen österreichischen Pflanzorten in Asia und Afrika. Von Nikolaus Fontana, gewesenen Schiffswundarzt der k. k. Armee aus der italiänischen Handschrift übersetzt von Joseph Eyerel. Dessau und Leipzig, in der Buchhandlung der Gelehrten. 1782." ist trotz des umfänglichen Titels ein flüssig geschriebenes Dokument eines großen Abenteuers. Was die Bedingungen für österreichische Ansiedler betrifft, so hielt Fontana das Klima auf den Nikobaren für kaum nachteiliger als in allen anderen Teilen des ostindischen Archipels, und bei umsichtiger Leitung und trotz der abschreckenden Beispiele der früheren dänischen Niederlassungen könnten die Nikobaren-Inseln „ohne grosse Mühe sowohl in Beziehung der Gesundheit als auch anderer Vorzüge bald zu einem hohen Grad der Vollkommenheit" gebracht werden. Fontana hat die Erfahrungen seiner Reise auch medizinisch zu nutzen gewußt, in einem Buch mit „Bemerkungen über die Krankheiten der Europäer in heissen Klimaten und auf langen Seereisen". Darin hält der Autor seine sorgfältig zweimal pro Tag gemachten meteorologischen Untersuchungen fest, wobei er Thermometer, Barometer, Wetterstand, Windrichtung und Breitengrad notiert. Seine Messungen sollten fast ein Jahrhundert später auch den Wissenschaftlern und Seeoffizieren der Weltumseglung der NOVARA zugute kommen.

Tagebuch
der Reise des kais. kön. Schiffes
Joseph und Theresia
nach den neuen österreichischen Pflanzorten in Asia und Afrika.

Von
Nikolaus Fontana,
gewesenen Schiffswundarzt,
an
Herrn Brambilla,
Leibwundarzt Sr. Majestät des Kaisers und Protochirurgus der k. Armeen.

Aus der italiänischen Handschrift übersetzt
von
Joseph Eyerel.

Dessau und Leipzig,
in der Buchhandlung der Gelehrten.
1782.

Tagebuch der Reise des kais. kön. Schiffes JOSEPH UND THERESIA: Schiffsarzt Fontana als Reiseschriftsteller. Seine Beobachtungen sind auch heute noch anregende Lektüre.

Bolts hatte also zunächst herzeigbaren Erfolg, was vor allem seine Geldgeber, in erster Linie die Bankierfamilie Proli, freute. Aber von Dauer sollte der Erfolg nicht sein: Die großen Kolonialmächte des 18. Jahrhunderts zeigten sich wenig erfreut, daß der Neuling Österreich ihnen Gebiet und Gewinn abzunehmen suchte. Die von der Marinesektion des k. k. Reichskriegsministeriums herausgegebene Geschichte der k. k. Kriegsmarine nennt zusätzliche, sehr realistische Gründe für das Scheitern des kurzlebigen Übersee-Experiments von Bolts' asiatischer Handelskompanie: „Die Gesellschaft musste, bei dem Mangel einer erbländischen Navigation, alle zur überseeischen Fahrt nöthigen Schiffe um schwere Summen im Ausland ankaufen oder entlehnen, und nebstbei Ausrüstung, Bewaffnung und Bemannung aus eignen Mitteln bestreiten. Dies allein vertheuert den Frachtlohn in ausserordentlicher Weise und die dafür nöthigen Summen mussten dem österreichischen Nationalvermögen einen Verlust bereiten, ehe sich noch an Gewinn denken liess." Sollten Bolts und seine Geldgeber von märchenhaften Gewinnen geträumt haben, dann war spätestens 1786 ausgeträumt, die „Triester Ostindische Handlungsgesellschaft" – im damaligen Sprachgebrauch etwas kürzer „Asiatische Handelskompanie" genannt – war bankrott. Maria Theresia lebte nicht mehr, ihr Sohn und Nachfolger sah, realistischer als seine Mutter, daß im globalen Netz der Großmächte von damals für Österreich kein Platz war. Und das Geld, eine starke Marine aufzubauen, die den Habsburgern einen solchen Platz und den nötigen Respekt verschaffen könnte, dieses Geld hatte er weder, noch hätte er es für diesen Zweck ausgegeben. Staatskanzler Kaunitz schloß die Akten mit einer nüchternen Analyse: „Die Seestrasse um das Vorgebirge der guten Hoffnung ist dem Anschein nach die glänzendste, aber auch zugleich den bekannten, und durch den übelen Erfolg unserer Triestiner und Ostindischen Seefahrer bereits mehr als hinlänglich erwiesenen Bedenklichkeiten ausgesetzt. Zu geschweigen, dass selbe in Ansehung einer mit kleiner Militär-Marine zur nöthigen Beschützung ihrer Flagge versehenen Nation niemals von Dauer und Bestand sein kann."

Mochte Joseph II. auch nicht viel von einer starken „Militär-Marine" zum Schutz überseeischer Besitzungen und Handelswege halten, so sah er die Notwendigkeit, die eigene Handelsschiffahrt in der Adria und im Mittelmeer zu schützen, sehr wohl ein, wenngleich er die hohen Kosten eines Bauprogrammes dafür zunächst ebenfalls scheute. Kamen also Neuanschaffungen nicht in Frage, so schaute man sich eben bei den Seemächten jener Zeit nach gebrauchtem Material um und kaufte schließlich den Holländern zwei Kutter ab, die diese nicht mehr brauchten. Über den Ankauf eines Handelsschiffes und dessen Umbau in ein Kriegsfahrzeug wurde lange gestritten – wie vertraut klingt dies alles dem Österreicher von heute. ...

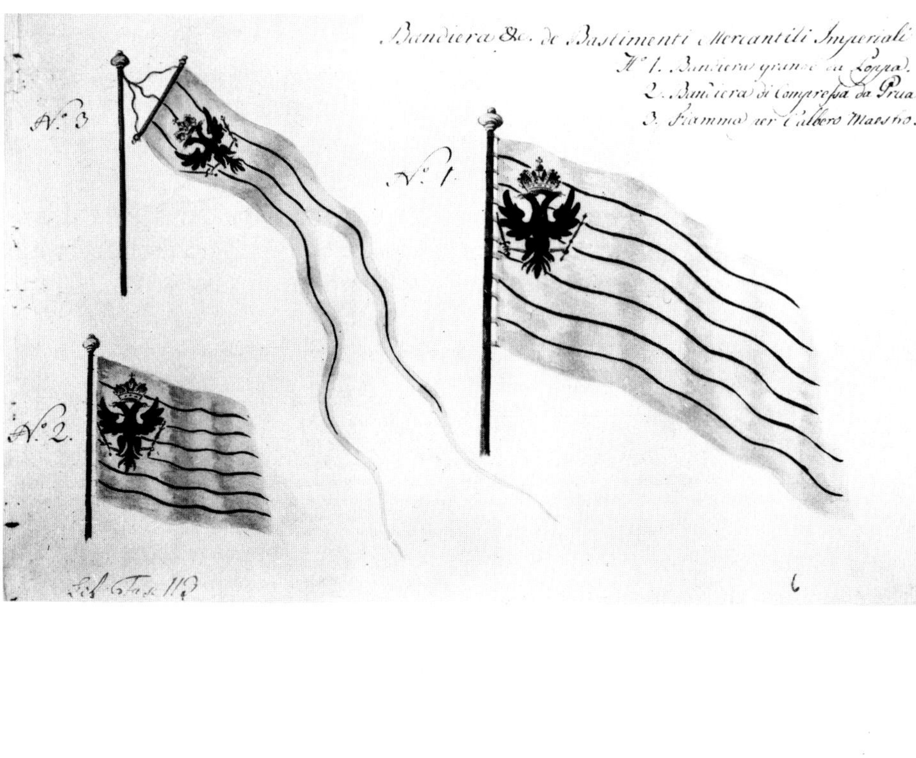

Flaggen der kaiserlichen Handelsschiffe bis 1787: 1. Heckflagge, 2. Bugflagge 3. Wimpel für den Großmast. Die Handels- und Kriegsflagge unterschied sich nur durch die Streifen.

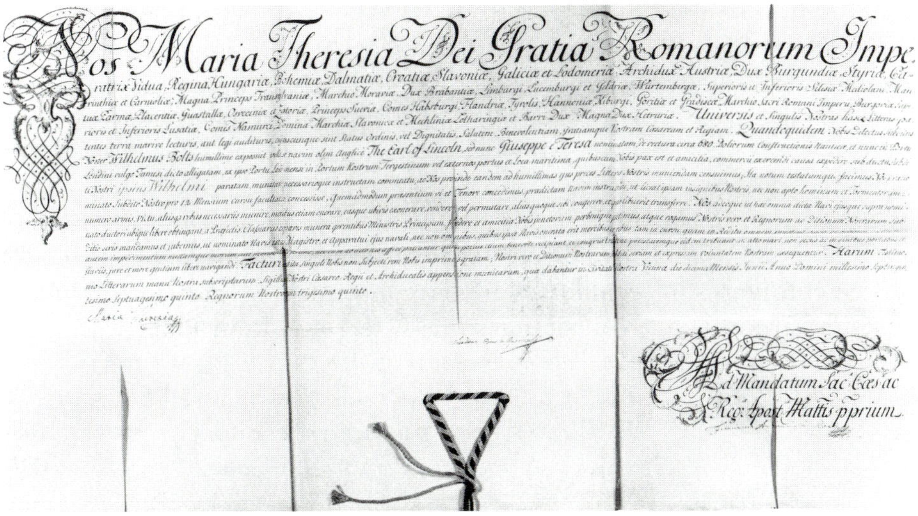
Nos Maria Theresia Dei Gratia Romanorum Imperatrix Vidua, Regina Hungariae, Bohemiae, Dalmatiae, Croatiae, Slavoniae, Galiciae et Lodomeriae, Archidux Austriae, Dux Burgundiae, Styriae, Carinthiae et Carnioliae ...

Ad Mandatum Sac. Caes. ac Reg. Apost. Mattis proprium

Flaggenpatent, 1775 für das Schiff JOSEPH UND THERESIA ausgestellt, das unter dem Kommando von Wilhelm Bolts stand, der Stützpunkte in Indien errichten sollte.

Aber wenn der Kaiser auch wenig Zeit hatte, sich um die Marine zu kümmern – seine Hauptsorge galt den Türken –, so traf Joseph II. doch Entscheidungen, die zwei wichtige Äußerlichkeiten im Erscheinungsbild österreichischer Seeleute und österreichischer Schiffe betrafen: Die Uniform sollte weder weiß wie die des Landheeres noch rot mit grünen Aufschlägen wie die des konsularischen Personals sein, wie ihm das von verschiedenen Seiten einzureden versucht worden war. Blau sollten Hosen und Westen sein, wünschte der Kaiser, die Röcke sollten zwar braun sein, aber ebenfalls mit blauen Aufschlägen. Joseph II. führte also das Marineblau in die Uniform ein, die nun an die Stelle der bisher meist beliebig gewählten Seemannskleidung zu treten hatte, und er befahl die Einführung der rot-weiß-roten Farben als Marineflagge, wie sie bis 1918 über österreichischen Kriegsschiffen flatterte (bis zum Ausgleich mit Ungarn 1867/68 hatten auch die Handelsschiffe rot-weiß-rot zu flaggen, dann zeigte eine neugeschaffene Handelsflagge Ungarns Farben gleichberechtigt neben denen der österreichischen Reichshälfte). Bisher führten die kaiserlichen Schiffe die alten Reichsfarben, also einen schwarzen Doppeladler auf gelbem Grund, aber diese Flagge war über größere Entfernungen schlecht zu erkennen und glich außerdem noch jener der Toskana. Das führte immer wieder zu Verwechslungen: So wurde 1765 ein genuesisches Schiff unter toskanischer Flagge von Algerien für ein österreichisches in feindseliger Absicht gehalten, worauf Algier prompt den Frieden mit Österreich aufkündigte. Da sich genuesische Schiffe damals überhaupt gern mit fremden Flaggen tarnten, in der Hoffnung, Seeräuber würden respektvoll abdrehen, was diese aber nur selten taten, fielen immer wieder österreichische Handelsschiffe den Barbaresken, den nordafrikanischen Seeräubern, zum Opfer. Denn diese glaubten häufig, einen getarnten Genuesen vor sich zu haben.

Die rot-weiß-rote Flagge, von Joseph II. eigenhändig genehmigt

Die neue Flagge, die „das österreichische Wappen als das wahre Centrum Reunionis aller österreichischen Erbbesitzungen als Hauptgegenstand in der Mitte als Herzschild" zeigen sollte, wie dies der Staatsrat beantragte, war tatsächlich auch auf größere Distanzen deutlich erkennbar, und somit konnten alle gewollten oder ungewollten

Verwechslungen ausgeschlossen werden. Das Marineblau der Uniform (wenngleich der braune Rock erst nach dem Tod des Kaisers gegen einen blauen ausgetauscht wurde) und die rot-weiß-rote Flagge sollten ab nun das Erscheinungsbild österreichischer Kriegsschiffe, auch in friedlicher Mission, im Dienste der Wissenschaft, bestimmen. Mit der neuen Flagge freilich konnte man sich in exotischen Ecken unserer Welt nicht gleich anfreunden. Da mußten die Männer der CAROLINA schon beachtliches Improvisationstalent zeigen. ...

Die CAROLINA im Jahre 1829

Die Fregatte CAROLINA sollte 1820 in den Fernen Osten, nach Ostindien und China auslaufen, dorthin also, wo die Kameraden unter Bolts zwei Menschenalter zuvor versucht hatten, Handelsstützpunkte einzurichten und Handelsverbindungen aufzubauen. Die Fregatte sollte einerseits vier Tonnen des von den Chinesen besonders begehrten Quecksilbers als Fracht nach Kanton transportieren, andererseits aber auch zwei hohe k. k. Beamte sicher und bequem in ihr neues Aufgabengebiet bringen: den für Ostindien ernannten k. k. Generalkonsul de Watts und den für den kaiserlich brasilianischen Hof bestimmten Gesandten Baron Stürmer, dessen Reiseziel Rio de Janeiro war. Stürmer wurde von seiner Ehefrau begleitet, beide Herren führten ein Gefolge aus Mitarbeitern und Dienern mit sich.

Das Marineoberkommando (damals noch in Venedig) hatte Befehl erhalten, eine besonders erfahrene und tüchtige Besatzung zusammenzustellen, die Männer sollten schon an Übersee-Expeditionen teilgenommen haben und der portugiesischen Sprache mächtig sein. Kommandant war Fregattenkapitän Seraphin von Pöltl, erster

Offizier („Gesamtdetailoffizier“ hieß diese Funktion in Österreich bis 1918) Linienschiffsleutnant Anton Ghega (dessen Sohn einst die Semmeringbahn bauen sollte). Zum Schiffsstab gehörten ferner noch zwei weitere Offiziere, ein Rechnungsführer, der Kaplan, zwei Chirurgen und vier Seekadetten, von denen einer, Seekadett Mayerhofer, ein vorzüglicher Zeichner und in der Handhabung geodätischer Instrumente besonders ausgebildet war. Die Schiffsbesatzung zählte insgesamt 77 Mann, zwei Regierungsbeamte begleiteten die Quecksilberladung und sollten für deren ordnungsgemäße Übernahme durch die chinesischen Behörden sorgen.

Schiffskommandant Pöltl hatte von seinen vorgesetzten Behörden ganz genaue Instruktionen erhalten – CAROLINA war das erste österreichische Kriegsschiff in offiziellem Auftrag, das nach China fuhr, seine Mission mußte unter allen Umständen erfolgreich sein! Die Instruktionen regelten selbst Verpflegung und Hygiene an Bord: Auf der Rückfahrt war es dem Kommandanten freigestellt, sich auf der Atlantik-Insel Ascension mit frischen Seeschildkröten zu versehen, „deren Fleisch und Brühe ausserordentlich heilsam für die mit Skorbut behafteten sein soll“. Jeder Mann sei wegen der langen Reisedauer mit zwei Monturen und dreifacher Wäsche auszurüsten, in Gibraltar faßte die Besatzung auch noch je einen Strohhut und zwei Wollhemden aus. In den Tropen sei darauf zu achten, wurde der Kommandant weiter ermahnt, daß sich kein Matrose mit nassen Kleidern niederlege, das gesamte Schiff sei wiederholt zu räuchern, und zwar mit Essig, der am besten auf glühende Ziegel oder Steine geschüttet werde. Dies, um „die Bildung schädlicher Miasmen in der Luft hintanzuhalten“. Der Mannschaft sei pro Woche dreimal gesalzenes Rindfleisch und dreimal gesalzenes Schweinefleisch zu verabreichen, an einem Tag der Woche war strenges Fasten empfohlen. Im Hafen seien grundsätzlich nur frische Lebensmittel zu verwenden, nur bei in der Nähe von Korallenbänken gefangenen Fischen sei Vorsicht am Platz, „da die Fische oft giftig sind wegen der verschluckten Substanzen.“ Im Zweifelsfall sei eine Probe mit Silbermünzen vorzunehmen. Färbten sich diese beim Kochen schwarz, dann galt der Fisch als ungenießbar.

Am 15. Juli 1820 lief CAROLINA aus Venedig aus, erstes Ziel war Triest, wo die Sorge des Kommandanten letzten Vorbereitungen, vor allem der sicheren Stauung der Quecksilberladung, galt. Noch ehe dieses Problem zu Pöltls Zufriedenheit gelöst wurde, kam der Befehl zum Auslaufen nach Übersee, und so setzte CAROLINA am 11. September die Segel, um ihre Mission anzutreten. Noch ahnte niemand an Bord, daß diese so gut organisierte und geplante Reise für die Besatzung zum Alptraum werden sollte. Böse Vorzeichen freilich gab es von Anfang an: Bald nach dem Auslaufen lief die CAROLINA auf eine Sandbank auf, und die unsachgemäße Lagerung der Quecksilberladung verminderte die Segeleigenschaften des Schiffes beträchtlich.

Als man am 15. Februar 1821 Kapstadt erreichte, war bereits ein Toter zu beklagen: Einer der beiden Beamten, die den Quecksilbertransport zu begleiten hatten, war nach kurzer Krankheit einer choleraähnlichen Krankheit, wahrscheinlich dem gelben Fieber, erlegen. In Batavia, das die CAROLINA am 11. Juni erreichte, kam ein ungebete-

Thomas Ender: „Musik am vordertheil der Fregatte Austria, gez. Während der Fahrt m Ocean", Bleistift, aquarelliert, 437 x 400 mm. Ender hatte die Brasilien-Reise der AUSTRIA und der AUGUSTA als Maler begleitet. Wir verdanken ihm viele Einzelheiten des Alltags an Bord eines österreichischen Kriegsschiffes der Vormärz-Zeit.

ner Reisender an Bord: die Cholera. Sie befiel nach und nach 42 Mann, auch den Kommandanten und die beiden Schiffsärzte. 20 der Erkrankten fielen der Seuche zum Opfer. In Singapur, der nächsten Station der Reise, kümmerten sich der britische Garnisonskommandant und ein britischer Arzt in aufopfernder Weise um die Österreicher. Schiffskommandant Pöltl hebt in seinen Berichten auch die Einsatzfreude der von der Cholera verschont gebliebenen Besatzungsmitglieder hervor, die bereitwillig die Arbeit ihrer erkrankten und verstorbenen Kameraden mit übernahmen. Der Schiffskaplan etwa war neben seiner seelsorgerischen Tätigkeit auch unermüdlich als Krankenpfleger im Einsatz. Im Bericht des Kommandanten heißt es dazu: „Niemand schlief, niemand konnte essen. Ohne Unterlass wurde geräuchert, bald mit Wacholderbeeren, bald mit Essig, bald mit nassem Schiesspulver, dann mit Thar (einem tropischen Öl). Alle bestrichen sich von Kopf bis zu den Füssen sowie ihre Hemden mit Thar. Die Toten wurden samt Hängematten und was in denselben war mit einigem Gewichte auf Anordnung des Doktors über Bord geworfen. Ihnen folgten die Enten, die wir in Batavia gekauft hatten. Die Offiziere opferten ihren Vorrat von einigen Eimern Zypernwein, ich meinen Bordeaux und was immer erforderlich, und so hofften wir, die jetzt noch kränkelnden Männer, denen die erschöpften, verschont gebliebenen schon ganz ähnlich sahen, zu retten bzw. gerettet zu haben." Als Dank für ihren Einsatz erhielten der Schiffskaplan und die beiden Ärzte später hohe kaiserliche Auszeichnungen, mehrere Unteroffiziere und Matrosen Geldgeschenke.

Während der Weiterreise nach China kam es in Macao zu einem weniger tragischen Zwischenfall, der allerdings den Erfolg in Frage zu stellen drohte: Die chinesischen Behörden wollten CAROLINA die Weiterfahrt nach Kanton nicht gestatten, da ihnen die mehr als vier Jahrzehnte zuvor eingeführte rot-weiß-rote Flagge der Fregatte unbekannt war und sie deshalb Zweifel daran hatten, ob es sich tatsächlich, wie angegeben, um ein österreichisches Kriegsschiff handelte. Für die chinesischen Behörden war ein Österreicher ausschließlich am Doppeladler zu erkennen, da blieben die Beamten trotz aller Bemühungen – selbst der portugiesische Gesandte hatte sich eingeschaltet – unnachgiebig. Jeder Verkehr mit dem Land wurde verboten. Schließlich griff der Kommandant zu einer List: Er ließ auf eine rot-weiß-rote Signalflagge einen Doppeladler nähen und führte diese zusammen mit der offiziellen Schiffsflagge am achteren Flaggenstock. Befriedigt verglichen die chinesischen Behörden den nagelneuen Doppeladler mit dem auf den k. k. Staatssiegeln und legten nunmehr einer Weiterfahrt nichts mehr in den Weg: Am 28. August 1821 lief die k. k. Fregatte CAROLINA als erstes österreichisches Kriegsschiff in offizieller Mission im Hafen von Kanton ein, Pöltl und seine Männer hatten ihren Auftrag unter schwierigen Bedingungen erfüllt. In einem Bericht an den Hofkriegsrat hob das Marineoberkommando später die Einsatzfreude des Schiffskommandanten hervor: „... seine zweckmäßigen Verfügungen bei dem vielfältigen Unglück und Elend, welches sein Schiff heimsuchte, in dem Verfolg seines Zieles nicht gehemmt zu werden, bewiesen den erfahrenen, unerschrockenen Soldaten und Seemann. ... Die unerläßliche Notwendigkeit, in welcher sich dieser Schiffskapitän befand, durch eine für den Aufenthalt in China zum Schein angenommene Veränderung seiner Flagge die Legitimität seiner Mission zu bewähren, ist ein Beweis der Achtung jener Nation für den kaiserlichen Adler."

Thomas Ender: „Ein Theil der Batterie nebst des Spille zum ankerlichten an Bord der Fregatte Austria", Bleistift, 170 x 280 mm

Die ihm so zuteil gewordene Achtung und Anerkennung sollte Pöltl freilich nicht mehr erleben, denn auch er blieb letztlich von der Cholera nicht verschont. In seinem letzten Bericht hält Pöltl fest: „Ich selbst wurde ungeachtet der angewendeten Präservativen von dem ungebetenen Gast gestreift und Schiffsleutnant Ghega vertrat herzhaft meine Stelle." Pöltls Hoffnung, von der Cholera nur „gestreift" worden zu sein, erfüllte sich nicht. Am 27. Mai 1822 wurden die sterblichen Überreste des Offiziers, der seine friedliche, für sein Vaterland so wichtige diplomatische Aufgabe allen Widrigkeiten und Fährnissen zum Trotz getreulich erfüllt hatte, der See übergeben. CAROLINA kehrte unter dem Kommando Ghegas in die Heimat zurück. Er durfte sich über eine außertourliche Beförderung freuen.

Erzherzogin Leopoldine von Österreich

Einige Jahre zuvor hatten zwei österreichische Kriegsschiffe eine ähnlich heikle Aufgabe zu erfüllen gehabt: die Kaisertochter Leopoldine, Braut des brasilianischen Kaisers Dom Pedro, wahrscheinlich eine der unglücklichsten Bräute ihrer Zeit, hatte eine umständliche und gefährliche Reise über den Ozean anzutreten, um jemanden zu heiraten, den sie nie zuvor gesehen hatte. Diese Reise legten die Prinzessin und ihr Gefolge 1817 an Bord eines portugiesischen Kriegsschiffes zurück, dem die beiden Fregatten AUSTRIA und AUGUSTA das Ehrengeleit gaben. Für die österreichischen Seeleute, die bisher kaum über Gibraltar hinausgekommen waren, war das ein Abenteuer ersten Ranges! Dabei fehlten auch noch die beiden Chronometer, die jedes Schiff zur Orts- und Kursbestimmung auf hoher See mitführen sollte. Die

Thomas Ender: „Fregatte Austria", Bleistift, grau laviert, 188 x 223 mm

gesamte Kriegsmarine verfügte insgesamt nur über ein einziges Gerät dieser Art, und selbst dieses funktionierte nicht einwandfrei. Die Prinzessin, die übrigen Fahrgäste und die Handelsware – die damals noch auf Kriegsschiffen transportiert werden mußte – erreichten dennoch, wenn auch durch einen schweren Sturm aufgehalten, wohlbehalten ihren Bestimmungsort Rio de Janeiro. Dort bewahrt man Erzherzogin Leopoldine bis heute ein gutes Andenken, auch wenn Brasilien schon lange kein Kaiserreich mehr ist und noch länger nicht mehr zu Portugal gehört.

Thomas Ender: „Batterie auf der Austria", Bleistift, aquarelliert, 150 x 275 mm. Lebendproviant wurde dort untergebracht, wo Platz war, auch zwischen den Geschützen.

Für die Geschichte der Naturwissenschaften war diese Atlantiküberquerung der beiden österreichischen Schiffe ein außerordentlich wertvolles, von österreichischen Forschern maßgeblich mitbeeinflußtes Kapitel der Überseegeschichte. Günther Hamann spricht von der „indirekten Folge dieser exotischen Verpflanzung einer geistig hochstehenden, mit den ausgeprägten naturwissenschaftlichen Neigungen und Begabungen ihres Hauses ausgestatteten Erzherzogin", die in einer Reihe ineinander verschränkter, thematisch verschiedener Expeditionen bestand, „die mit ihrer gründlichen Vorbereitung, ihrer universellen Ausrichtung und ihren ungemein reichhaltigen Ergebnissen zu einem Denkmal für die österreichische Anwendung und Ausprägung des in jenem Zeitalter herrschenden Geistes Alexander von Humboldts wurden." Leopoldine selbst hatte vorgeschlagen, eine Gruppe von Gelehrten, Sammlern und Malern solle sie auf der Überfahrt nach Brasilien begleiten, womit mit dem dynastisch-politischen Zweck auch ein wissenschaftlicher verbunden war, der in der Erforschung weiter, noch unerschlossener Gebiete Brasiliens bestand. Ihr Vater, Kaiser Franz, unterstützte sie dabei, weil er zu Recht erwartete, daß die Ergebnisse dieser Forschungen auch den kaiserlichen Sammlungen in Wien zugute kämen, und die wissenschaftlichen Kontakte mit der alten Heimat machten es wiederum Leopoldine (in Brasilien war das vertraute Schluß-e gegen ein romanisches Schluß-a eingetauscht worden) leich-

Thomas Ender: „Die Österreichischen Kammer Herren auf der Reise nach St. Paul", Bleistift und Aquarell, 403 x 524 mm

ter, das Heimweh zu ertragen. Hamann weist darauf hin, daß zum ersten Mal weite Teile des riesigen Brasilien mit wissenschaftlicher Zielsetzung duchquert worden waren: „.. vom äußersten Süden und von den Küstenregionen über die Edelsteindistrikte in Minas Gerais bis tief hinein ins Innere das Mato Grosso und quer durch die Weiten des Amazonasbeckens mit seinem riesigen verwirrenden Stromnetz, ja hin bis zu den Grenzgebirgen Venezuelas und Guayanas." Thomas Ender hat die Vielfalt der Landschaft in Hunderten Aquarellen festgehalten.

Thomas Ender: „Tanzente Matrosen am Bord der Austria", Bleistift, teilweise aquarelliert, 200 x 284 mm

Brasilien wiederum zog unmittelbaren Nutzen aus den Erfahrungen der österreichischen Wissenschaftler: Nach Wiener Vorbild wurden eine Kaiserliche Naturaliensammlung, eine Hofbibliothek sowie ein zoologischer und ein botanischer Garten eingerichtet, für deren Konzept der einstige Hauslehrer Erzherzogin Leopoldines und nunmehrige Kustos der Kaiserlichen Naturaliensammlung in Wien, der Mineraloge Rochus Schüch, verantwortlich war. Hamann weist auf die Vorbildwirkung dieser wissenschaftlichen Großleistung der Biedermeierzeit hin: „Das exotische Forschungsunternehmen der tapferen jungen Prinzessin hat sich mehr als gelohnt, und Fregatten der kaiserlichen Kriegsmarine waren es gewesen, die bei dieser gewaltigen Horizonterweiterung ihre Dienste geleistet hatten – zukunftsweisend und anregend auf spätere weltweite, gleichfalls friedliche Fahrten."

Was also mit abenteuerlichen österreichischen Asienplänen wenige Jahrzehnte zuvor begonnen hatte, fand seine Fortsetzung im Dienste fächerübergreifender Wissenschaft. Wilhelm Bolts, der Maria Theresia sein Fernost-Konzept einzureden vermochte, bei ihrem Sohn Joseph II. auf Skepsis stieß und wenig Gehör fand, dieser Wilhelm Bolts, der seiner Umgebung einmal anvertraute, er wolle ein österreichischer James Cook werden, hatte dabei nichts als Geld verloren, eigene und ihm zur Verwirklichung seiner ehrgeizigen Träume anvertraute fremde Mittel. Er tat, was viele in ähnlicher Lage tun: Er veröffentlichte eine Rechtfertigungsschrift, um die Richtigkeit seines auf ein Faktoreiensystem gegründeten kombinierten indisch-chinesischen Handelssystems nachzuweisen. Aber wer liest schon Rechtfertigungsschriften, über deren Argumente die Zeit hinweggerollt ist? In den Strudel eines riesigen Bankrotts seiner Geschäftspartner, Geldgeber und Freunde hineingerissen, starb Wilhelm Bolts verarmt und vergessen in Paris. Hier und da berichteten später Missionare, sie hätten an entlegenen Orten Afrikas und Asiens Reste militärischer Ausrüstungsstücke gefunden, die rätselhafterweise auf österreichische Herkunft schließen ließen. Daß diese Plätze einst für den Doppeladler in Besitz genommen worden waren, wußte niemand mehr. Und so blieb von Maria Theresias Asienabenteuer kaum mehr zurück als das Buch des Schiffsarztes Nikolaus Fontana (dankenswerterweise 1982 in einer kommentierten Neuausgabe als Faksimile wieder erschienen), Berge von Akten in den Archiven und der Name der Nikobareninsel Teressa. Ein vergessenes Stück Altösterreich in Ostindien.

III. IM DIENSTE DER WISSENSCHAFT

Die erste und zweite Weltumseglung

NOVARA und CAROLINA

DONAU und ERZHERZOG FRIEDRICH

Am 16. Dezember 1856 bestimmte Marineoberkommandant Erzherzog Ferdinand Max in einem Admiralsbefehl die Fregatte NOVARA für eine transatlantische Expedition. Im Jahr darauf folgten die entsprechende Ausrüstung der Fregatte und die der Korvette CAROLINA durch die k. k. Kriegsmarine; das war der Start zur ersten Weltumseglung durch Schiffe aus dem alten Österreich.

Erzherzog Ferdinand Max als Marinekommandant

Jahrzehntelang galt das Interesse der Donaumonarchie – und natürlich auch ihrer Marine – dem Balkan und dem Orient. Sie sah die Adria und die Levante in erster Linie als ihr ureigenes Segelrevier an. Die Beschäftigung mit den Naturwissenschaften war die große Leidenschaft des 19. Jahrhunderts, und alle Nationen standen im friedlichen Wettstreit, ihren Beitrag dafür zu leisten. Aber nicht nur wissenschaftliche und militärische Aspekte bestimmten die Aufgaben der Weltumseglung, sondern sie verfolgte auch politische Ziele: Der junge Kaiser Franz Josef erwartete eine Steigerung des patriotischen Bewußtseins im Reich und neue Absatzgebiete in aller Welt für die aufblühende Industrie. Erzherzog Ferdinand Max wiederum wünschte sich die Aufwertung „seiner" Marine im In- und Ausland. Da Österreich damals Mitglied des Deutschen Bundes und dessen Führungsmacht war, ist es nicht verwunderlich, daß man sich auch um die Probleme und Sorgen der Auswanderer aus allen deutschen Ländern kümmern sollte. Diese Expedition war ja überhaupt in gewissem Sinn die letzte von gesamtdeutscher Bedeutung, wie das rege Interesse der Staaten des Deutschen Bundes am Zustandekommen zeigte.

Außer den beiden Hauptinitiatoren der Weltumseglung, Erzherzog Ferdinand Max und Alexander von Humboldt, trugen zahlreiche Wissenschaftler aus dem In- und Ausland dem Unternehmen ihre Hilfe an. Über die im Jahre 1856 in Wien gegründete k. k. Geographische Gesellschaft wurde deshalb ein reger Briefverkehr abgewickelt. Das

Fregatte NOVARA (2497 t) in Triest

Kommando über die Expedition erhielt Linienschiffskapitän Bernhard Aloys von Wüllerstorf-Urbair, der sich schon vorher mit der Ausarbeitung eines Planes für eine Missionsreise unter österreichischer Flagge nach China und Indien beschäftigt hatte.

Am 31. März 1857 hielt der Geologe Dr. Ferdinand Hochstetter, der der wissenschaftlichen Kommission der Fregatte NOVARA zugeteilt war, in der k. k. Geographischen Gesellschaft in Wien zum Abschluß der Vorbereitungen eine Dankesrede, ehe er den Zug nach Triest bestieg. Sein Dank galt den wichtigsten Institutionen, die zur wissenschaftlichen Ausrüstung beigetragen hatten: „Ich drücke meinen innigsten Dank aus vor Allem der kaiserlichen Akademie der Wissenschaften, deren Vertrauen mich berufen hat, und dann dem Institute, dem ich hier seit vier Jahren angehörte, seinem hohen Gönner und Beschützer, Freiherrn Alexander von Bach, der es mir möglich machte, dem Rufe der kaiserlichen Akademie der Wissenschaften zur Reise um die Welt zu folgen. Ich gehe ausgerüstet von der k. k. geologischen Reichsanstalt mit Allem, was ein Geologe nothwendig hat und überdies mit Schätzen an Büchern, Mineralien und Petrefacten, um dafür in allen Theilen der Erde andere Schätze einzutauschen. Ich habe zum zweiten Male der kaiserlichen Akademie der Wissenschaften zu danken, die keine Mittel sparte, um mich mit den vortrefflichsten Instrumenten zu meteorologischen und physikalischen Beobachtungen zu versehen. Ich danke dem k. k. physikalischen Institute und der k. k. Central-Anstalt für Meteorologie und Erdmagnetismus, wo diese Instrumente geprüft worden und wo mir die freundlichste und aufopferndste Belehrung ward im Gebrauche der Instrumente. Ich habe zu danken der k. k. Sternwarte, welche mir mit größter Liberalität vortreffliche Chronometer und Fernrohre zur Disposition stellte. Ich danke dem k. k. botanischen Hofcabinet in meinem und meiner Collegen Namen für die ausgezeichnete botanische Ausrüstung, bei der nichts vergessen ist, was während der Reise irgend nöthig werden könnte. Ich danke dem k. k. Hof-Mineraliencabinet für die Liberalität, mit der es mir die Schätze seiner Bibliothek eröffnete, um daraus Notizen zu sammeln. So eben erhielt ich auch noch eine Zuschrift von der k. k. Hofbibliothek, welche mir Vollmacht gibt zum Ankauf verschiedener Werke in fremden Sprachen. Ich danke derselben für diesen vertrauensvollen Auftrag. Ich habe ferner meinen tiefsten Dank auszudrücken einem hohen k. k. Marine-Obercommando, das Herrn Dr. Scherzer's und meine Bitten um magnetische und photographische Apparate, so wie um Beischaffung verschiedener für die Expedition wichtiger Werke in grossartigster Weise erfüllte. Wir sind ausgerüstet mit einer vortrefflichen Bibliothek, mit all den magnetischen Apparaten, wie sie Nord- und Südpolfahrer begleiteten. Auf's kräftigste unterstützt durch die k. k. Staatsdruckerei war es mir möglich, nach Genehmigung des hohen k. k. Marine-Obercommando's, einen vollständigen vortrefflichen photographischen Apparat zusammenzustellen, und ich bin derselben zu grossem Danke verpflichtet, dass sie mir auf die liberalste Weise ihr photographisches Atelier öffnete, um mich dort einzuüben und so nach bester Möglichkeit dafür zu sorgen, dass die Lücke eines Photographen ausgefüllt werde."

Vizeadmiral Bernhard Freiherr von Wüllerstorf-Urbair (1816–1883), Kommandant der NOVARA-Expedition von 1857–1859; von 1865–1867 war er österreichischer Handelsminister.

Aus allen europäischen Ländern kamen schließlich Anregungen und neue Geräte, um die besten wissenschaftlichen Ergebnisse dieser Reise zu gewährleisten. So sandte der bekannte Ichthyologe Prof. Goodsir aus Edinburgh zwei Kisten mit einem neuartigen, in England angewendeten, aufwindbaren Schleppnetz (Draque), mit dem der Meeresboden „aufgekratzt" und so untersucht werden konnte. Mit 98 angekauften Reisewerken, Monographien, Hilfsbüchern und Geschichtswerken sowie den vielen aus dem Bestand der k. k. Marine-Sternwarte in Triest geliehenen Fachwerken nahm die Schiffsbibliothek der NOVARA solche Dimensionen an, daß beim Umbau des Schiffes sogar ein eigener Bibliotheksraum eingerichtet werden mußte!

Korvette CAROLINA (914 t)

Als also im Dezember 1856 der Befehl vorlag, die Fregatte NOVARA und die Korvette CAROLINA für diese überseeische Mission auszurüsten – CAROLINA sollte die NOVARA bis an die Küste Brasiliens begleiten und dann eigenen Aufgaben nachkommen –, begann der Umbau in Pola; die Ausrüstung erfolgte in Triest. Die Aufbauten am Hinterdeck wurden verlängert, die Inneneinrichtung vergrößert, auch eiserne Wasserkästen wurden eingebaut. Die Bewaffnung würde man kaum brauchen: Daher wurde die Artillerie in der „Batterie" auf 18 Stück 30-Pfünder reduziert, und an Deck wurden nur noch zwölf 30-Pfund-Geschütze belassen. Man brauchte Platz, um fallweise lebenden Proviant unterzubringen. Selbst Takelage und Besegelung wurden, wenn auch nur unwesentlich, abgeändert.

Die Fregatte NOVARA sollte ursprünglich MINERVA heißen; am 20. September 1843 war das Schiff im Arsenal von Venedig auf Kiel gelegt worden, aber die Revolution in Venedig 1848 verzögerte zunächst den Bau. Im Jahre 1849 erhielt MINERVA den neuen Namen NOVARA, der an Radetzkys Sieg am 23. März erinnern sollte. Das Offizierskorps hatte den Namen durchgesetzt. Endlich, am 4. November 1850, lief die Fregatte vom Stapel. Die NOVARA war 50,35 Meter lang, 13,80 Meter breit und wies eine Verdrängung von 2.107 Tonnen und eine Segelfläche von 1.829 m² auf.

Friedrich Baron Pöck, der Kommandant der Fregatte NOVARA, während der Weltumseglung

Zur Versorgung der eingeschifften 352 Männer, Stab, Mannschaft und die Wissenschaftler, nahm die Fregatte in Triest vor ihrer Abreise ausreichend Lebensmittel und Vorräte an Bord – manche sollten bis zu 298 Tage reichen: 23 Tonnen Kohle, 86 Tonnen Wasser, 50.965 Pfund Zwieback, 8.777 Liter Wein, 7.913 Liter Rum, 17.800 Pfund Pökelfleisch, 5.760 Pfund Schweinefleisch, 6.850 Pfund Reis, 3.184 Pfund Nudeln, 40.000 Portionen Mischgemüse, 16.000 Portionen Sauerkraut, 16.000 Portionen süßes Kraut, 32.000 Portionen Erdäpfel, 10.290 Pfund Cacao (so schrieb man das damals), 3.434 Pfund Zucker, 1.000 Pfund Salz und 831 Liter Essig. Die ungewöhnlich detaillierten Angaben kommen durch die Umrechnung der damals üblichen Maße zustande. Zusätzlich wurde noch konserviertes Rindfleisch in luftdicht verschlossenen Blechbüchsen eingeladen. Das Dosenfleisch mochte die Mannschaft nicht, weil es beim Kochen jeden Geschmack verlor.

Befehlshaber des kleinen Verbandes war also der erfahrene Linienschiffskapitän Wüllerstorf-Urbair. Das Kommando über die Fregatte NOVARA führte Korvettenkapitän Friedrich Baron Pöck; sein Stab bestand aus Linienschiffsleutnant Bela Gaàl de Gyula, den Fregatten-

Querdurchschnitt S. M. Fregatte Novara.

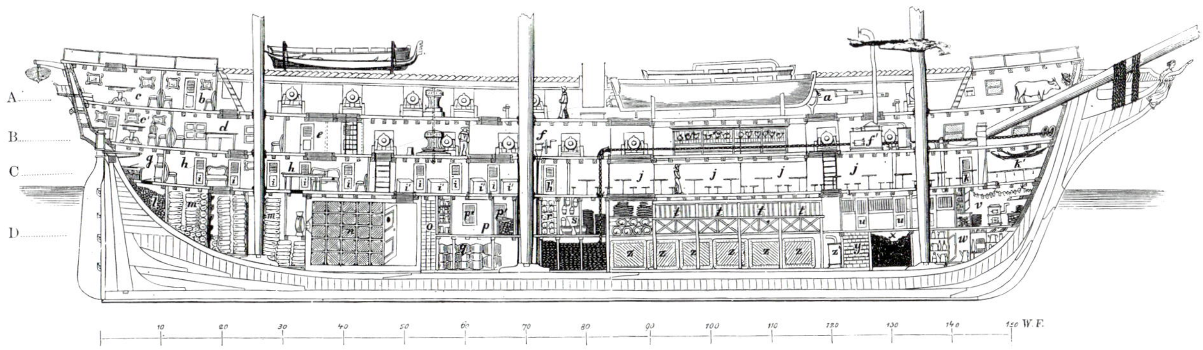

ERKLÄRUNG.

A.

a. Reserve-Masten.
b. Wohnung des Commandanten.
c. Schlafkajüte des Commodore.

B.

c'. Wohnung des Commodore.
d. Lesezimmer der Officiere und Cadetten, zugleich Speisesaal des Commodore.
e. Cabinen der Naturforscher und des ersten Lieutenants.
f. Pumpen.
f'. Küche und Destillir-Apparat.

C.

g. Credenz der Officiere.
h. Officiers-Kajüte.
h'. Vorrathskammer des Commodore.
i. Cabinen der Officiere.
i'. Kisten für die Effecten der Cadetten.
j. Banjerdeck.
k. Unterofficiers-Cabinen.
k'. Bordspital.

D.

l. Kugeldepot.
m. Brotdepot.
n. Pulverkammer.
o. Depot für conservirte Lebensmittel des Commodore, der Officiere und der Kranken.
p. Bottlerei.
p'. Depot für Reis, Hülsenfrüchte, Cacao etc.
q. Wein- und Rum-Depot.
r. Pökelfleisch-Depot.
s. Waschrequisiten (zum Deckscheuern).
t. Segel-Depot.
u. Depots für Artillerie-, Steuer- und Handwerker-Geräthe etc.
v. Bootsmanns-Kammer.
w. Depot für Farben, Oel etc.
x. Kohlen-Depot.
y. Aufbewahrungsort des conservirten Fleisches für die Mannschaft.
z. Eiserne Wasserkisten.
z'. Eiserne Wasserkisten des Destillir-Apparates.

Schiffsplan der Fregatte NOVARA. Der Plan und die Schiffsdarstellung (unten) sind Karl von Scherzers „Reise der österreichischen Fregatte Novara um die Erde", Wien 1864, entnommen.

leutnants Moriz Manfroni de Monfort und Alexander Graf Kielmannsegg, den Schiffsfähnrichen William Lund, Robert Müller und Ernst Jacoby und den Fregattenfähnrichen Eugen Kronowetter und Gustav Battlogg. Dazu gehörten noch Verwaltungsoffizial Anton Basso, Fregattenarzt Dr. Franz Seligmann, Korvettenarzt Dr. Robert Lallemant (dieser wurde auf Empfehlung Alexander von Humboldts durch Erzherzog Ferdinand Max persönlich in den Stab der NOVARA einberufen. Dr. Lallemant hatte länger als 17 Jahre in Rio de Janeiro in den verschiedensten Spitälern praktiziert, unter andrem auch im dortigen Gelbfieber- und Pockenhospital. Er galt als Spezialist für Tropenkrankheiten), Schiffsarzt 1. Klasse Karl Ruziczka, Schiffsarzt Dr. Erduard Schwarz und Marinekaplan Eduard von Marochini. Im „Vorhimmel" des Offiziersstandes befanden sich noch die Marinekadetten Heinrich Fayenz, Joseph Natti, Gustav von Semsey, Richard Baron Walterskirchen, Ludwig Meder, Alexander Kalmar, August Baron Scribanek, Andreas Graf Vorelli, Franz Baron Cordon, Friedrich Baron Haan, Eduard Latzina, Michael von Mariassi, Eugen Fürst Wrede und Joseph Berthold. Ein tüchtiger Unteroffizier war schließlich Untermeister 2. Klasse Wenzel Lehmann.

Die wissenschaftliche Kommission an Bord der Fregatte bestand aus Dr. Ferdinand Hochstetter (für Geologie und Physik), Dr. Eduard Schwarz und dem Kunstgärtner Anton Jellinek (für Botanik), aus Georg Frauenfeld und dem Präparator Johann Zelebor (für Zoologie) und aus Dr. Karl Scherzer (für Geographie, Anthropologie und Handelswissenschaften). Die astronomischen, magnetischen und meteorologischen Messungen und Beobachtungen wurden von Wüllerstorf selbst unter Mitwirkung seiner Seeoffiziere durchgeführt. Und dann

Zeitgenössische Darstellung der Fregatte NOVARA

befand sich noch der Wiener Maler Joseph Selleny an Bord, um mit schließlich nicht weniger als 946 Aquarellen und Skizzen den Ablauf der Weltumseglung im Bild festzuhalten.

Das Begleitschiff, die Korvette CAROLINA, war kleiner; es hatte eine Verdrängung von 914 Tonnen, war 41 Meter lang und 11 Meter breit, seine Artillerie bestand aus 24 Stück 18-Pfündern. Kommandant war Korvettenkapitän Ignaz Kohen, sein Schiffsstab bestand aus Schiffsleutnant Gustav Nauta, Fregattenleutnant Heinrich Freiherr von Waldstätten, aus den Schiffsfähnrichen Victor Graf Wimpffen, Josef Stipperger und Eduard Pitner, aus Fregattenfähnrich Josef Greaves, dem Verwalter Anton von Herrmann, den beiden Schiffsärzten Dr. Heinrich Wavra und Dr. Eduard Michel, den Marinekadetten Eugen von Gaal, Erwin Graf Dubsky, Alfred Freiherr von Miltis, Rudolf Günner, Edmund Czelechowsky, Gustav Kemmel, Josef Schellander und Georg Puth. Insgesamt bestand die Besatzung (Offiziere, Matrosen, Marineartilleristen, Marineinfanteristen und Professionisten) aus 192 Mann.

So lagen nun die beiden Schiffe wohl ausgerüstet in der Bucht von Muggia bei Triest, am 16. April 1857 erfolgte die Musterung durch den Marineoberkommandanten Erzherzog Ferdinand Max. Sie fiel zur vollsten Zufriedenheit aus. Noch am selben Tage wurde der 30. April als Auslauftag befohlen. Und dann, um 8 Uhr morgens, war es so weit: Die Anker wurden gelichtet, die Fregatte NOVARA sandte 21 Schuß Territorialsalut, um sich von der Stadt Triest zu verabschieden. Vom Kastell wurde geantwortet, dann nahm der bereits liegende Kriegsdampfer SANTA LUCIA die beiden Schiffe in Schlepp, um sie schließlich nach mehrtägiger Bugsierung nördlich von Sizilien ihren eigenen Kurs laufen zu lassen. Der Kommandant des Kriegsdampfers, Korvettenkapitän Heinrich von Littrow, eines der vielen künstlerischen Talente, die in der Marine zu Hause waren, hatte den Scheidenden noch folgenden Abschiedsgruß nachgeschickt:

„Euch Gelehrten wünsch‘ ich Eines
Für die schöne Reise nur:
Spürt mit scharfem Kennerauge
In dem Buche der Natur;
Dringt in die geheimsten Tiefen,
Prüfet, lernet und belehrt,
Die mit Schätzen reich beladen
Ihr zur Heimath wiederkehrt.
Lasst Euch nicht in’s Schlepptau nehmen
Wie Ihr es bisher gethan,
Schreitet frei und ungebunden
Vorwärts auf der schönen Bahn.
Mög‘ es Euch auf dieser Wand’rung
Ja nicht wie den Flaschen gehen.
Die wir heute voll des Geistes
Als Geleerte wiederseh’n.
Lasset Euch füllen, wo des Schönen
Euch in reicher Füll‘ beschert,
Seid dann mittheilsam, so werdet
Ihr im wahren Sinn geleert.“

Heinrich Alexander Freiherr von HUMBOLDT
Naturforscher und Geograph

Er wurde am 14. September 1769 in Berlin geboren und starb dort am 6. Mai 1859. Humboldt wurde zusammen mit seinem Bruder Karl Wilhelm, dem späteren Gelehrten und Staatsmann, privat unterrichtet und studierte anschließend in Frankfurt an der Oder, in Berlin und in Göttingen. Nach seinen naturwissenschaftlichen und montanistischen Studien diente Humboldt von 1792 bis 1796 dem preußischen Staat. Zahlreiche Reisen führten ihn nach Süd-, Mittel- und Nordamerika, aber auch in das Baltikum, nach Moskau und bis zur chinesischen Grenze. Humboldt wurde der Begründer der klimatologischen Geographie und der Meeresphysik; er hatte die reihenweise Anordnung der Vulkane sowie die örtlich verschiedenen Stärken der Magnetfelder erkannt; Geologie, Astronomie, Zoologie, Botanik und Mineralogie haben wie von kaum einem anderen Forscher durch Humboldts Leistungen eine Bereicherung erfahren. Zahlreiche Publikationen sind der Erfolg seiner Tätigkeit. So wertete er auch im größten privaten Reisewerk, der aus 36 Bänden bestehenden „Voyage aux régions équinoxiales du nouveau continent", seine Expeditionserfahrungen aus.

Alexander von Humboldt galt als der führende europäische Naturwissenschaftler seiner Zeit. Durch seine Korrespondenz verkehrte er mit fast allen Gelehrten dieser Erde; er wurde so auch zum Förderer junger Talente und stand den meisten Forschungsreisenden mit Rat und Tat zur Seite. So ist es nicht verwunderlich, daß Humboldt unter dem bescheidenen Titel „Physikalische und geognostische Erinnerungen" am 8. April 1857 der NOVARA-Expedition seine wissenschaftlichen Anweisungen übermittelte. Es waren dies acht handgeschriebene Folioseiten mit fast 100 Punkten, von der Untersuchung der Meeresströmungen, wie dem Humboldt-Strom, den er 1802 gefunden hatte, bis zu den diversen Vulkanuntersuchungen. Vorausahnend schloß Alexander von Humboldt seine Instruktionen mit den Worten: „Wenn die NOVARA nach ihrer Weltumseglung mit naturwissenschaftlichen Eroberungen zurückkehren wird nach Triest, werde ich längst nicht mehr unter den Lebenden sein, und ich flehe in dieser Nacht, wo ich meine schiefen Zeilen endige, zum allmächtigen Gott, er wolle seinen Segen geben zur weiten Reise ... !"

Alexander von Humboldt (1769–1859)

Schon im Mittelmeer zeigte sich die NOVARA als Schiff mit vortrefflichen Segeleigenschaften. Die Korvette CAROLINA, die als eines der schnellsten Schiffe der Kriegsmarine galt, mußte schon gewaltige Anstrengungen unternehmen, um die vorgegebene Zeit zur Bewältigung der vorgeschriebenen Entfernungen einhalten zu können. Wurde die Reise der NOVARA durch wissenschaftliche Beobachtungen oder Experimente verzögert, erhielt CAROLINA das Signal „Freies Manöver" und konnte voraussegeln.

Am 30. April 1857 erreichte NOVARA nach günstiger Fahrt Gibraltar, das nach neuntägigem Aufenthalt wieder verlassen wurde.

Joseph Selleny (1824–1875), Expeditionsmaler bei der NOVARA-Weltreise

Joseph SELLENY
Expeditionsmaler

Joseph Selleny wurde am 2. Februar 1824 in Mödling bei Wien geboren, studierte in Wien an der Kunst-Akademie und bereiste dann zusammen mit Thomas Ender, der Sellenys Schaffen stark beeinflußte, Tirol, die Lombardei und Venedig. Anschließend besuchte er die Akademie in Rom. Von 1857 bis 1859 nahm Selleny als Expeditionsmaler an der Weltumseglung der Fregatte NOVARA teil. Seine Begabung lag in der wirklichkeitsnahen Darstellung der Natur. Gefördert von Erzherzog Ferdinand Max, übernahm der 33jährige Selleny diese Aufgabe, er soll als Ergebnis seiner fleißigen und rastlosen Arbeit mehr als 2000 Skizzen mitgebracht haben. Die Palette seines Schaffens reichte von den Küstenaufnahmen bis zu den Panoramen der bedeutendsten von der NOVARA besuchten Orte. Speziell seine Figuren- und Bordstudien geben uns noch heute wertvolle Hinweise auf das Bordleben von damals sowie zur Uniformierung der Seeleute dieser Zeit.

Die auf dieser Weltumseglung entstandenen Werke erhielten verschiedene Widmungen, so wurden etwa mehrere Blätter dem Marinemuseum in Pola zugedacht. Leider blieben nicht alle Darstellungen der Nachwelt erhalten. Ein mehrjähriger Erbschaftsstreit und zwei Weltkriege verminderten die Anzahl der noch vorhandenen Werke. Viele gelten heute als verschollen. Die wichtigsten Teile von Sellenys reichem Schaffen können aber wenigstens noch im Heeresgeschichtlichen Museum in Wien sowie in der Graphischen Sammlung der Albertina, ebenfalls in Wien, besichtigt werden.

Selleny reiste mit seinem Förderer Erzherzog Ferdinand Max in den Jahren 1859–1860 noch nach Brasilien und ließ sich später in Wien nieder. Nach seinen Plänen und Skizzen wurde der Wiener Stadtpark angelegt und am 21. August 1862 eröffnet. Das Ende war tragisch: Die letzten zwei Jahre seines Lebens verbrachte Selleny in geistiger Umnachtung, der Künstler starb am 22. Mai 1875 in einer Privatanstalt in Inzersdorf bei Wien.

CAROLINA blieb zurück, da der verunglückte Zimmermann Anton Pizzo begraben werden mußte, außerdem traten wenige Tage nach der Ankunft bei mehreren Matrosen die Pocken auf. Chefarzt Dr. Wawra mußte die gesamte Mannschaft schleunigst impfen. Erst als die Krankheit nach wenigen Tagen nachgelassen hatte, erfolgte die Weiterreise. Schlechte Wetterverhältnisse behinderten die Weiterfahrt der NOVARA in den Atlantischen Ozean, sodaß erst am 8. Juni Funchal auf Madeira angelaufen werden konnte. Hier trafen beide Schiffe auch wieder zusammen. Der Aufenthalt auf dieser an Naturschönheiten sehr reichen Insel bis zum 17. Juni bot den Wissenschaftlern erste Gelegenheit für verschiedene botanische und zoologische Studien.

Der Passat mit guter Fahrt erleichterte die schnelle Überquerung des Ozeans. Am 15. Juli wurde die „Linie“ passiert, das ging nicht ohne das dazugehörige Fest der Äquatortaufe. Schon fünf Tage später erreichten beide Schiffe jenen Punkt, an dem sich ihre Wege trennen sollten. CAROLINA steuerte Pernambuco, NOVARA dagegen Rio de Janeiro an, wo sie auch am 5. August ankerte. Während des Aufenthaltes (bis zum 31. August) wurde Kommodore Wüllerstorf vom brasilianischen Kaiser Pedro II. und der Kaiserin in Audienz empfangen. Die Wissenschaftler der Expedition nahmen an einer Sitzung des historisch-geographischen Institutes unter dem Vorsitz des Kaisers teil. Weiters erfolgte die Ausschiffung von Korvettenarzt Dr. Robert Lallement, der eine Reise nach Südbrasilien zu unternehmen beabsichtigte. Leider desertierten in der Nacht vor der Abfahrt der NOVARA drei Matrosen. Desertionen waren damals nicht selten, viele Seeleute hofften, den strengen Borddienst gegen das schnelle Glück eintauschen zu können, andere wiederum musterten einfach für gutes Geld an Bord ausländischer Handelsschiffe an.

Die Fahrt durch den Südatlantischen Ozean mit Kurs Simons-Bai in Südafrika dauerte vom 1. September bis zum 2. Oktober. Ein zwei Tage anhaltender starker Sturm mit schwerer See erschwerte das Passieren des Kaps der Guten Hoffnung.

Der Aufenthalt am Kap der Guten Hoffnung dauerte vom 2. bis zum 26. Oktober und bot der Schiffsführung Gelegenheit, mit Bewilligung des Gouverneurs fünf junge Kaffern als Matrosen anzuheuern. Sie sollten auf der Fregatte bis zur Heimkehr mitfahren, zwei von ihnen gefiel die militärische Zucht an Bord aber offenbar wenig, sie desertierten in Neuseeland, die restlichen drei beendeten die Weltumseglung, lernten beim Schiffskaplan etwas Italienisch und Deutsch und wurden nach der Rückkehr in Triest in der Mechitaristenkirche getauft. Anschließend wurden sie als Matrosen auf die kaiserliche Yacht FANTASIE kommandiert.

NOVARA nahm im Indischen Ozean Kurs auf die Insel St. Paul. Am 18. November wurden zur Erforschung dieses einsamen Felseneilands die Naturforscher samt Begleitung ausgeschifft. Schlechtes Wetter und schwere See verzögerten die Forschungs- und Vermessungsarbeiten, sodaß erst am 8. Jänner 1858 der Hafen Point de Galle auf Ceylon erreicht wurde. Der achttägige Aufenthalt auf der Insel bot den Wissenschaftlern ein reiches Betätigungsfeld. Dann allerdings ereignete sich ein ernster Zwischenfall: Während der Überfahrt nach Madras brach am 22. Jänner an Bord der NOVARA ein Brand aus. Nachmittags gegen halb vier Uhr war reiner Alkohol durch unvorsichtiges Hantieren in Brand geraten. Aus einem rostig gewordenen eisernen Behälter war der darin gelagerte Weingeist ausgeronnen. Eine schlecht verschlossene Laterne setzte die Dämpfe in Brand, aber der Mannschaft gelang es zum Glück rasch, den Brand zu löschen und so größeres Unheil zu verhüten. Nicht auszudenken, wenn die mitgeführten 30.000 Pfund Schießpulver in die Luft geflogen wären! (Der mitgeführte Weingeist sollte übrigens zur Aufbewahrung der Präparate dienen, wie alle Vorräte mußte auch der Weingeist im nächsten Hafen ergänzt werden.)

Von Madras, wo vom 31. Jänner bis 10. Februar geankert wurde, nahm NOVARA Kurs auf die Nikobaren, auf jenen Archipel im Meerbusen von Bengalen, der im 18. Jahrhundert vorübergehend für Österreich in Besitz genommen worden war. Mangelndes Interesse sowie

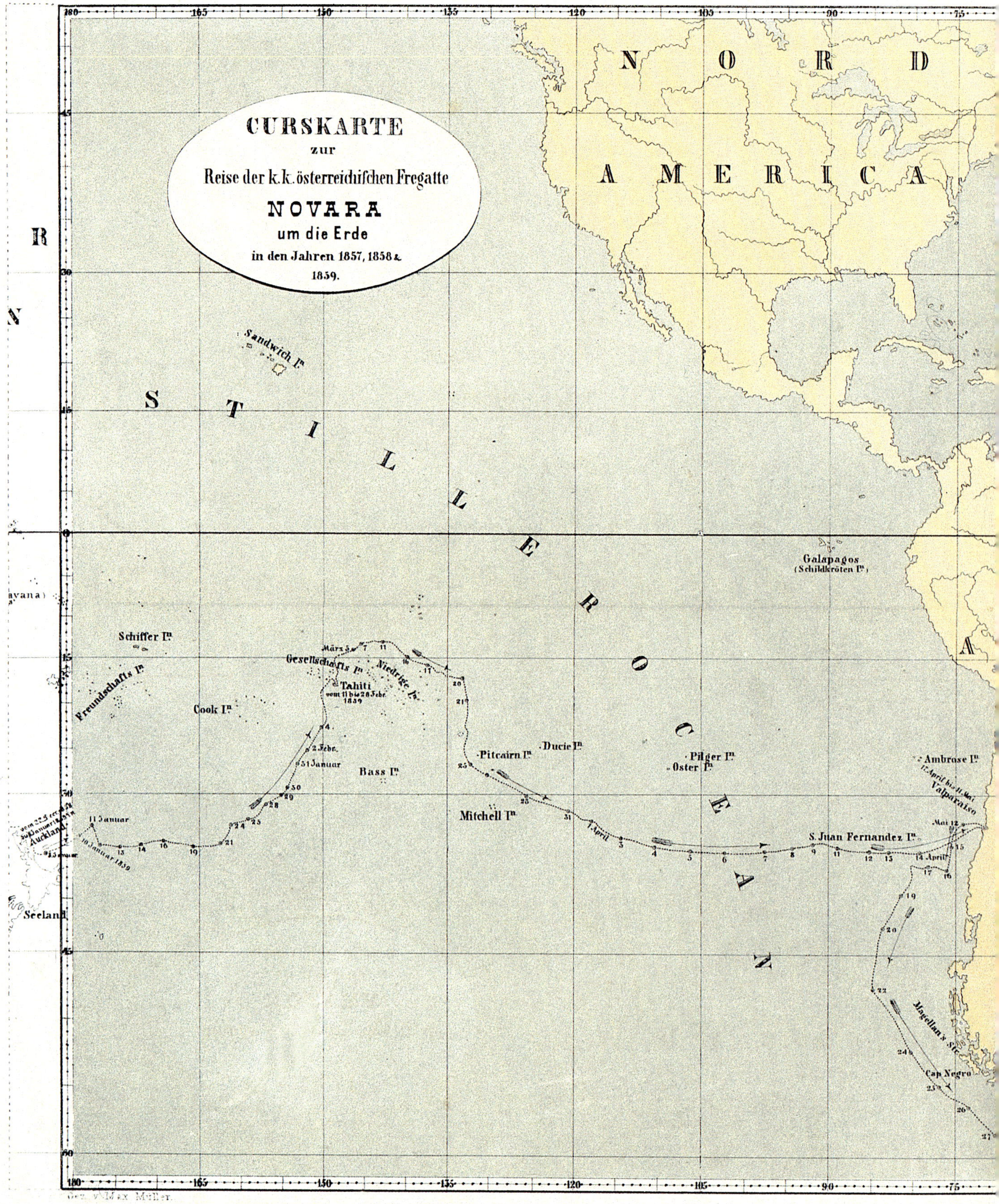
CURSKARTE
zur
Reise der k.k. österreichischen Fregatte
NOVARA
um die Erde
in den Jahren 1857, 1858 & 1859.
NORD AMERICA
STILLER OCEAN
Sandwich I.
Galapagos (Schildkröten I.)
Schiffer I.
Freundschafts I.
Gesellschafts I.
Niedrige I.
Tahiti
Cook I.
Bass I.
Pitcairn I.
Ducie I.
Pilger I.
Oster I.
Ambrose I.
Valparaiso
Mitchell I.
S. Juan Fernandez I.
Auckland
Seeland
Magellan's Str.
Cap Negro
Gez. v. Max Müller.

Joseph Selleny: „Chinesische Lastenträger“, Aquarell auf Papier

Nächstes Reiseziel waren die Philippinen, wo vom 15. bis 25. Juni vor Manila geankert wurde. Dann hieß es „Kurs auf China!“ Obwohl leichte, wechselnde Brisen und Kalmen anfänglich die Reise verzögerten, erreichte NOVARA am 5. Juli Hongkong. Zu diesem Zeitpunkt stand Hongkong erst 16 Jahre unter britischer Verwaltung und gehörte schon damals zu den wichtigsten Handelsplätzen Chinas. Der englisch-französisch-chinesische Krieg und der eben tobende Taipingaufstand schränkten zwar die Möglichkeiten der Naturforscher ein, trotzdem gelang es, seltene chinesische Bücher zu erwerben und völkerkundliche Beobachtungen anzustellen. Am 18. Juli wurden die Anker gelichtet und bei frischem Südwest-Monsun Kurs auf Shanghai genommen. Durch die Straße von Formosa erreichte die Fregatte Saddle Island, wo geankert wurde, um mit Flut und bei günstigem Wind am 29. Juli nach Shanghai zu segeln. Hier wurde die NOVARA von den ansässigen Deutschen mit großem Jubel begrüßt – das erste Kriegsschiff einer Großmacht des Deutschen Bundes vor Shanghai! Die wissenschaftlichen Sammlungen der Fregatte erfuhren eine weitere Bereicherung, so wurden über den kaum bekannten Volksstamm der Miao während des zweiwöchigen Aufenthaltes wertvolle Daten gesammelt. Die höchsten chinesischen Würdenträger der Stadt erfuhren dagegen erst aus den Gesprächen mit der österreichischen Delegation von der Existenz des Kaiserstaates, die Bevölkerungszahl von mehr als 40 Millionen versetzte die Chinesen in ungeheures Staunen.

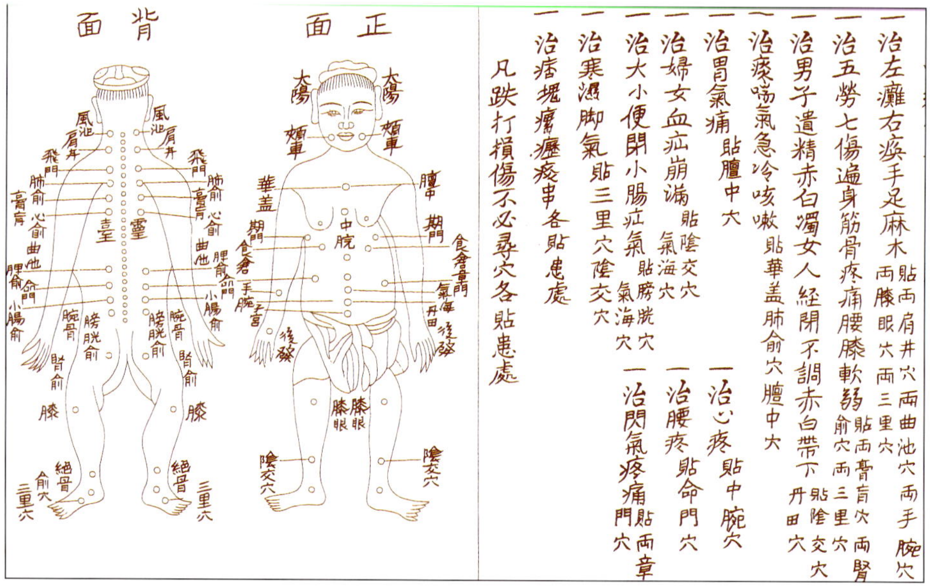

Diese Karte der menschlichen Anatomie brachte die NOVARA aus China mit.

Die Weiterreise der NOVARA zu den Marianen-Inseln wurde durch einen Taifun empfindlich gestört. Ausgerechnet am 18. August, während der Feier anläßlich Kaisers Geburtstag, tobte der Seesturm am heftigsten. Karl von Scherzer berichtet in seinem „beschreibenden Teil“ der NOVARA-Reise: „Der Wind hatte um Mittag dermaßen an Kraft zugenommen, daß man die Segel theils bergen, theils reefen mußte. Die See bäumte sich und schüttete zeitweise ihre hochaufsteigenden Wellen über Bord. Das Schiff wurde so gewaltig hin und her geworfen, daß alles, was nicht festgeschraubt oder seefest gestaut war, von einer Seite auf die andere geschleudert wurde. Nichtsdestoweniger setzte man sich zur Tafel, band Stühle und Tisch fest, und wer von den Geladenen nicht am Seeübel litt, nahm heiter und lustig am Mahle Theil. Aber selbst diese Vorsichtsmaßregeln hinderten nicht manchen unliebsamen Zwischenfall. Von einem fürchterlichen Ruck des Schiffes überrascht, verschwand plötzlich ein Theil der Gesellschaft mit Gläsern, Flaschen und Teller vom Tische und lag im wilden Durcheinander auf dem nicht minder schwanken Boden. Stühle und Fauteuils hatten die Beine gebrochen, alles Zerbrechliche war in Trümmer und Scherben gegangen, aber die Gäste waren glücklicher Weise ohne Beschädigung davon gekommen. Man nahm neuerdings an der großen festgeschraubten Tafel Platz, auf welcher nichts mehr als das leere Tischtuch sicher war, und jeder suchte nun noch sorglicher wie zuvor seine Position zu behaupten. Als am Schlusse des Mahles der Befehlshaber der Expedition den üblichen Trinkspruch ausbrachte und die Gäste ihre Gläser auf das Wohl des erhabenen Regenten leerten, dessen Geburtsfest am Bord der Novara eben in so seltsamer Weise gefeiert wurde, spielte die Musikbande, so gut als es die heftige Schiffsbewegung zuließ, die Volkshymne und ein lautes „Hoch“ übertönte das Gekrache des Schiffes, das Heulen des Windes und das dumpfe Gebrülle der immer mächtiger gegen die Schiffsplanken rollenden Wogen.“

Die Fregatte erwies sich zum Glück als äußerst seetüchtig, das Taifunzentrum war bald durchquert, und die Fahrt zu den Marianen ging weiter. Der frische Südwest-Monsun hinderte das vorgesehene Anlaufen der Marianen-Insel Guam, lediglich die Insel Puynipet, eine der drei Senjawin-Inseln, wurde per Boot besucht. Die Weiterfahrt durch die Äquatorialzone mit ihren berüchtigten Windstillen stellte die Geduld der Schiffsbesatzung auf eine harte Probe. Für Abwechslung sorgte eine Spukgeschichte: Von Zeit zu Zeit ließ sich nämlich im Schiff ein rollender Donner unbekannter Ursache vernehmen. Allgemeine Heiterkeit rief dann die erkannte Ursache hervor: 80 dreißigpfündige Kanonenkugeln hatten die Wand des Granatendepots durchbrochen, waren in das Brotdepot gekollert und hatten auf dem Blechboden diesen furchterregenden Lärm verursacht.

Da bereits einige Skorbut-Krankheitsfälle an Bord aufgetreten waren, entschloß sich der Kommandant, am 16. Oktober Sikayana, die größte der Stewarts-Inseln, anzulaufen. Im lebhaften Tauschhandel wurden frische Lebensmittel erworben und auch gleich wissenschaftliche Daten gewonnen. Frischer Südost-Passat brachte die Fregatte vor Australien, wo sie nach 83 Tagen in See und 5930 zurückgelegten Seemeilen am 5. November 1858 im Nordosten von Sidney, in Port Jackson, ankerte. Der einmonatige Aufenthalt bot den Wissenschaftlern genug Gelegenheit, ihre Studien durchzuführen; besonders über die Ureinwohner Australiens, die „Aborigines", konnten wertvolle Daten gesammelt werden.

Am 7. Dezember lichtete die NOVARA Anker und nahm Kurs auf Neuseeland. Wechselhaftes Wetter verzögerte die Weiterreise, sodaß Auckland erst am 22. Dezember erreicht wurde. Auf besonderes Ansuchen des neuseeländischen Gouverneurs blieb der Geologe der Expedition, Dr. Hochstetter, noch acht Monate, um hier seine erfolgreichen Untersuchungen weiterführen zu können. Hier wurde auch die Idee geboren, einige Maoris gegen Bezahlung sowie der zugesicherten Rückkehr in die Heimat als Seeleute anzuheuern. Aber es fanden sich keine Interessenten, bis schließlich einer die Ablehnung begründete: „Wenn ihr auf eurem Schiff nicht mehr genug Fleisch habt, wird man uns fressen!" Damit hatten die Österreicher nicht gerechnet. Da aber schon einige Afrikaner angeheuert waren, hatte ein Seeoffizier den Einfall, das als überzeugenden Beweis anzuführen. Die Antwort der Maori war nur: „Das glauben wir schon, aber vielleicht ist es bis jetzt nicht so weit gekommen, daß ihr Hunger und Not gehabt habt!" Schließlich konnten doch zwei Maori überredet werden, sie machten die Reise als Matrosen mit, wurden später in der k. k. Hof- und Staatsdruckerei ausgebildet, sogar dem Kaiser vorgestellt und kehrten erst im Jahre 1860, reich beschenkt, in ihre Heimat zurück.

Während des Aufenthaltes in Auckland war leider noch ein Todesfall zu beklagen; Oberbootsmann Cergogna erlag einem Herzschlag und wurde am katholischen Friedhof beigesetzt. Der Verstorbene war an Bord allgemein sehr beliebt, und so wurde unter der Besatzung eine Sammlung abgehalten, um dem toten Kameraden ein würdiges Grabdenkmal errichten zu können.

Am 8. Jänner 1859 wurden die Anker gelichtet, Neuseeland verlassen und südlich der Tonga- und Cooks-Inseln Richtung Französisch-Tahiti gesegelt, dessen Hafen Papeete am 11. Februar erreicht wurde. Da die Nachrichten von den österreichisch-französischen diplomatischen Spannungen noch nicht bis hierher gedrungen waren, wurden die Offiziere und Naturforscher der NOVARA herzlich empfangen und bei einem Ball auch der Königin Pomare vorgestellt. Am 1. März wurde die Reise zu der Westküste Südamerikas fortgesetzt. Nach vorwiegend stürmischer und regnerischer Fahrt – am 11. April war die Großraa gebrochen – erreichte die Fregatte am 16. April Valparaiso. Die mehr als 5000 Seemeilen waren innerhalb von 48 Tagen zurückgelegt worden. Von Valparaiso reiste Kommodore Wüllerstorf nach Santiago, mit der Absicht, einen Handels- und Schiffahrtsvertrag mit der Republik Chile abschließen zu können. Wüllerstorf wurde zwar vom Präsidenten Don Manuel Montt empfangen, konnte auch den Vertragsentwurf, in spanischer Sprache abgefaßt, übergeben, doch die innenpolitischen Verhältnisse Chiles – es herrschte eben Revolution – vereitelten

Joseph Selleny: „Hafenansicht von Valparaiso, April 1859", Aquarell auf Papier

die Durchführung dieser von beiden Seiten gewünschten Absicht. Der Aufenthalt in Chile war von aus Europa eintreffenden düsteren Nachrichten überschattet, diese verhießen nichts Gutes, der Ausbruch eines Krieges zwischen Österreich und Frankreich schien unmittelbar bevorzustehen. So beschloß der Befehlshaber, mit der Expedition rasch in die Heimat zurückzukehren. Das hieß, die Besuche in Lima, auf den Galapagos-Inseln, in Montevideo und in Buenos Aires aus dem Reiseprogramm zu streichen. Weiters erbat Dr. Scherzer die Erlaubnis, sich ausschiffen zu dürfen, um in Lima und in Panama die noch offenen ethnographischen und statistischen Aufgaben lösen zu können. Der 11. Mai wurde für NOVARA als Abreisetag festgesetzt. Aber Windstille blockierte dieses Vorhaben. Englische und französische Hilfe waren nötig, insgesamt 14 Boote schleppten die NOVARA aufs offene Meer. Durch eine frische Südwestbrise konnte die Fregatte Fahrt aufnehmen, Richtung Kap Horn.

Nach der Umrundung von Kap Horn und dem Passieren der Falkland-Inseln mußte die Fregatte am 7. und 8. Juni einen heftigen Drehsturm überstehen. Ein wichtiger Tag für die NOVARA-Fahrer war dann der 11. Juni, denn an diesem Tag kreuzte die NOVARA jenen Kurs, den sie im Jahre 1857 von Rio de Janeiro zum Kap der Guten Hoffnung genommen hatte. Damit hatte die Fregatte die Erde einmal umschifft!

Noch einmal schlug leider der Tod an Bord zu: Am 9. Juli starb ein schon länger lungenkrank gewesener Matrose; es war das letzte Seebegräbnis auf dieser Reise. Und dann war wieder Europa in Sicht: nach 82 Seetagen und 10.600 zurückgelegten Seemeilen lief die NOVARA am 27. Juli in Gibraltar ein.

Hier erst erfuhren die Reiseteilnehmer, daß der Krieg zwischen Österreich und Frankreich nach der österreichischen Niederlage bereits mit dem Frieden von Villafranca beendet war und daß Kaiser Napoleon III. befohlen hatte, die NOVARA frei und ungehindert passieren zu lassen, obwohl sie ein feindliches Kriegsschiff war, „denn sie führt wissenschaftliche Schätze, und die Wissenschaft ist Gemeingut aller Völker". Eine noble Geste, die zeigt, daß man auch im damals feindlichen Frankreich den Leistungen der Wissenschaftler und der Besatzung der NOVARA große Hochachtung entgegenbrachte.

Am 7. August lichtete die NOVARA die Anker und setzte ihre Reise ins Mittelmeer fort, wo der Kriegsdampfer LUCIA vor Messina wartete, um die Fregatte wieder ins Schlepptau zu nehmen. Im Hafen von Gravosa erfolgte denn die offizielle Begrüßung. Am 22. August gegen 9 Uhr früh liefen die Radyacht FANTASIE und die Korvette DANDOLO ein. An Bord der kaiserlichen Yacht befand sich der Marineoberkommandant Erzherzog Ferdinand Max, der, auf dem Radkasten stehend, durch Schwingen seiner Kappe die Expeditionsteilnehmer voll Begeisterung grüßte. Die NOVARA antwortete durch einen Wantensalut ihrer Matrosen. Der Erzherzog-Admiral kam nicht mit leeren Taschen, er hatte eine lange Liste von Auszeichnungen bei sich, die ganze Mannschaft wurde um einen Dienstgrad befördert und die eingeschifften Kadetten zu Offizieren ernannt.

Nach einem Zwischenaufenthalt im Hafen von Pola ankerte die Fregatte am 26. August 1859 vor Triest: Die Weltumseglung der NOVARA hatte nach 551 Seetagen und 51.686 zurückgelegten Seemeilen ihr eindrucksvolles Ende gefunden. Insgesamt hatte das Unternehmen 616.560 Gulden österreichischer Währung gekostet, doch die wissenschaftliche Ausbeute war ungleich wertvoller.

Auf der bronzenen Erinnerungsmedaille dieser ersten Erdumseglung stehen die Worte: „Den braven Matrosen der NOVARA-Expedition die dankbare Wissenschaft 18570–1859." Diese Männer haben dazu beigetragen, daß die Weltumseglung der NOVARA auch heute noch im Gedächtnis der Österreicher fest verankert ist.

Die aus Anlaß der ersten Weltumseglung geprägte Bronzemedaille mit einem Durchmesser von 46,5 mm

Diente die Erdumseglung der NOVARA in erster Linie der Wissenschaft, so sollte eine zweite, ähnliche Expedition handelspolitische Aufgaben lösen. Vom neuen Suezkanal erwartete das Handelsministerium der Donaumonarchie eine tiefgreifende Veränderung im Welthandel, vor allem aber hoffte man auf eine Belebung des Triestiner Hafens.

Bald nach der erfolgreichen Rückkehr der NOVARA war der Gedanke entstanden, Handels- und Schiffahrtsverträge mit China, Japan und Siam zum Schutze der österreichischen Kauffahrer abzuschließen. Angeregt von der Triestiner Handelskammer – der Reeder Pasquale Revoltella, ein Mann der Wirtschaft, war hier die treibende Kraft – und dem im k. k. Handelsministerium in Wien als Beamten tätigen Carl von Scherzer, arbeitete Vizeadmiral von Wüllerstorf die Pläne für diese „ostasiatische Expedition“ aus. Der Krieg von 1866 sowie der daraus folgende Ausgleich des Jahres 1867 mit Ungarn verzögerte die Durchführung.

Konteradmiral Anton Freiherr von Petz (1819–1885), der bei dieser Ostasien-Mission die Verhandlungen führte.

Nach der Erfahrung der Kolonialmächte, die bei Verhandlungen mit exotischen Staaten immer viele Kanonen zu zeigen pflegten, bestimmte das Marinekommando die Schraubenfregatte DONAU und die gedeckte Schraubenkorvette ERZHERZOG FRIEDRICH für diese Reise. Am 20. September 1868 erhielt der erfahrene Seeoffizier Konteradmiral Anton Freiherr von Petz das Kommando über diese in Muggia, dem Kriegshafen von Triest, liegenden Schiffe. Durch kaiserlichen Erlaß wurde er nicht nur Befehlshaber dieser k. k. Flottenabteilung, sondern auch – aus Sparsamkeit – zum „k. k. Gesandten und bevollmächtigten Minister in ausserordentlicher Mission“ bestellt.

Die Fregatte DONAU lief am 20. November 1856 in Muggia vom Stapel, sie war 59 Meter lang, 12,5 Meter breit und verdrängte 2198 Tonnen. Ihre Artillerie bestand aus 29 Kanonen. Die Dampfmaschine von 300 PS verlieh dem Schiff eine Geschwindigkeit von 9 Knoten. Neben dem Expeditionskommandanten Petz und dessen „Personaladjunkt“ (wie man einen Sekretär damals nannte), Linienschiffsfähnrich Isidor Freiherr von Benko, bestand der Stab der Fregatte weiters aus dem Kommandanten des Schiffes, Linienschiffskapitän Anton Ritter von Wipplinger, den Linienschiffsleutnants Johann Kolb, Franz Freiherr von Minutillo und Johann Hentschel, den Linienschiffsfähnrichen Hugo Deschauer, Alfons Graf Auersperg und Hugo Poglayen, Marinein-

Fregatte DONAU (2198 t) in Pola

fanterieleutnant Friedrich Graf Beust, den Seekadetten Josef Prasch, Franz Bartsch, Gustav Widemann, Rudolf Labres, Josef Graf Hahn, Eduard Weisse, Heinrich Benigni, Hector Pitner, Josef Hlouschek und Theodor Albrecht, Fregattenkaplan Lorenz Rakovetz, Linienschiffsarzt Dr. Heinrich Wawra, den Korvettenärzten Dr. Ambros Janka und Dr. Nathan Fried, Verwaltungsoffizial 3. Kl. Anton Raschin, Maschinenmeister 2. Kl. Josef Engerth und Gustav von Benedicty, und den Maschinenuntermeistern Josef Wondra, Anton Schnabel und Raimund Lauer.

Die Propeller-Korvette ERZHERZOG FRIEDRICH (1370 t)

Das zweite Schiff, die Korvette ERZHERZOG FRIEDRICH, war am 11. September 1857 in Venedig vom Stapel gelaufen und etwas kleiner, ihre Bewaffnung bestand aus 22 Kanonen. Eine Dampfmaschine mit 300 PS gab dem Schiff eine Geschwindigkeit von ebenfalls 9 Knoten. Anfang 1867 wurden die Umbau- und Adaptierungsarbeiten beider Schiffe geplant und mit der Arbeit angefangen. Die Korvette ERZHERZOG FRIEDRICH erhielt im Zwischendeck einen Backofen eingebaut, der aber dann dem Zweck, frisches Brot zu erzeugen, kaum gerecht wurde, da es auf der Reise selten gutes Mehl und überhaupt keinen getrockneten Sauerteig gab. Kommandant der Korvette war Fregattenkapitän Max Ritter von Pitner, sein weiterer Stab bestand aus den Linienschiffsleutnants Carl Scheuermann, Richard Banfield, Julius Heinz, den Linienschiffsfähnrichen Vincens von Rosenzweig, Hieronymus von Benko und Arthur Graf Sermage, den Seekadetten Josef Teufel, Carl Mayler, Vincenz Polies, Victor Ritter von Jenick, Theodor Kunwald, Miecislaus von Pietrusky, Friedrich von Rupprecht und Franz Witty, Linienschiffsarzt Dr. David Fleischmann, Fregattenarzt Dr. Emanuel

Weiss, Verwaltungsoffizial 3.Kl. Ladislaus von Budisawljewich, Maschinenmeister 2.Kl. Valentin Reinold und den Maschinenuntermeistern Anton Grieser und Anton Wernig.

Der Marineunteroffizier Alois Kraus, der es später bis zum angesehenen Direktor des Tiergartens Schönbrunn bringen sollte, hatte die Aufgaben des Tiersammelns sowie das Präparieren der Ausbeute übernommen. Da es sich aber um eine handelspolitische Reise handelte, befanden sich an Bord der DONAU auch die diplomatischen Mitglieder der Expedition, während auf der ERZHERZOG FRIEDRICH die Berichterstatter, Beamten und der Expeditionsphotograph Wilhelm Burger mit seinem 15jährigen Gehilfen Michael Moser eingeschifft waren. Das Leben der Zivilpersonen an Bord der beiden Kriegsschiffe war durch die aus 29 Paragraphen bestehende „Instruction über die Pflichten und Befugnisse der nicht zum Marine-Etat gehörenden Personen" geregelt. Jeder der glaubte, sich auf einer Vergnügungsreise zu befinden, wurde schon durch den Wortlaut des Paragraphen 1 eines besseren belehrt, denn hier stand: „Während der Dauer der Einschiffung sind sämtliche Herren den Kriegsgesetzen unterworfen; sie können beim Ersten Lieutenant Einsicht in die Kriegsartikel nehmen!"

Am 18. Oktober 1868 morgens wurden die Anker der Eskadre im Kriegshafen von Muggia bei Triest gelichtet, und unter den Klängen des Radetzkymarsches liefen die Schiffe in die Adria. Schwere See und starker Scirocco (wir verwenden die in der Marine übliche Schreibweise) zwangen die DONAU, im Hafen von Castelnuovo und die ERZHERZOG FRIEDRICH in Ragusa Proviant und Kohle zu ergänzen. Nach dem Anlaufen der Häfen von Messina, Algier, Gibraltar, Tanger und Teneriffa wurde am 26. Jänner 1869 morgens Kapstadt, das erste Ziel mit längerem Aufenthalt, erreicht. Vorher hatte man noch am 20. Dezember den Äquator passiert. Aus diesem Anlaß erschien Neptun mit seinem Gefolge an Bord und nahm mit viel Wasser die Äquatortaufe vor.

Marinearzt und Botaniker Dr. Heinrich Wawra von Fernsee (1831–1887)

Von Kapstadt aus unternahmen Dr. Wawra, Dr. Syrski, der Direktor des Museo civico von Triest, sowie Stückmeister Kraus mehrere Ausflüge in das Landesinnere, um sich nach Sammelobjekten umzusehen. Am 17. Februar 1869 wurden wieder die Anker gelichtet, nachdem vorher die DONAU noch mit Kohle und Proviant, darunter 12 Ochsen, 17 Schweine, Schafe, Ziegen, Hühner, Gänse und Enten, versorgt worden war. Teils unter Segel, teils unter Dampf wurde das nächste Reiseziel angepeilt, Java, das am 5. April erreicht wurde. Hier blieb man vier Tage auf der kleinen, an der Südostspitze Javas gelegenen Insel Anger. Am 10. April morgens verließen die beiden Schiffe die Reede von Anger und setzten unter Dampf die Reise nach Singapore fort. Nach dem Passieren der Sunda-Straße wurde am 14. April um 5 Uhr abends auf der Reede von Singapore geankert. Tags darauf wurde die Besatzung der beiden Kriegsschiffe durch Ministerialrat Dr. Karl Ritter von Scherzer und zwei Diplomaten verstärkt, die sich hier der Expedition anschlossen. Noch während des Aufenthaltes in Singapore wurde die königlich siamesische Regierung von der Ankunft der k. k. Delegation in Kenntnis gesetzt, Attaché Baron von Ransonnet wurde vorausgesandt, um die Vorbereitungen für einen feierlichen Besuch an Ort und Stelle zu unterstützen. Nach Ergänzung von Proviant und Treibstoff wurde am 22. April der Hafen von Singapore mit Kurs Siam wieder verlassen. Am 28. April erreichte die Eskadre die Reede von Paknam, wo geankert wurde. Die Stadt Bangkok liegt 3 Meilen oberhalb der Mündung des Menam. So wurden das gesamte Gesandtschaftspersonal und ein Detachement Marineinfanterie in die Stadt übersiedelt und in einem Hotel untergebracht. Den Verlauf der Audienz beim siamesischen König lassen wir durch einen Zeitzeugen, den k. k. Stückmeister Anton Kraus, schildern: „Die Audienz der österr. ung. Gesandtschaft bei Se. Majestät, dem König von Siam, Somaduh Phra-Paromindr-Maha-Tsihulalong, wurde auf den 4. Mai festgesetzt. Am genannten Tage erschien um die 11. Stunde ein Ceremonienmeister Sr. Majestät des Königs, um den k. k. Gesandten mit Gefolge abzuholen und nach dem königlichen Palais zu geleiten. In einem reich mit Gold verzierten, und künstlerisch geschnitzten Galaboote von 50 Mann gerudert, wurde die k. k. Mission an das jenseitige Ufer des Menam-Flusses, wo der Palast des Königs lag, gebracht. Vorher schon wurde das Marine Infanterie Detachement mit der Bordmusik der Fregatte DONAU überführt, um den Admiral in gebührender Weise zu empfangen. Bei seiner Ankunft am jenseitigen Ufer, wurde derselbe im Momente seines Eintrittes in das Gebäude des Ministeriums des Äußeren, vom zunächst liegenden Fort mit 19 Kanonenschüssen begrüßt, während die Bordmusik die Volkshymne intonierte. Hierauf setzte sich der Zug nach dem königlichen Palaste in Bewegung. Denselben eröffnete ein Bataillon der siamesischen Garde, diesem folgte die Bordkapelle, dann unter Vortragung der entfalteten k. k. Bordflagge das Detachement der Marine Infanterie. Der Admiral wurde auf einem hohen Tragsessel getragen, während die Kommandanten der Fregatte DONAU und Corvette FRIEDRICH, die Herrn der Gesandtschaft, der österr. Consulatsverweser und der Personal-Adjutant des Admirals auf niederen Palankinen getragen, folgte die fachmännische Commission und die übrigen Herren bildeten, auf Pferden, welche die siamesische Regierung beistellte, den Schluß. Im Vorhof des königlichen Palastes angelangt, mußte das Detachement der Marine Infanterie zurückbleiben, während der Admiral samt der Suite abstieg, und durch eine doppelte Reihe siamesischer Garden, circa 2000 Mann, den innren Höfen zum Audienzsaal zuschritt. Die hier aufgestellten siames. Musikchöre spielten einheimische Weisen, während die Garde abteilungsweise das Gewehr präsentierte. Als der Ceremonienmeister das Zeichen zum Eintritt in den Empfangssalon gegeben hatte, betrat der Admiral, an der Spitze der Suite, den Audienzsaal, woselbst der jugendliche König, fast noch ein Kind, auf einem hohen, goldenen Thron saß. An dessen rechter Seite die Prinzen des königlichen Hauses, an der linken die Häupter des hohen Adels und im Hintergrunde die Hofbeamten und Diener postiert waren, der siamesischen Sitte gemäß, das ganze den Thron umgebende Gefolge, während der Anwesenheit des Königs mit dem Gesichte auf dem Boden liegend, harrten.

Als der Admiral die Ansprache beendet hatte, stieg S.M. vom Thron und nahm die schriftliche Ansprache aus dessen Händen entgegen. Als Erwiderung der Ansprache, gab S.M. der König der Freude

Der zweite König von Siam, Krom Pra Rachawang Bawawra Sat' an Mongkon-Klou empfing im Jahre 1869 die österreichisch-ungarische Delegation.

Die österreichische Delegation mit den siamesischen Würdenträgern. Zweiter von links, sitzend, Konteradmiral von Petz, dahinter stehend: Karl Ritter von Scherzer.

Ausdruck, die k. u. k. Gesandtschaft in seinem Lande begrüßen zu können und drückte zugleich die Hoffnung und den Wunsch aus, daß die Verhandlungen im gegenseitigen Interesse und zum Wohle beider Staaten durchgeführt werden. Hierauf zog sich S.M. zurück, während die Herren der Gesandtschaft in einem Salon zu einem opulenten Dejeuner geleitet wurden. Nach dem Dejeuner besichtigte der Admiral samt Suite die Trauerkapelle, woselbst die Überreste des erst kürzlich verstorbenen 1. Königs von Siam aufbewahrt waren und deren feierliche Verbrennung erst im Februar des nächsten Jahres stattfinden sollte. Nachdem der vorgeschriebenen Ceremonie Genüge geleistet wurde, begab sich die Gesandtschaft mittels Booten ins Hotel zurück.

Der Vorgang aller dieser Ceremonien, die genau beachtet werden mußten; die Art und Weise der Durchführung derselben; die bunten Trachten vom Höchsten bis zum Niedersten; die Truppen in Uniform nach europäischen Schnitte, – fast ähnlich der ehemaligen Wiener Bürgergarde, – nur barfuß –; die große Anzahl Elefanten mit ihren Reitern in Kriegsausrüstung, – Alles zusammen genommen, machte durchaus den Eindruck eines theatralischen Sinnes, dessen farbenreiches Bild noch lange in Erinnerung derer bleiben wird, ein so eigenthümliches Erlebnis mit zumachen das Glück gehabt hatten."

Schon tags darauf konstituierte sich das Verhandlungsteam beider Staaten, und einem positiven Abschluß des Vertrages stand nichts mehr im Wege. Die siamesische Regierung hatte Seine königl. Hoheit Krom-Hluang-Wonsa als Präsidenten, den Minister des Inneren für die Nordprovinzen Chow-Phya-Pootara-Pei, den Ersten Minister Chow-

Phya-Suruwong-Wuayawat, den Minister des Äußeren Chow-Phya-Pa-Nuwong und den Richter des internationalen Gerichtshofes Phya-Charownrat-Maibri nominiert. Die Österreicher waren durch Admiral Anton Freiherr von Petz, k. u. k. Gesandter sowie bevollmächtigter Minister in außerordentlicher Mission, Ministerialrat Dr. Karl Ritter von Scherzer, erster Beamter und Leiter des kommerziellen und wissenschaftlichen Dienstes, Legationsrat Baron von Herbert, Attaché Baron von Ransonnet und Legationssekretär Constantin Freiherr von Trautenberg vertreten.

Am 17. Mai 1869 war es dann so weit; Salutschüsse von den siamesischen Forts und der k. k. Eskadre kündeten den Vertragsabschluß an. Ein von Admiral Petz gegebenes Diner für die Würdenträger beider Staaten sowie ein Besuch des Königs von Siam auf der Fregatte DONAU beendeten den 23 Tage dauernden, erfolgreichen Aufenthalt. Die Anker wurden gelichtet und teils unter Dampf, teils unter Segel erreichte die Eskadre nach fünftägiger Fahrt am 24. Mai die Mündung des Mekong, um noch am selben Tage flußaufwärts nach Saigon zu gelangen. Nach kurzem Aufenthalt im französisch verwalteten Königreich Annam wurden die Anker der beiden k. k. Kriegsschiffe wieder gelichtet, um Kurs auf Hongkong zu nehmen. Die Kronkolonie wurde am 2. Juni mit dem vorgeschriebenen Empfangszeremoniell angelaufen. Um einen Eindruck von den Ereignissen beim Einlaufen in einen südostasiatischen Hafen gewinnen zu können, lassen wir wieder unseren Chronisten Kraus berichten: „Kaum waren die Anker in den Grund geworfen, drängte sich eine große Anzahl Eingeborener mit ihren Booten an Bord um mit der Bemannung derselben in geschäftlichen Verkehr zu treten. Jeder wollte der Erste sein und da dies nicht gut möglich war, entstand ein ohrenbetäubendes Geschrei, ein Gelärm, Gedränge, ein Puffen und schließlich eine arge Prügelei unter ihnen. Und doch war all dies Anstürmen ganz umsonst, denn in erster Linie mußte der strengen Etiquette Genüge geleistet und die Stadt mit dem üblichen Salut begrüßt werden. Von Bord aus wurde den Bootsführern zugerufen, sich zu entfernen, doch nutzte Alles nichts, der Streit war einmal entbrannt, nur ein drastisches Mittel konnte denselben Einhalt gebieten. Es erschall demnach das Commando ‚Bakspieren auf' ‚Steuerbord Feuer!', ‚Backbord Feuer!' u.s.w. bis 21 Kanonenschüsse gelöst waren. Die Scene, die sich im Moment, als der erste Schuß fiel, darbot, spottete jeder Beschreibung. Das Hasten und Drängen um aus dem Bereich der Fregatte zu kommen, ging in eine förmliche Seeschlacht über, wuchtige Hiebe wurden rechts und links ausgetheilt und empfangen, wobei besonders die langen Zöpfe der Söhne des himmlischen Reiches arg ins Mitleid gezogen wurden. Nach Beendigung des Saluts wurde auf die Fregatte ein zweiter Sturmangriff unternommen, doch diesmal mit Erfolg. Als endlich Alle, gleich Eichkätzchen, das Deck der Fregatte erklommen hatten, trat gegenseitige Ruhe und Frieden ein. Einige Chinesen schienen allerdings noch gewillt zu sein, den Kampf auch an Bord fortzusetzen, doch unser vortrefflich, in dieser Beziehung erfahrungsreicher Bootsmann verstand denselben alsbald Einhalt zu thun. Indessen hatten wenige Minuten genügt, um alle erdenklichen Verkaufsartikel auf Deck auszubreiten und einen förmlichen Bazar zu eröffnen. Während dieser Zeit des mannigfaltigsten Geschäftsbetriebes hatte die Fregatte mehr das Aussehen eines ‚Chinesischen Viertels', als das eines Kriegsschiffes. Manufacturwaren, Schnitzereien aus Holz, Elfenbein, Stein, Fächer, Kleider, Schuhe, Spiel- und Eßwaren, Früchte, Bäckereien, wurden zum Ankauf angeboten. Außer Händlern waren auch Künstler, wie Maler, Photographen an Bord gekommen, die ihre künstlerischen Leistungen durch Belege zu dokumentieren suchen und sich anheischig machten, binnen 24 Stunden, ob schön, ob Regen das wohlgetroffene Conterfei für den Preis von 2–4 Dollars zu liefern. Schneider machten den Versuch, während wir um einen Fächer oder um sonst eine Sache feilschten, an uns Maß zu nehmen und versprachen einen complet(t)en Anzug, selbst aus Rohseide, für 3 Dollar herzustellen, während Schuhmacher uns das Paar Schuh für 3 Shilling aufdrängten. Eine andere Kategorie von Gewerbe befließenen (Gewerbebeflissenen), welche bei diesen Völkern eine gewichtige Rolle spielt, nämlich Wäscher, waren auch an Bord gekommen, doch kamen die schlauen Chinesen nicht allein, sondern in Begleitung von diversen hübschen Wäscherinnen, die in ihrem schönsten Staat angethan, mit ihren geschlitzten, schelmisch blickenden Augen einen gar wohlthuenden Eindruck auf uns machten. Ob nun bei uns der Bedarf an einer Wäsche so sehr fühlbar war, oder ob die hübschen Chinesinnen es uns angethan haben, genug, die Wäscher erhielten vollauf Beschäftigung."

Noch während des elftägigen Aufenthaltes in Hongkong wurden die notwendigen Schritte eingeleitet, um den Abschluß der Handelsverträge mit China zu beginnen. Am 13. Juni 1869 verließen die beiden Missionsschiffe den Hafen der Kronkolonie mit Kurs Shanghai, wo nach mehrtägiger Fahrt in der Mündung des Wusong vor Anker gegangen wurde. Tags darauf wurde im Hafen von Shanghai geankert, es war der 19. Juni. Hier wurden weitere Vorbereitungen getroffen, um die Handelsverträge mit China so rasch wie möglich abschließen zu können. Leider war der Zeitpunkt für diese Verhandlungen nicht gerade günstig, da die chinesische Regierung gerade dabei war, sämtliche Verträge mit ausländischen Mächten zu revidieren, die als „Ungleiche Verträge" in die Geschichte eingegangen sind. Vorher mußte aber noch eine nach chinesischer Sitte entsprechende Bezeichnung für die Donaumonarchie gefunden werden. Man einigte sich auf : „Ta au sze ma kia kuoh", was „Großes österreichisch-magyarisches Reich" heißt.

Am 27. Juni verließ die DONAU Shanghai, um am Morgen des 3. Juli in der Petschilibai vor den Takuforts vor Anker zu gehen. Schon am nächsten Tag brach die kaiserliche Mission nach Peking auf, während das Schiff nach Chefoo weiterfuhr. Hier traf auch am 6. August die Meldung ein, die Verträge stünden vor dem Abschluß. Dem war nur leider nicht so. Der Kaiser von China wollte nämlich nicht glauben, daß es außer ihm noch einen anderen Kaiser gebe, wo doch er als Herrscher des „Himmlischen Reiches" auch Kaiser des Weltalls sei. Schließlich konnte er doch überzeugt werden, und am 2. September wurde der Handelsvertrag zwischen China und Österreich abgeschlossen. Dieser Freundschafts-, Handels- und Schiffahrtsvertrag, wie er offiziell hieß, bestand aus 45 Paragraphen und wurde von Admiral von Petz und Tung-Sün sowie Chung-Hou unterzeichnet. Am 6. September verließen die Österreicher Peking, um über Tientsin, wo der Vertrag mit weiteren Feierlichkeiten von dem zweiten schon erwähnten Bevollmächtigten Chung-Hou unterzeichnet wurde, nach Chefoo zu gelangen. Hier wurde wieder eingeschifft, um am 12. September die Anker zu lichten, mit Kurs auf Nagasaki.

Natürlich wurde jeder Hafenaufenthalt auch genützt, die wissenschaftlichen Sammlungen zu erweitern. Vor allem Marinestabsarzt Dr. Heinrich Wawra ließ mit seinem Mitarbeiter keine Gelegenheit ungenützt, die Kenntnisse über die Pflanzenwelt Ostasiens zu erweitern. In seinen Skizzen von der Erdumseglung Sr. M. Fregatte DONAU stellte Dr. Wawra seinem Adlatus Kraus über seine Tätigkeiten, etwa das Anlegen eines Herbariums, ein schönes Zeugnis aus:

„Die Gesamtzahl der in Bangkok gesammelten Pflanzen beträgt 94 Nummern. Die meisten hatten die Unart, beim Trocknen in Stücke zu zerfallen, und die trockene Pflanze mußte, um den Habitus zu veranschaulichen, Blatt für Blatt und Blüthe für Blüthe zusammengesetzt und auf Cartons aufgeklebt werden, eine höchst langweilige Arbeit, welcher sich Meister Kraus, i.e. Stückmeister, ferner Vogelbalgausstopfer, Jäger, Sammler zoologischer Raritäten, Buchbinder, Kustos der Donaumuseen, kurz ein Universalgenie, mit einer Unverdrossenheit unterzog, die, wie man zu sagen pflegt, einer besseren Sache würdig gewesen wäre."

Am 14. September traf DONAU in Nagasaki ein, um sich mit der Korvette FRIEDRICH wieder zu vereinen, die hier schon am 5., von Shanghai kommend, vor Anker gegangen war. Der Aufenthalt wurde genützt, um reichlich Brennstoff aufzunehmen. Beide Schiffe füllten nicht nur ihre Kohlendepots, sondern nahmen auch einen beträchtlichen Vorrat in die Batterie und Banjerdecks. Nachdem die DONAU noch ihren erkrankten Bordkaplan ausgeschifft hatte, um ihn nach Europa zurückzusenden, lichteten am 20. September um 6 Uhr früh die Schiffe ihre Anker und nahmen Kurs auf Kobe. Ein neuer Vertragsabschluß stand vor der Tür!

Die Weiterreise erfolgte durch die Schimonoseki-Straße, die erst ein Jahr vorher für die internationale Schiffahrt freigegeben worden war, dann durch die Inland See nach Hiogo, heute Kobe, und weiter nach Osaka. Am 30. September hatten die Schiffe einen Taifun zu überstehen, der auf der DONAU sogar ein Todesopfer forderte. Kraus berichtet darüber in seinem Tagebuch: „Stückmeister Wenzel Raschka hatte sich auf die Seeverschanzung von der Batterie gesetzt, in der Voraussetzung, hier einen sicheren Platz zu haben, welches es auch in der That gewesen wäre, wenn das Unglück oder sein Verhängniß es nicht wollte, daß bei dem heftigen Stoßen und Rollen des Schiffes der mit eisernen Bolzen am Boden befestigte, fast 9 Zentner schwere eiserne Wasserbrunnen sich von seiner Befestigung löste und auf ihn geschleudert wurde. Der Arzt konstatierte an dem sofort ins Bordspital übertragenen Stückmeister einen Bruch des rechten Beines und drei Rippenbrüche an der linken Seite, und drei Stunden nach dieser schrecklichen Katastrophe war unser armer Freund eine Leiche. – So lange dieser entsetzliche Sturm währte, mußte die Leiche in der Hängematte verbleiben."

Am 2. Oktober 1869 kam morgens der Fudjijama in Sicht, und mittags ankerte die Eskadre auf der Reede von Yokohama. Bevor die k. u. k. Delegation unter der Führung des Admirals zu einem weiteren Vertragsabschluß aufbrach, wurde der verunglückte Stückmeister auf dem katholischen Missionsfriedhof von Yokohama beerdigt. In Kraus' Tagebuch wird berichtet: „Am nächsten Tag, um 2 Uhr nm. fand das Leichenbegängniß statt. Die Leiche wurde unter dreimaligem Auf- und Niederholen der Flagge ins Boot gehoben und hinauf ans Land gebracht. Den Conduct bildete ein Detachement der Marine Infanterie, eine Matrosen- und Artillerie-Abteilung beider Schiffe sowie die Bordmusik der Fregatte DONAU. Der ganze Conduct wurde bereits früher ans Land beordert und hatte dort Aufstellung genommen. Angenehm wurden wir überrascht, als wir bemerkten, daß auch die Bemannung des Dreimasters CLEOPATRA, welche durch ihre gleichmässige und schmucke Adjustierung ein schönes Bild österreichischer Seeleute darbot, sich an dem Begräbnisse beteiligte.

Nachdem der Offiziersstab beider Kriegsschiffe mit ihren Commandanten und dem Herrn Admiral ans Land stiegen, setzte sich der Zug zur Kirche in Bewegung, wo die Einsegnung der Leiche erfolgte. Hierauf wurde dieselbe unter den Trauerklängen der Bordmusik nach dem Friedhof geleitet, welcher an der Westseite der Stadt an einem schön bewaldeten Hügel angelegt ist und dem sich auch die Ruhestätten Andersgläubiger anreihen.

An der Grabstätte angelangt wurde von der Infanterie die übliche Gewehrsalve abgegeben, sodann die Leiche in die kühle Erde bestattet. Requiescat in pace! An Bord zurückgekehrt, wurde unter uns eine Collecte veranstaltet, deren Erträgniß zur Errichtung eines Grabsteines dienen sollte. Mit der Ausführung desselben betraute ich einen japanischen Bildhauer und Steinmetzen welcher seiner Aufgabe auch aufs Beste entsprach." Es war dies leider nicht der einzige Todesfall auf dieser Weltreise, schon vorher waren Matrosen durch Unfälle, wie den Sturz aus der Takelage, oder Krankheiten gestorben und mußten auf hoher See bestattet werden.

Am 5. Oktober lichtete die DONAU ihre Anker, um die Bucht von Jedo – es war dies bis 1868 der Name von Tokio – anzulaufen, wo sich die Mission ausschiffte, um nach der Haupt- und Residenzstadt des Mikado zu reisen. Die Fregatte kehrte unverzüglich zu ihrem früheren Ankerplatz nach Yokohama zurück, um die durch den Sturm hervorgerufenen Havarien zu beheben. Die DONAU erhielt einen neuen Kreuzmast sowie ein neues Ruder; die FRIEDRICH mußte ihren Destillierapparat zur Reparatur ausschiffen. Da die rasch begonnenen Vertragsverhandlungen einen günstigen Verlauf nahmen, wurde die Delegation bereits am 16. Oktober 1869 mit großem exotischem Pomp im kaiserlichen Palast zur Audienz empfangen. Höhepunkt war die Überreichung des Beglaubigungsschreibens durch Konteradmiral Petz sowie dessen Ansprache an den Kaiser von Japan. Zwei Tage später erfolgte die Unterzeichnung dieses Freundschafts-, Handels- und Schiffahrtsvertrages. Den Abschluß bildete die Überreichung kostbarer Geschenke an den Kaiser und die Kaiserin von Japan. Darunter befanden sich Photoalben sowie ein Stereoskopapparat mit Diapositiven, die Ansichten der

Donaumonarchie zeigten. Am 26. Oktober waren die Österreicher noch zu einem festlichen Frühstück anläßlich des 17. Geburtstages des Mikado eingeladen, damit waren die Aufgaben dieser Ostasiatischen Mission erfolgreich beendet.

Die Korvette ERZHERZOG FRIEDRICH blieb als „Stationär“ in Ostasien, während DONAU ihre Weltumseglung fortsetzte. Bevor am 14. November 1869 morgens die Anker zur Weiterfahrt gelichtet wurden, hatten sich noch einige Mitglieder der Delegation ausgeschifft; unter ihnen Hofrat v. Scherzer oder Baron von Ransonnet. Dieser mußte die Geschenke des Mikado an den österreichischen Kaiser in die Heimat bringen. Die Weiterfahrt der DONAU führte direkt in ein Inferno, das erst nach zehn Tagen enden sollte. Schon beim Auslaufen aus Yokohama zeigte das Barometer einen bedenklichen Tiefstand an.

Lassen wir das Tagebuch berichten: „In der Nacht vom 15. auf den 16. nahm der Wind an Heftigkeit zu und entwickelte sich gegen Morgen zum vollen Sturm. Unser Curs war N.O. 3/4 0. Das Barometer sank von Stunde zu Stunde und ließ uns bereits ahnen welchen Verlauf der Sturm nehmen würde; am 17. mußten alle Segel gereft, die Bramraaen und Stengen gestrichen, überhaupt alle Vorkehrungen getroffen werden, um den Kampf mit den maßlos entfesselten Elementen aufnehmen zu können. Gegen Mittag jagten wir wie von Furien gepeitscht, mit unbeschreiblicher Schnelligkeit im Ocean dahin; die wenigen, noch beigesetzten Segel, um das Schiff im richtigen Curse halten zu können, gingen eines nach dem anderen in Stücke, die hochaufgethürmten, von allen Seiten an und über das Schiff anprallenden Wogen rißen alles in ihren Bereich kommende mit fürchterlichem Gekrach nieder. Aus den Bewegungen des Windes konnte man erkennen, in welchem Umkreise die Cyclone wütheten. Es mußte nun mit aller Kraft dahin gearbeitet werden, um aus dem Bereiche derselben zu kommen und deshalb wurde der Curs N.O. genommen. Am Abend hatten wir die Genugthuung zu bemerken, daß wir dem Centrum der Cyclone entronnen waren“. Ein paar Tage später sollte es noch schlimmer kommen, Kraus berichtet weiter: „Der für uns ein zweitesmal anbrechende Tag des 27. November (durch die Passierung des 180. Längengrades – die Datumslinie) sollte sich noch verhängnisvoller gestalten. Der Horizont war eng begrenzt, und von dichten grauen Wolkenmassen umlagert, wodurch jede Unterscheidung zwischen den Grenzen der Wolkenlinien und des stürmisch bewegten Meeres schwand; der ganze Horizont war in einen bleigrauen Dunstkreis eingehüllt. Plötzlich trat Windstille ein; die wenigen beigesetzt gewesenen Segel hingen schlapp an den Raaen hinab und schlugen während des heftigen Rollens und Stampfens des Schiffes mit wildem Getöse an die Masten, auch das Schäumen des Wassers an der oberen Fläche der riesigen Wogen verlor sich mehr und mehr, als wollte die tobende See von dem beständigen Kampfe ermattet ausruhen. Doch dies Alles war nur trügerischer Schein, denn wir ahnten und fühlten es, daß der Kampf nur ruhe, um bald mit vereinter Kraft los zu brechen. Und wie wir es geahnt, brach mit einem Male und mit solcher Kraft und Wuth der Sturm los, daß ich mich nicht zu erinnern weiß, in meinem an Seestürmen reichen Seemannsleben einen ähnlichen mitgemacht zu haben. Mit unbeschreiblicher Kraft wurde vom Winde jedes

Hindernis hinweg gefegt; die wenigen am Groß- und Vordermast dicht gereften Segel wurden zerfetzt, Taue zerrißen, die durch ihre losen Ende ein furchtbares Getöse verursachten ... Plötzlich erfolgte ein heftiger, alles Blut zum Erstarren bringender Stoß, und wir Alle fühlten, daß etwas Außergewöhnliches geschehen sein müsse, aber was? Da – mit einem Male rief der Steuermann: „Das Steuer ist verloren!" Ein zweiter gleich entsetzlicher, das ganze Schiff in seinen Grundfesten erschütternder Stoß und – das Achter-Steuer war gebrochen und hinweg geríßen. Diese Schreckenskunde machte Viele erblaßen, obgleich im ersten Moment die Folgen dieses Unglückes nicht zu beurtheilen waren. Nun wurden als Ersatz des fehlenden Steuers Raaen herbeigeschleppt, an riesige Taue gebunden und über Bord geworfen, alles erwies sich als nutzlos, denn Alles wurde von der Gewalt der Wogen hinweggerissen. Da aber das Schiff unmöglich steuerlos gelassen werden konnte, wurden immer erneuerte Versuche gemacht das fehlende Steuer zu ersetzen, um mittels eines Notsteuers den nächstgelegenen Hafen anzulaufen. Dann erfolgte wieder ein donnerähnliches Gekrache, und das Bugspriet war zertrümmert – somit unsere brave Fregatte ein vollständiges Wrak; alle Theile seines Körpers wiesen Schäden auf. Nun gab es vollauf zu thun. Vorerst wurden einige Nothsegel gesetzt; die gebrochenen Bestandteile an Masten herabgenommen; der Propeller aus dem Tunnel gehoben und auf das Verdeck gebracht. Diese Arbeiten erforderten Zeit, Umsicht und die Kraftanwendung vieler Männer. Weiters wurden in den Batterien die Kanonen losgemacht und ausgehoben; die Stückpforten mit Pfosten vernagelt; die Rapperte zerlegt um aus denselben ein Notsteuer zu construieren. Desgleichen waren auch in dem Maschinenraum alle Hände thätig. Unter Leitung des Maschinenmeisters Engerth wurden Polzen, Bänder, Schrauben, Nägel u.s.w. fabriziert ... Am 5. Dezember wurde das Dritte während des Sturmes neu construierte Steuer eingesetzt, um mit Hilfe desselben ‚über Stag' gehen zu können, da wir vom eigentlichen Curse ab- einer Korallenbank in der Nähe des Philadelphia Rak zugetrieben waren." Das letzte Notsteuer hielt, und so konnte die DONAU, nachdem sie 10 Tage ohne Steuerung fast 600 Seemeilen absolviert hatte, am 19. in Honolulu einlaufen, um dort repariert zu werden.

Da die erforderlichen Arbeiten an der DONAU voraussichtlich bis Ende April dauern würden, reiste Admiral von Petz inzwischen an Bord eines Dampfers nach Zentral- und Südamerika, um dort die noch ausstehenden Verträge mit Guatemala und Peru schließen zu können.

Über das weitere Schicksal der ERZHERZOG FRIEDRICH ist schnell berichtet. Nach der Trennung von der DONAU erhielt die Korvette am 11. August Befehl, nach Pola zurückzukehren. Dieser Befehl erreichte die Korvette erste anfangs Oktober in Yokohama. Mit Zwischenstationen in Singapore, auf Sumatra und Aden erreichte die FRIEDRICH am 2. Jänner 1871 mittags die Reede von Suez. Der Aufenthalt war dringend nötig, um die seit drei Monaten fast ununterbrochen in See stehende Korvette in Stand zu setzen. Nach der Passage des Suezkanals erreichte die ERZHERZOG FRIEDRICH, ohne einen Zwischenhafen berührt zu haben, am 26. Jänner um Mitternacht wieder den Hauptkriegshafen Pola. Ihre Weltumseglung war zu Ende

Wilhelm Joseph BURGER
Expeditions- und k. k. Hofphotograph

Wilhelm Burger wurde am 15. März 1844 in Wien geboren. Nach dem Besuch der Grundschule nahm er wegen seiner künstlerischen Begabung privaten Zeichen- und Malunterricht. Schon als Elfjähriger besuchte er die Wiener Akademie der bildenden Künste in der „Maler-Vorbereitungs-Schule". Einer seiner Lehrer war der berühmte Historienmaler Carl Ritter von Blaas. Nach einem Zwischenspiel in München kehrte er nach Wien zurück, um hier Photographie zu studieren. Bereits in den Jahren 1863–1867 lehrte Burger in einem Wiener Institut Aufnahmeverfahren, Herstellung von Negativen, Kopierverfahren sowie Photochemie.

Durch seine beachtenswerten Landschaftsaufnahmen bereits bekannt, bewarb sich der 23jährige beim k. k. Handelsministerium um den Posten des Expeditionsphotographen für die bevorstehende Expedition nach Ostasien. Ministerialrat von Scherzer befürwortete diesen Antrag, denn er war von der Idee einer photographischen Dokumentation dieser Weltumseglung (Fregatte DONAU) überzeugt. So wurde Burger zum Photographen dieser Missionsreise ernannt, mit Dienstantritt 1. Oktober 1868, Scherzer wurde sein unmittelbarer Vorgesetzter. Auf dieser Reise entstanden Bilddokumente exotischer Länder, ferner zahlreiche Personenaufnahmen sowie Aufnahmen der Gegenstände des japanischen und chinesischen Kunsthandwerkes, speziell für das k. k. Museum für Kunst und Industrie in Wien.

Nach seiner Rückkehr suchte Burger um den Titel eines k. k. Hofphotographen an, den er am 8. November 1871 auch erhielt. Als Graf Wilczek, der große Kunstkenner, Mäzen und Förderer der österreichischen Polarforschung, im Jahre 1872 eine mehrmonatige Expedition mit dem Schoner ISBJÖRN ins Eismeer plant, ist Wilhelm Burger mit dabei. Zahlreiche Aufnahmen vom Bordleben sowie von der Begegnung mit dem Polarschiff TEGETTHOFF vor der Küste Nowaja Semlja blieben der Nachwelt erhalten.

Nach diesen beiden Expeditionen und den dort gewonnenen Erfahrungen galt Burger als der Fachmann für photographische Dokumentationen bei Forschungsreisen. Mehrere Reisen mit archäologischen Aufträgen führten ihn auch nach Kleinasien. Als die k. u. k. Kriegsmarine auf der im nördlichen Eismeer liegenden Insel Jan Mayen im Jahre 1882 eine Beobachtungsstation errichtete, stellte Burger die notwendige Photoausrüstung zusammen und schulte die Seeoffiziere auch ein.

Nach einem schöpferischen Leben erkrankte Burger an einer schweren Lungenentzündung und starb am 7. März 1920 im Kaiser-Franz-Josef-Spital in Wien. Er wurde am Heiligenstädter Friedhof zur letzten Ruhe gebettet.

Wilhelm Joseph Burger, Expeditions- und k. k. Hofphotograph (1844–1920)

gegangen. Die Rückreise durch den Suezkanal sei hier deshalb erwähnt, weil diese Wasserstraße nach zehnjähriger Bauzeit erst am 17. November 1869 feierlich eröffnet worden war.

Hofrat Alois Kraus, Marineur, Präparator und Tiergartenleiter (1840–1926)

Hofrat Alois KRAUS
Marineur, Präparator und Tiergartenleiter

Alois Kraus wurde am 22. Mai 1840 in Wien geboren. Nach dem Besuch der Grundschulen trat er am 15. Juli 1854 als 14jähriger freiwillig in die k. k. Kriegsmarine ein, in der er bis zum 30. 4. 1871 aktiv diente. Seine Ausbildung erhielt er an Bord der Fregatte JUNO. Schon während der Mittelmeerkreuzung 1855 an Bord der NOVARA erhielt Kraus die Aufgabe, die vom Khedive für den Erzherzog Ferdinand Max erworbenen Tiere bis Triest in Obhut und Pflege zu nehmen. Die Weltumseglung der NOVARA in den Jahren 1857 bis 1859 machte Kraus als zugeteilter zoologischer Präparator der wissenschaftlichen Kommission mit. In ähnlicher Funktion war Kraus im Gefolge des Erzherzogs Ferdinand Max auf dessen Brasilienreise an Bord des Kriegsdampfers ELISABETH im Jahre 1860.

Am 20. Juli nahm Kraus als Artillerie-Unteroffizier an Bord der Fregatte SCHWARZENBERG an der Seeschlacht von Lissa teil. Anfang 1867 erfolgte über Intervention der übrigen Missionsmitglieder sowie der Direktion des k. k. Naturalienkabinetts seine Einschiffung an Bord der Fregatte DONAU. Als zoologischer Präparator für die k. k. Hofmuseen und die Menagerie umsegelte er das zweite Mal die Erde.

Am 1. Mai 1871 trat Alois Kraus als Unter-Aufseher der Menagerie von Schönbrunn in den Hofdienst ein. Im Jahre 1885 zum Menagerie-Inspektor ernannt, erhielt er für die Leitung des Schönbrunner Tiergartens den Titel Regierungsrat. Im Mai 1919 ging Alois Kraus nach einer fast 50jährigen Hofdienstzeit als Hofrat in Pension. Er starb am 6. April 1926 nach einem der Zoologie gewidmeten Leben in Wien. Vom Schiffsjungen zum k. u. k. Hofrat und weltweit angesehenen Tiergartendirektor – eine Karriere im alten Österreich ...

Nach einer Reparatur- und Standzeit von 4 Monaten und 11 Tagen auf den Sandwich-Inseln verließ die Fregatte DONAU am 1. Mai, vollständig repariert und seetüchtig, den Hafen von Honolulu mit Kurs Valparaiso. Nach einigen überstandenen Stürmen mußte die DONAU den Hafen von Callao anlaufen, um hier einige dringende Reparaturen durchführen zu lassen. Unter der Ausnützung des SO-Passates segelte die Fregatte Richtung Valparaiso, wo sie am 13. August um 9 Uhr abends vor Anker ging. Neben dem Admiral mit seiner Delegation wurde hier auch ein Paar Pumas eingeschifft. Diese hatte der Direktor des Botanischen Gartens in Lima, Herr Kluge von Waldeck, Chefarzt Dr. Wawra zum Geschenk gemacht; sie waren für die Menagerie in Schönbrunn vorgesehen. Nachdem die DONAU ihren Proviant und die Kohlen ergänzt hatte, wurden am 28. August die Anker gelichtet. Aufgrund schwerer See und starker Stürme mußten wiederholt zum Schutz Ankerplätze aufgesucht werden; so langte die Fregatte am 3. Oktober abends auf der Reede von Montevideo an. Einige Tage später begab sich die Delegation nach Buenos Aires, um dort erfolgreich den

Handels- und Schiffahrtsvertrag mit der argentinischen Regierung abschließen zu können. Nachdem die Mission auch mit Uruguay die vorgesehenen Verträge unter Dach und Fach bringen konnte, erfolgte nach ihrer Wiedereinschiffung am 13. Dezember morgens die Abreise.

Am 12. Jänner 1872 passierte DONAU um 3 Uhr morgens in 26°30' westl. Länge den Äquator, durchdampfte einen Tag später die Äquatorial-Kalmen, um am 4. Februar abends auf der Reede von Gibraltar vor Anker zu gehen. Hier wurden noch Reparaturen an den Kesseln sowie der Takelage vorgenommen; außerdem wurde DONAU mit einem neuen Anstrich versehen. Am 12. Februar morgens wurden die Anker gelichtet, Kurs Pola! Am 1. März 1871, nach 49.106 Seemeilen, hatte auch DONAU wieder den Heimathafen erreicht. Der so erfolgreiche Konteradmiral Freiherr von Petz konnte seine Kommandoflagge zufrieden niederholen.

Lassen wir Stückmeister Kraus als Zeitzeugen noch einmal zu Wort kommen: „Die von uns in Jokohama verlassene Corvette EH. Friedrich fanden wir, bereits abgerüstet, ruhig im Arsenal, vor, welches Schicksal auch unserer Fregatte Donau bevorstand, damit sollte die so ruhmreich inszenierte und vielversprechende ‚Ostasiatische Expedition' nach zwei Jahren, vier Monaten und zwölf Tagen ihr Ende finden. –

Nach zwei Tagen fuhr ich mit meinen Pumas, Affen, Vögeln und zahlreichen Sammlungen nach Wien, um dieselben theils in Schönbrunn, theils in den kaiserlichen Hofmuseen ihrer Bestimmung zuzuführen; nun war auch ich in meinem eigentlichen Heim angelangt und meinen lieben Anverwandten und Freunden wieder gegeben."

IV. KÄLTE, FINSTERNIS UND ISOLATION

Der Nordpol lockt

Zwei ISBJÖRN-Fahrten

Die österreichisch-ungarische Polarexpedition 1872–74

Die Jan-Mayen-Station 1882–83

Vom Polarfieber wurde Österreich-Ungarn erst relativ spät erfaßt. Auslöser waren die arktischen Berichte und Erfahrungen des deutschen Geographen August Petermann aus Gotha. Vier Männer haben gemeinsam den Grundstein zur Polarforschung Österreich-Ungarns gelegt: Unermüdliche, aber erfolgreiche Förderer waren die Grafen Hans Wilczek und Edmund Zichy, die als für die Forschung werbende Mäzene auftraten. Der unter ihrer Patronanz stehende „Verein zur Förderung der österreichischen Nordpolexpedition" brachte die zur Ausrüstung notwendigen Mittel auf; Graf Wilczek hatte aus eigener Tasche 40.000 Gulden zur Verfügung gestellt. Selbst Kaiser Franz Josef und einige Persönlichkeiten aus dem Deutschen Reich spendeten namhafte Beträge. Der dritte war der Kaiserjägeroberleutnant Julius Payer, der schon vorher, in den Jahren 1869–1870, an der deutschen Expedition unter Karl Koldewey als Topograph und Führer einer Schlittenreise teilgenommen hatte. Dieses Unternehmen führte zur Ostküste Grönlands und per Schlitten wurde der 77. Grad nördliche Breite erreicht. Das deutsche Expeditionsschiff HANSA wurde vom Eis zerdrückt und ging verloren. Nach einer gefährlichen Fahrt auf und über Eisschollen bis zur Südspitze Grönlands waren die Teilnehmer gerettet, und Payer kehrte, reich an Erfahrungen, nach Österreich zurück. Hier lernten sich im Jahre 1870 Weyprecht und Payer kennen, und beide begannen bald mit der Planung einer Polarexpedition.

Graf Johann Nepomuk Wilczek (1837–1922), Forscher, Mäzen und Gelehrter

Unterstützung fanden die Planer auch in der kaiserlichen Akademie der Wissenschaften in Wien und der Marinesektion des Reichskriegsministeriums, die Ausrüstungsgegenstände bereitstellte. Schon am 20. Juni 1871 verließ eine Vorexpedition auf dem gecharterten Segler ISBJÖRN den norwegischen Hafen Tromsö. Ziel war, die Eisverhältnisse, die Meeresströmungen und vor allem die meteorologischen Verhältnisse zu erforschen. Eigner der Yacht ISBJÖRN war der österreichische Konsul in Tromsö, das 50-Tonnen-Schiff war 5,37 Meter breit, 17,38 Meter lang und hatte einen Tiefgang von 1,90 Metern. Die Besatzung bestand aus Weyprecht und Payer, einem norwegischen Kapitän, einem Harpunier, einem Zimmermann, einem Koch und vier Matrosen. Mit 78°43'1" Nord auf 42°30' Ost wurde die höchste Breite bei dieser Fahrt erreicht. Um nicht vom Eis zerdrückt zu werden, kehrte ISBJÖRN mit den notwendigen Erkenntnissen am 4. Oktober 1871 nach Tromsö zurück.

Im folgenden Winter wurde ISBJÖRN für eine zweite Vorexpedition ausgerüstet, diesmal zur Errichtung eines Kohlen- und Proviantdepots für die bevorstehende österreichisch-ungarische Polarexpedition, und zwar möglichst weit östlich, weil man erwartete, den Seeweg nach Ostasien zu entdecken. Am 20. Juni 1872 lief ISBJÖRN aus. Mit an Bord waren diesmal auch Graf Wilczek, Konteradmiral Max Freiherr von Sterneck, der Geologe Professor Hans Höfer, der Photograph Wilhelm Burger, der Bergführer Georg Bäuerle und der Gebirgsjäger Ferdinand Mühlbacher. Schiffskapitän Kjölsen kommandierte einige Matrosen und einen Schiffsjungen. Proviant und Ausrüstung wurden

Die Mitglieder der ersten Polarexpedition an Bord der ISBJÖRN von 1872. Sitzend von links nach rechts: Prof. Hans Höfer, Wilhelm Burger, Maximilian Freiherr von Sterneck; stehend: Ferdinand Mühlbacher, Graf Johann Wilczek und Georg Paierl.

bei Richers in Hamburg besorgt. Die sieben Reisenden kämpften mit einer gewissen Raumnot, die Graf Wilczek in seinen Erinnerungen so schildert: „Meine Schlafstelle in der Koje der ISBJÖRN war wenig komfortabel; sie war 5 1/2 Schuh lang, 1 1/2 Schuh breit und hoch, so daß ich immer nur auf der rechten Seite liegen konnte und meine Knie um ein gutes Stück herausstanden, und da es trotz eines kleinen Ofens oft sehr kalt war, so mußte ich meine armen Knie immer fest mit Decken umwickeln. Ober der Koje hatte ich die Photographien meiner lieben Kinder angebracht; auf der anderen Seite der Kabine hatte Sterneck seine Koje. Zwischen ihm und mir stand ein Tisch, auf dem wir alle Tage unsere Mahlzeiten einnahmen. Bei schlechtem Wetter, hoher See oder Sturm war diese Tischnachbarschaft beim Essen für mich im Bett nicht gerade angenehm."

Die geplanten topographischen Aufnahmen, die meteorologischen, geologischen und biologischen Untersuchungen wurden ordnungsgemäß durchgeführt. Und so tragen markante Punkte der neu entdeckten Gebiete die vertraut klingenden Namen der Förderer und Freunde dieser Reise, sie heißen auch heute noch „Wilczek-Spitze", „Paierl- und Mühlbacher-Gletscher", „Palffy-Kap", „Wurmbrand-

Rücken" und „Hohenlohe-Spitze". Ungefähr 20 Seemeilen südwestlich von Kap Nassau wurde auf einer Insel das geplante große Lebensmitteldepot angelegt. (Es sollte aber später, beim Rückmarsch der Polarexpedition im Jahre 1874, unbenützt zurückgelassen werden.)

Inzwischen war die eigentliche Expedition an Bord des TEGETTHOFF unter der Führung von Payer und Weyprecht bereits von Tromsö aufgebrochen. Beide Besatzungen fieberten der ersehnten Begegnung der Schiffe im Eismeer entgegen. Am 12. August 1872 kam es dann zu dem Zusammentreffen in der Nähe der sogenannten „Buckligen Inseln". Eine aus Wien mitgebrachte Flasche Champagner wurde zur Feier des Tages auf das beiderseitige Wohl geleert. Graf Wilczek schreibt in seinen Erinnerungen über die Tage des Zusammentreffens: „Der TEGETTHOFF lag vierhundert Meter östlich von uns im gedeckten Fahrwasser. Noch einmal kamen wir auf ihm zum Mittagstisch zusammen und tranken manches Glas auf das Wohl Österreichs, unseres Kaisers und aller edlen Traditionen; es war der 18. August, Kaisers Geburtstag. Da wir aber nicht wußten, ob wir uns nach der bevorstehenden Trennung noch einmal auf Erden wiedersehen würden, oder erst im Himmel droben, so schlug ich vor, daß wir uns gleich alle das trauliche Du sagen und nicht erst auf die Verbrüderung im Jenseits warten sollten, was allgemeine Zustimmung fand.

Der von Norden in rascher Fahrt nach Süden getriebene Eisstrom war nun durch die veränderte Windrichtung zum Stehen gekommen. Weyprecht entschloß sich daher, seine Fahrt nach Nordost fortzusetzen, obwohl er darauf gefaßt war, sehr bald vom Eise eingeschlossen zu werden. Es hieß nun Abschied nehmen; es war der 21. August; ... Die Matrosen des TEGETTHOFF waren in die Rahen gestiegen und sendeten uns herzliche Abschiedsgrüße. Wir am ISBJÖRN sahen ihn unter Dampf langsam weiterziehen – ein unvergeßlicher Augenblick! Bald darauf sollte er wirklich vom Eise gefangen werden."

Das Menü zu Kaisers Geburtstag hält das Tagebuch des im arktischen Eis verstorbenen und dort begrabenen Maschinisten Krisch für die Nachwelt fest: „Es gab Schildkrötensuppe, Krammetsvögel mit Mixpickles, Renntierbraten mit Erdäpfelpuré, Hühnerragout mit Schnittbohnensalat, Mehlschmarren mit Pflaumenkompott und Himbeermarmelade, Käse, Butter, Schwarzer Kaffee und ausgezeichnete, für besondere Feste aufbewahrte Zigarren." Kaum zwei Jahre später, nach der Aufgabe des TEGETTHOFF, beim Rückzug nach Süden, speiste man bescheidener! Weyprecht schreibt in seinem Tagebuch: „Um die mitgenommenen Lebensmittel zu sparen, hielt ich es für geraten, uns beizeiten an den Genuß von Tran und rohem Fleisch zu gewöhnen. Um den Matrosen ein Beispiel zu geben, schnitt ich vom ersten erlegten Seehund ein Stück herab und verzehrte es mit meiner Brotration – allerdings mit großem anfänglichen Widerwillen – vor den Augen aller. Meine Behauptung, es schmecke ganz vortrefflich, und der Hunger trieben bald auch die anderen an; von Tag zu Tag mehrte sich die Zahl der Speckesser."

Auf der Heimreise erreichte ISBJÖRN Anfang September 1872 die Petschora-Mündung, von der aus Graf Wilczek, Sterneck, Höfer, Paierl und Mühlbacher über Land weiterreisten. Der Rest der Besatzung segelte mit dem Schiff nach Tromsö. Am 9. November 1872 kamen auch Graf Wilczek und seine Mitreisenden, nach zahlreichen Abenteuern auf der Reise durch Rußland, in Wien an.

Dreimastschoner TEGETTHOFF (220 t), 1872 von der Firma J. C. Tecklenborg A. G. in Bremerhaven erbaut

Nun aber zurück zur Hauptexpedition, die am 13. Juni 1872 an Bord des Expeditionsschiffes ADMIRAL TEGETTHOFF vom Hafen Geestemünde (Bremerhaven) aufgebrochen war. Das Ziel dieser Reise war nicht der Nordpol, sondern die legendäre „Nordostpassage", jener sagenhafte Seeweg entlang der Nordostküste Europas und Asiens zur Beringstraße nach China. Auch heute noch gehört dieses um ein Haar zu einer arktischen Tragödie gewordene Unternehmen der Österreicher zu den großen Abenteuern der Entdeckung unserer Welt. Das Expeditionsschiff ADMIRAL TEGETTHOFF war ein auf der Schiffswerft Tecklenborg und Beurmann A.G. bei Bremerhaven aus Holz gebauter Schraubendampfer mit einer Länge von 110 Fuß und einer Wasserverdrängung von 230 Tonnen sowie einer hißbaren Schraube. Der mit vollem Fockmast getakelte Dreimastschoner erreichte eine Fahrgeschwindigkeit von sechs Knoten und erwies sich bei der Probefahrt als gutes Seeschiff. Ausrüstung und Proviant von der Hamburger Firma Richers und Waffen und Munition von Peterlongo in Wien für drei Jahre, Boote und Schlitten, aber auch Hunde wurden mitgenommen. Die Hunde – acht an der Zahl – waren recht wilde Gesellen, die man anfangs gar nicht ohne Gefahr, gebissen zu werden, von der Kette lösen konnte. „Wenn die Bestien bei 40° unter Null auf Deck schlafen müssen", meinte Weyprecht, „werden sie hoffentlich gelindere Seiten aufziehen."

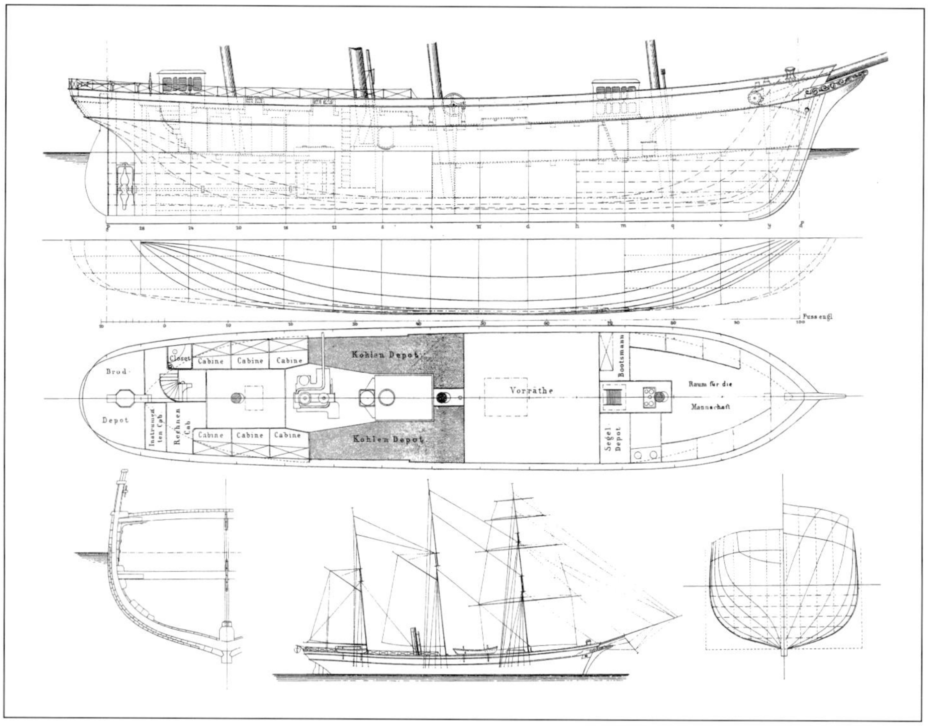

Plan des Expeditionsschiffes TEGETTHOFF

Und das war die Namenliste der 24 Reiseteilnehmer: Carl Weyprecht, Linienschiffsleutnant, aus Michelstadt, Kommandant der gesamten Expedition und Schiffskommandant; Julius Payer, Oberleutnant, aus Teplitz, Führer der Landexpeditionen; Gustav Brosch, Linienschiffsleutnant aus Komotau, Erster Offizier; Eduard Orel, Linienschiffsfähnrich, aus Neutitschein, Zweiter Offizier; Dr. Julius Kepes, königl. ungar. Honvéd Regimentsarzt, aus Vari, Expeditionsarzt; Otto Krisch, aus Patschlawitz, Maschinist; Pietro Lusina, Kapitän auf weiter Fahrt, aus Cherso, Bootsmann; Elling Carlsen, Kapitän der norweg. Handelsmarine, aus Tromsö, Harpunier; Anton Vecerina, aus Fiume, Zimmermann. Die Matrosen: Antonio Latcovich aus Fianona; Lorenzo Marola und Pietro Fallesich aus Fiume; Antonio Zaninovich aus Lesina; Antonio Cattarinich aus Lussinpiccolo; Vincenzo Palmich aus Lovrana; Giorgio Stiglich aus Bukkarice; Antonio Lukinovich aus Brazza; Antonio Scarpa aus Triest; Giacomo Succich und Franzesco Lettis aus Volosca; Johann Oratsch aus Graz. Johann Haller und Alexander Klotz, aus dem Passeiertal, Jäger und Gletschersteiger. Josef Pospischil, aus Prerau, Feuermann und Maschinenwärter. Eine Besatzung, die einen repräsentativen Querschnitt der Völker Österreich-Ungarns bildete und deshalb für das dementsprechende Sprachengewirr sorgte. Dies geht auch aus einem Brief Payers an die „Neue Freie Presse", Altösterreichs führende Tageszeitung, hervor: „Ungemein komisch ist die Sprachenverwirrung an Bord: Die Mannschaft spricht unter sich vorzugsweise Slawisch, Italienisch im Dienst. Deutsch wird in der Kajüte, Norwegisch mit dem Harpunier Carlsen, einem Mann von 50 Jahren, gesprochen. Dieser verkehrt mit dem Bootsmann Lusina Englisch. Carlsen ist unser Eismeister, und wenn er Wache hat, kommandiert er Norwegisch – erst seit einiger Zeit mit der Benutzung einiger italienischer Schlagworte. Doktor Kepes verkehrt mit der Mannschaft in seiner ärztlichen Praxis Lateinisch und Ungarisch, mit Lusina aber Französisch. Noch haben wir eine merkwürdige Sprache an Bord – dies ist das Deutsch der beiden Tiroler, welche im Anfang nur mir verständlich war."

Mannschaft der TEGETTHOFF; stehend: Haller, Klotz, Sucich, Katallinich, Lukinovich, Palmich, Scarpa; sitzend: Pospischil, Falesich, Latkovich, Zaninovich, Lussina, Mavola, Letis.

Weyprecht hatte für den Borddienst ausschließlich Südländer, also Istrianer, Kroaten und Dalmatiner, ausgesucht. Diese Männer, alle von der k. u. k. Kriegsmarine, wurden mit den Entbehrungen und klimatischen Bedingungen der Arktis hervorragend fertig und blieben diszipliniert. Aus einem Brief Weyprechts an den Herausgeber des „Archivs für Seewesen", Johannes Ziegler, wird das von ihm humorvoll bestätigt: „Mit der Mannschaft bin ich, soweit man bis jetzt ein Urteil fällen kann, sehr zufrieden. Mit Ausnahme der beiden Tiroler und eines anderen Mannes sind alle lang befahrene Kauffahrteimatrosen. Der Koch ist ein Grazer, der eigens studiert hat. In Pola lernte er in einer Familie kochen und in der Ärarischen Bäckerei Brot backen; dann wurde er nach München zu Professor Liebig geschickt, der ihm die Schnellbäckerei mit Backpulver beibrachte. Die letzte Hand legte unser Lebensmittellieferant Richers in Hamburg an, indem er ihn in die Geheimnisse der Konserven, Eierpulver, getrockneten Gemüsen usw. einweihte. Leider hat er in Bremerhaven sein Herz und mit demselben den größten Teil seines Verstandes zurückgelassen; unter den Folgen davon müssen wir jetzt leiden. 40 Grad R. unter Null werden ihn schon kurieren."

Am 14. Juli 1872, einem Sonntag, verließ ADMIRAL TEGETTHOFF Tromsö mit Kurs Nordost. Weyprecht hatte vor, Nowja Semlja im Norden zu umsegeln und dann direkt auf Kap Tscheljuskin zuzuhalten. Gerade aber in diesem Jahr zeigte sich das Eismeer von einer für die

Mission weniger günstigen Seite als bei der Vorexpedition, wo diese hohen Breiten völlig eisfrei vorgefunden worden waren. Unerwartet stieß die TEGETTHOFF schon am 25. Juli abends in 74°15' nördlicher Breite das erste Mal auf Eis. Nach der bereits erwähnten Begegnung mit dem ISBJÖRN gelang es dem TEGETTHOFF trotz Dampfkraft nur sehr mühevoll, in nördlicher Richtung weiterzukommen. Am 21. August 1872 um Mitternacht wurde das Schiff in einer ungefähren Position von 76°22' N. und 62°3' O. vom Eis völlig eingeschlossen und sollte es auch bleiben. Alle Versuche, das Schiff frei zu bekommen, schlugen trotz der größten Anstrengungen der Mannschaft fehl. Die Polarnacht mit ihren Schneefällen und Stürmen war über das Schiff und dessen Insassen hereingebrochen, im Februar 1873 wurde die tiefste Temperatur mit –46,2° C. gemessen.

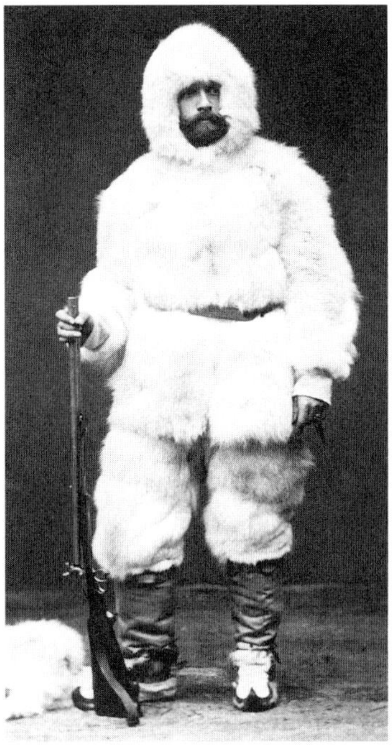

Oberleutnant Julius von Payer in seiner Polaradjustierung

Täglich, fast bei jeder Witterung, arbeitete die gesamte Besatzung an der Freimachung des Schiffes, oft 12 Stunden lang. Weder durch Einsatz von Eissägen, Eismeißeln, Spitzhauen noch durch Sprengbüchsen gelang es, TEGETTHOFF aus dem Eis wieder frei zu bekommen. Probebohrungen ließen erkennen, daß die Eisschichten bis in eine Tiefe von 9 Metern reichten. Der 30. August brachte dann eine große Überraschung, die aufkommende Depressionen mit einem Schlage verschwinden ließ: Es war um die Mittagszeit, als plötzlich im Nordwesten ein hohes Gebirgsmassiv aus dem Nebel hervortrat. Zunächst in dem Glauben, einer optischen Täuschung aufgesessen zu sein, rief Orel dann mit jauchzender Stimme: „Berge sind es, gewaltige Felsen! Land, Land!“ Unbeschreiblicher Jubel erfaßte die Besatzung des TEGETTHOFF. Weyprecht ließ Flaggengala setzen, und das neuentdeckte Land erhielt feierlich den Namen „Franz-Josefs-Land“. Beim Hoch auf den Kaiser wurde mit blechernen Kaffeeschalen, die mit einem schnell bereiteten Grog gefüllt waren, auf dieses Ereignis angestoßen. Zunächst mußte aber der Versuch, das entdeckte Land zu erforschen, unterbleiben. Erst am 2. November 1873, als die Winterkälte das Eis fest und sicher gemacht hatte, konnte man sich den Bergen nähern. Diese ehrenvolle Aufgabe wurde Payer übertragen, der dann in drei Schlittenreisen, zum Teil unter lebensgefährlichen Bedingungen, diesem Auftrag nachkam. Dabei wurden in einem auf dem hervortretenden Kap aufgebauten Steinhügel das Dokument über die Entdeckung und Landnahme, eine Kurzgeschichte der Expedition, Bilder des Kaisers, Münzen der Monarchie sowie Zeitungen verwahrt. In diesen Tagen der Hochstimmung hatte die Expedition leider ihren einzigen Todesfall zu beklagen: Am 16. März 1874 war Maschinist Krisch einem Lungenleiden erlegen und wurde auf der Wilczek-Insel in einer Felsenspalte beigesetzt. Noch heute existiert das schlichte Holzkreuz mit der Inschrift: „Hier ruht Otto Krisch, Maschinist der österreichischen Nordpolexpedition, gestorben den 16. März 1874 an Bord des ‚Admirals Tegetthoff‘. 29 Jahre alt, Friede seiner Asche.“

Nachdem der Offiziersrat zur Überzeugung gekommen war, daß die Männer einen dritten arktischen Winter nicht überleben würden, wurde beschlossen, spätestens Ende Mai das Schiff zu verlassen und die Rückkehr nach Nowaja Semlja über Land zu wagen. Nach der letzten Schlittenreise brauchte man einige Wochen zur allgemeinen Erholung und für die Vorbereitungen der Rückreise. Als Transportmittel bestimmte Weyprecht vier Boote, an denen die Bordwände mit Segelleinen erhöht und über die gesamte Länge mit Zeltplanen bespannt wurden. Jedem Boot wurde ein Schlitten zugeteilt. Obwohl nur das Notwendigste mitgenommen wurde, betrug das gesamte Gewicht des Gepäcks 4.500 kg, wovon allein 2.500 kg auf den Proviant entfielen. Es wurden eingepackt: Werkzeuge, Instrumente zur Ortsbestimmung, Feuerungs- und Lebensmittel – wie Hartbrot, Pemmikan (Trockenfleisch), Konservenfleisch, Fett, Erbswurst, Gewürze, Reis, Grütze, Schokolade, Rum, Fleischextrakt, kondensierte Milch und Alkohol, Gewehre und Munition. Außerdem die in einer Blechkiste verlöteten Schiffsjournale sowie alle wissenschaftlichen Aufzeichnungen, die ohne Unterbrechung von Weyprecht, Brosch und Orel durchgeführt wurden. Es waren dies astronomische und geodätische Bestimmungen, wie die Temperatur, der Luftdruck, die Verdunstung, der Wind, die Bewölkung, der Niederschlag, die Tiefen, die Temperatur und Tierwelt des Meeres sowie der Erdmagnetismus und das Nordlicht. Wie war es eigentlich um die Bekleidung der Nordpolfahrer bestellt? Die Technologie des vorigen Jahrhunderts kannte ja weder Thermo- noch Kunststoffbeschichtungen. Am Körper wurde dicht anschließende Wollwäsche, bestehend aus langen Schafwoll-Leibchen sowie einem bis zwei wollenen Unterhosen, getragen. Darüber kamen zwei starke Tuchhemden und eine Tuchhose. Ein Paar Fäustlinge und eine leichte Kapuze vervollständigten die normale Ausrüstung. Bei stürmischem Wetter und zum Schlafen waren zusätzliche Kleidungsstücke notwendig, und zwar Pelzröcke mit Kapuzen – aus Büffel oder Waschbärenfell –, doppelte Wollhandschuhe und ein breites Nasenband aus Flanell, das zusammen mit einem starken Lederschirm in die Kapuze eingeknöpfelt wurde. Bei den Schlittenreisen wurden statt der Lederstiefel Segeltuchstiefel, mit Flanell gefüttert sowie mit Filzplatten besohlt, verwendet. Beim Aufbruch zum Rückmarsch erhielt jedes Mitglied der Mannschaft außerdem noch ein großes Messer, einen Löffel sowie ein paar Schneebrillen; besonderer Luxus, den man sich erlaubte, war die Mitnahme eines gefüllten Tabakbeutels pro Mann.

Wie trinkt man bei 37° unter Null? Die Männer empfingen kniend ihre Rumrationen. Der Rum wurde in den geöffneten Mund des Trinkers hineingeschüttet, damit der Metallbecher die Lippen nicht berührte. Diese wären sonst sofort festgefroren!

Am 20. Mai 1874 verließ man um 8 Uhr abends das Expeditionsschiff TEGETTHOFF. Ein Martyrium begann. Jede Strecke mußte fünf Mal zurückgelegt werden, um alle Boote und Schlitten nachzubringen. Hindernisse, wie aufgetürmte Eisberge, lockere Schneedecken, Wassertümpel und Eisspalten, erschwerten zusätzlich das Vorankommen. Oft standen die Forscher bis zur Brust im Neuschnee. Ein Stück eines Zuggurtes nahm Weyprecht später mit und bewahrte es als Andenken sorgfältig auf. Es sollte ihn, wenn es ihm gar zu gut ginge, durch die Erinnerung an die harten Tage vor Übermut bewahren, meinte er einmal. Mit anderen Erinnerungsstücken lag das unscheinbare Stück Stoff im Marinemuseum von Pola. Seit 1918 ist es verschwunden, wahrscheinlich achtlos weggeworfen. ...

Das vom Eis eingeschlossene Expeditionsschiff

Julius von Payer: „Die Tegetthoff im Eis", Wandgemälde im Saal VI des Naturhistorischen Museums in Wien.

Nach 67 Tagen hatte die Expedition zwar 500 Seemeilen zurückgelegt, aber tatsächlich erst 10 Seemeilen nach Süden gewonnen, da die nach Norden wandernde Eisdrift ihr entgegenarbeitete. Hoffnungslosigkeit machte sich unter den Expeditionsteilnehmern breit. Erst am 17. Juli gelang es, durch die Fahrt mit den Booten in den entstandenen Eiskanälen die Marschgeschwindigkeit zu erhöhen. Am 14. August 1874 nachts, bei einer Breite von 77°40', erreichten die Männer die Eiskante, das offene Meer lag vor ihnen. Die Schlitten wurden zurückgelassen, und vier Tage später erreichten die Polarforscher die Küste von Nowaja Semlja. Allerdings südlich von jener Stelle, an der im Jahre 1872 das Proviantdepot errichtet worden war. Obwohl der Proviant nur mehr für 10 Tage reichte, entschloß sich Weyprecht, an der Küste entlang zu segeln, in der Hoffnung, auf ein Schiff zu stoßen. Am 24. August schlug endlich die Stunde der Erlösung, beim Einlaufen in die Dunen-Bai trafen sie auf ein kleines, mit zwei Menschen bemanntes Fischerboot; es gehörte zu einer russischen Lachsfängerflotte. Nach fast hundert ununterbrochen im Freien verbrachten Tagen wurden die Expeditionsteilnehmer freundlich auf dem Schoner NIKOLAJ aufgenommen. Alle Köstlichkeiten, die sich an Bord befanden, wurden den Ausgehungerten aufgetischt; es gab Lachs, Rentierfleisch, Gänseeier, Butter, Tee, Brot und Branntwein. Gegen einen Betrag von 1200 Silberrubel erklärte sich Kapitän Feodor Veronin bereit, seine Fischfangtätigkeit abzubrechen und die Nordpolfahrer in den norwegischen Hafen Vardö zu bringen, wo sie am 3. September eintrafen. An Bord des norwegischen Postdampfers FINNMARKEN ging es dann über Hammerfest, Tromsö, Bergen, Christiansand nach Hamburg. Von dort an folgte ein festlicher Empfang nach dem anderen, bis die Nordpolfahrer am 25. Dezember 1874 am heute nicht mehr existierenden Nordbahnhof eintrafen. Wien und die übrige Welt feierte die Helden der Arktis, und es regnete Orden und Auszeichnungen. Österreich-Ungarn lag im Polarfieber. Briefmarken wurden gedruckt, die allerdings nie verwendet wurden, Eduard Strauss komponierte den „Payer-Weyprecht-Marsch", und in der Komponistendynastie Fahrbach schrieben der Junior die „Nordpolfahrer" und der Senior sogar eine „Eisbärenpolka"! Nur der Verbleib des zurückgelassenen Expeditionsschiffes ADMIRAL TEGETTHOFF bleibt ein Geheimnis der Polarnacht. ...

Im Sommer 1921 fand ein russischer Fischer auf Nowaja Semlja eine Flaschenpost Weyprechts, die dieser 1874 dem Meere übergeben hatte. Das Dokument erhielt die „Geographische Gesellschaft“ in Wien, leider ist es heute verschollen. Am 19. August 1979 findet ein junger russischer Wissenschaftler unter einer Steinpyramide auf der Insel Lamon in einem Holzkästchen, in Wachspapier eingeschlagen, wieder eine Nachricht Weyprechts, hinterlegt am 19. Mai 1874. Zeitungen, Radio und Fernsehen der ganzen Welt berichten, und für kurze Zeit waren die Taten und Leiden der Mitglieder der österreichisch-ungarischen Polarexpedition wieder lebendig. Am 9. Jänner 1980 wurde der Fund dem offiziellen Österreich übergeben, die Akademie der Wissenschaften nahm ihn in ihre Obhut. Bemerkenswert ist, daß für die russischen Polarforscher die russische Übersetzung der Reisebeschreibung von Payer auch heute noch als Pflichtlektüre gilt.

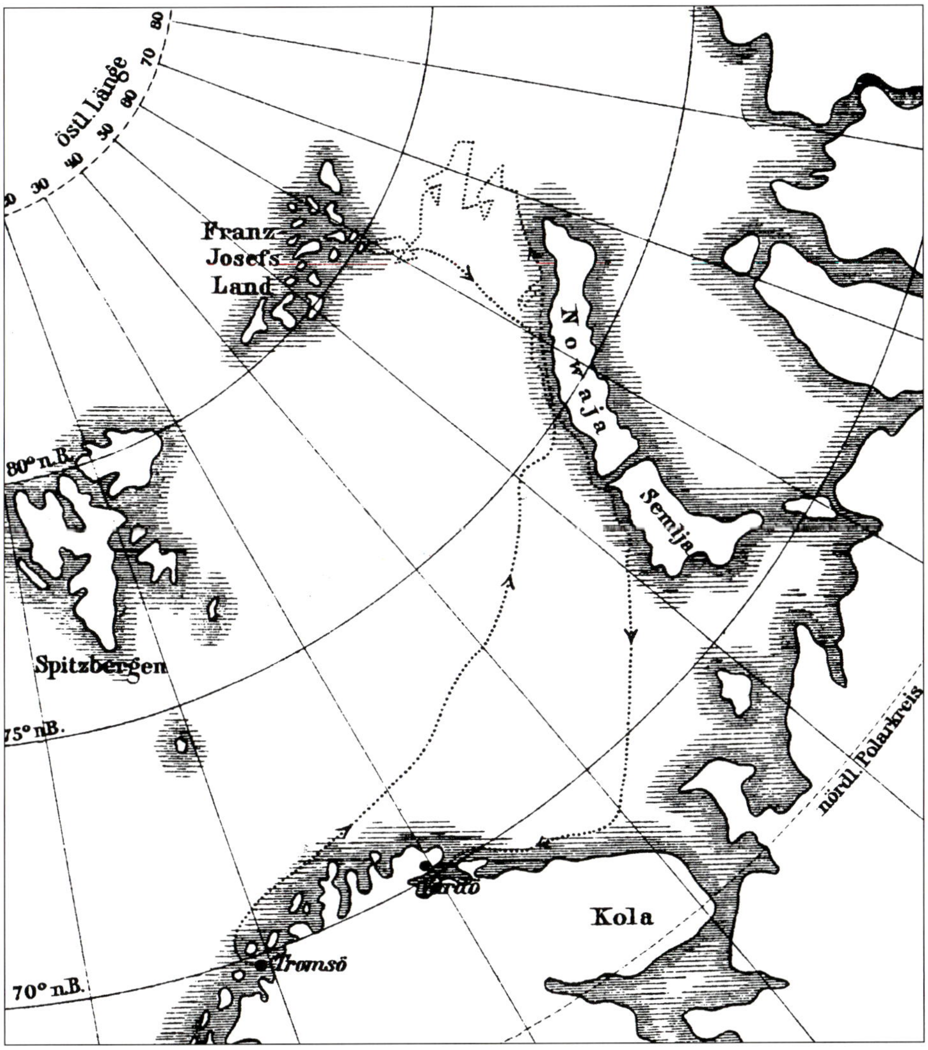

Übersichtskarte:
········➤ Weg der österreichisch-ungarischen Nordpol-Expedition

Carl Weyprecht, den die Polarforschung nicht mehr losließ, kam zu der Erkenntnis, nicht die Auffindung neuer Gebiete oder gar der Pol selbst seien wichtig, sondern die Erforschung der „Polarnatur“. Bei dem im Jahre 1879 in Rom stattfindenden internationalen Kongreß gelang es Weyprecht, die Errichtung von 14 Polarstationen, und zwar zwölf am Nordpol und zwei im Südpolgebiet, durchzusetzen. Natürlich sollte er die Leitung der österreichischen Station auf der Insel Jan Mayen im Grönländischen Meer übernehmen. Leider blieb ihm dieser Wunsch unerfüllt, er starb am 29. März 1881, ein Jahr vor deren Errichtung.

Die Teilnehmer der Jan-Mayen-Mission 1882–1883. Von links nach rechts sitzend: die Linienschiffsfähnriche Adolf Sobieczky und August Gratzl, Linienschiffsleutnant Emil von Wohlgemuth (Kommandant), Graf Wilczek, Linienschiffsleutnant Richard Basso, Linienschiffsfähnrich Adolf Bobrik und Korvettenarzt Dr. Ferdinand Fischer

Weyprechts Folgerungen waren richtig, daß nur gleichzeitige und vergleichende Beobachtungen mehrerer wissenschaftlicher Stationen die vielen Rätsel der Polargebiete lösen könnten. Die durch ihn angeregten 14 Beobachtungsstationen veranlaßten die internationale Polarkommission, für die Dauer vom 1. August 1882 bis 1. August 1883 das „Erste Internationale Polarjahr“ auszurufen. So entsandte Österreich-Ungarn unter der Leitung des Linienschiffsleutnants Edler von Wohlgemuth eine Expedition auf die zwischen Grönland und Spitzbergen liegende Insel Jan Mayen, um einen geeigneten Platz für die dort zu errichtende Beobachtungsstation zu finden. Diese Polarmission war eines der am besten ausgerüsteten und vorbereiteten Unternehmen, das damals zu wissenschaftlichen Forschungen in die Arktis aufbrach. Wie konnte es anders sein, die Kosten, mit Ausnahme der Löhne und Schiffskosten, übernahm wieder Graf Wilczek. Mit Genehmigung des Kaisers wurden zum Transport der Expedition der Transportdampfer POLA der Kriegsmarine sowie Angehörige der k. u. k. Kriegsmarine als Stationsbesatzung ausgewählt. Es waren dies: Kommandant der Expedition Linienschiffsleutnant Emil von Wohlgemuth, Linienschiffsleutnant Richard Basso, die Linienschiffsfähnriche Adolf Bobrik von Voldva, Adolf Sobieczky und August Gratzl, Korvettenarzt Dr. Ferdinand Fischer und acht Matrosen. Die Aufgaben der Beobachtungsstation

Carl WEYPRECHT
Seeoffizier und Polarforscher

Carl Weyprecht (1838–1881), Seeoffizier und Polarforscher

Carl Weyprecht wurde am 18. September 1838 in Darmstadt in Hessen geboren. Im Jahre 1852 trat er in das Gymnasium seiner Geburtsstadt ein, tauschte diese Schule aber schon ein Jahr später gegen die Höhere Gewerbeschule. Er wollte Seeoffizier werden und wählte, wie damals viele Nichtösterreicher, die österreichische Marine. Im Jahre 1856 als provisorischer Kadett aufgenommen, erfolgt 1861 nach diversen Einschiffungen seine Ernennung zum Linienschiffsfähnrich. Während eines Heimatbesuches lernte er 1865 bei einer Sitzung des „Geographischen Vereins" in Frankfurt den Geographen August Petermann persönlich kennen. Dieser warb damals gerade für eine deutsche Nordpolexpedition. Das Interesse Weyprechts für die Arktis wurde noch mehr geweckt, aber der Krieg von 1866 unterbrach diesen wissenschaftlichen Drang. An der Seeschlacht von Lissa nahm Weyprecht an Bord der Panzerfregatte DRACHE teil. Anschließend führte ihn der Marinedienst mit dem Kriegsdampfer ELISABETH nach Mexiko, wo er das welthistorische Trauerspiel um den unglücklichen Kaiserbruder Maximilian aus unmittelbarer Nähe erlebte. Nach Österreich zurückgekehrt wurde Weyprecht im Oktober 1868 zum Linienschiffsleutnant befördert und zum Mitglied der Küstenaufnahme-Kommission für das adriatische Meer bestimmt. Der nächste wissenschaftliche Auftrag führte ihn zusammen mit drei österreichischen Astronomen im Dezember 1870 nach Tunis, um dort eine totale Sonnenfinsternis zu beobachten. Zuvor hatte er noch, im Herbst 1870, Julius von Payer, damals Oberleutnant der Tiroler Kaiserjäger, kennengelernt. Beide hatten den Plan einer österreichisch-ungarischen Polarexpedition aufgegriffen und durchgeführt. Viele Orden und Ehrungen wurden den Polarforschern nach ihrer erfolgreichen Rückkehr zuteil. So für Weyprecht die Ehrenbürgerschaft von Brünn, Fiume und Pola, die Ehrenmitgliedschaft der Militärwissenschaftlichen Vereine von Wien und Triest, die der geographischen Vereine von Wien, Hamburg, München und Frankfurt, die der Gesellschaft für Erdkunde von Berlin, der Societé de Climatologie Algerienne, des nautischen Vereins von Hamburg und des freien deutschen Hochstiftes von Frankfurt.

Weyprecht sah sich beinahe am Ziel seiner Wünsche, aber das Schicksal entschied anders! Seit der Rückkehr von der Nordpolexpedition litt er an einem chronischen Bronchialkatarrh, der sich im Februar 1881 rapid verschlechterte – Diagnose: Miliartuberkulose. Seine Angehörigen erfuhren erst aus der Zeitung von seinem schlechten Gesundheitszustand. Sein Bruder, der Arzt war, eilte nach Wien, um den Todgeweihten heimzuholen. Zwei Nächte und einen Tag lebte er dann noch im Kreise seiner Verwandten, bis er am 29. März 1881 verstarb. Drei Tage später wird Weyprecht im Familiengrab in König nachmittags bestattet (auf dem Grabstein ist irrtümlich der 31. März als Todestag angegeben). Auch Kaiser Franz Josef ehrte den toten Forscher und Offizier seiner Kriegsmarine, zwei Marineoffiziere überbrachten auf kaiserlichen Befehl einen großen Lorbeerkranz im Namen der k. k. Kriegsmarine.

Julius von Payer (1842–1915), Polarforscher, Offizier und akademischer Maler

Julius von PAYER
Polarforscher, Offizier und akademischer Maler

Julius Payer wurde am 2. September 1842 in Schönau bei Teplitz geboren. Nach Absolvierung der k. k. Kadettenschule in Lobzowa bei Krakau und seiner weiteren Ausbildung an der Theresianischen Militärakademie von Wiener Neustadt wurde der Siebzehnjährige als Unterleutnant nach Oberitalien versetzt; dort nahm er an den Kriegen von 1859 und 1866 teil. Für die Eroberung eines Geschützes während der Schlacht von Custoza erhielt er das Militärverdienstkreuz. Zu diesem Zeitpunkt hatte er als Alpinist bereits nicht weniger als 60 Gipfelbesteigungen in der Ortlergruppe sowie 30 Erstbesteigungen im Adamello-Presanellagebiet durchgeführt. Seine Gletscherforschungen, kartographischen Aufnahmen und Zeichnungen fielen dem deutschen Geographen August Petermann auf, und dieser lud den jungen Kaiserjägeroffizier zu einer deutschen Nordpolexpedition ein. Anschließend arbeitete Payer im Militärgeographischen Institut in Wien. Es ist daher nicht verwunderlich, daß ein Fachmann dieses Ranges als Teilnehmer für die österreichisch-ungarische Polarexpedition vorgeschlagen wurde. Er nahm an der im Jahre 1871 stattfindenden Vorausreise teil, und dann natürlich an der in den Jahren 1872–74 folgenden Hauptexpedition.

Auch Payer wurde von aller Welt mit Auszeichnungen und Orden überschüttet. Aber Mißtrauen und Neid ließen ihn schließlich den Militärdienst quittieren. Frustriert schrieb er in seinem Tagebuch: „Als Honorar empfing ich für die Entdeckung des Franz-Josefs-Landes am 1. Oktober 1874 die Summe von 44 Gulden. Es war zugleich meine letzte Gage."

Eine neue Karriere baute sich Payer als Maler auf. Er ging nach Paris, kehrte aber wieder nach Wien, in seine alte Wohnung im Dritten Gemeindebezirk, zurück. Obwohl er in Frankreich auf einem Auge erblindet war, hielt er innerhalb von 18 Jahren mehr als 1200 Arktisvorträge im deutschsprachigen Raum. Vor allem seine Gemälde von der Polarregion verhalfen ihm zum künstlerischen Durchbruch und in der Folge zum Auftrag für ein Fresko im Naturhistorischen Museum. Noch im Jahre 1912, also als Siebzigjähriger, wollte Payer an einer geplanten Polarexpedition mit einem Unterseeboot teilnehmen! Ein Schlaganfall und der Ausbruch des Ersten Weltkrieges machten diesen Plan zunichte. Payer starb am 30. August 1915 in Bad Veldes in Oberkrain, unbeachtet von der Öffentlichkeit, stand doch Europa mitten im Ersten Weltkrieg. Später wurden seine sterblichen Überreste nach Wien überführt, um in einem Ehrengrab am Wiener Zentralfriedhof ihre ewige Ruhe zu finden.

waren die Messungen der Temperatur, des Luftdruckes, der Luftfeuchtigkeit, Windrichtung und -stärke, der Niederschlagsmenge sowie der Temperatur des Meerwassers. Zusätzlich war die kartographische Aufnahme der Insel von Bedeutung. Als Wohnhäuser waren zwei spitzbogenförmige Gebäude, die schon im Seearsenal von Pola vorgefertigt worden waren, vorgesehen. Sie bewährten sich auf dieser Sturminsel außerordentlich gut, und es zeugt von der guten österreichischen Handarbeit, daß diese Hütten ein halbes Jahrhundert später, trotz der nicht schonungsvollen Behandlung durch die norwegischen Fischer, die Teile als Brennholz verwendeten, noch immer als Unterkunft benützbar waren.

Transportdampfer POLA (910 t) in Pola

POLA verließ am 2. April 1882 den Hauptkriegshafen mit Kurs Jan Mayen unter dem Kommando von Korvettenkapitän Franz Müller. Eine Eisbarriere zwang das Schiff zu einem mehrtägigen Zwischenstopp in Tromsö. Hier ging auch Graf Wilczek von Bord, der die Expedition bis in diesen Hafen begleitet hatte. Am 13. Juli konnte endlich vor Jan Mayen geankert werden. Unverzüglich begann die Ausschiffung der 200 Tonnen wiegenden Ausrüstung sowie die Errichtung

Jan Mayen 1892, die Station mit dem Vogelberg. Aufgenommen von Linienschiffsfähnrich August Gratzl.

der Station am Südabhang des Vogelberges. 33 Tage später lichtete die POLA wieder ihre Anker, um in die Heimat zurückzukehren. Die Forscher blieben nun ein Jahr, um ihre wissenschaftlichen Aufgaben durchzuführen. Erst am 4. August 1883 kam die POLA wieder, um die Besatzung der Station abzuholen. Zwei Tage später nahm das Schiff Kurs auf Cuxhaven, wo die Expeditionsteilnehmer am 18. August eintrafen und schon am nächsten Tag von Graf Wilczek in Hamburg herzlichst begrüßt wurden. Die Heimreise ging per Bahn nach Wien weiter, während die POLA am 26. Oktober 1883 in den Hauptkriegshafen zurückkehrte.

Jan Mayen, Strand mit Treibholz und Walfischknochen (im Hintergrund S. M. S. POLA)

Auf Initiative der Deutschen Seewarte kam in den Jahren 1932–33 ein „Zweites Internationales Polarjahr“ zustande. Da die Republik Österreich nur geringe Geldmittel zur Verfügung hatte, erklärte sich Norwegen bereit, die aus drei Wissenschaftlern bestehende österreichische Polarexpedition in der norwegischen Radio- und Wetterstation auf Jan Mayen unterzubringen. Diese Expedition wurde von der Wiener Akademie der Wissenschaften entsandt, mit Unterstützung des Bundesministeriums für Unterricht. Die Teilnehmer nutzten die Gelegenheit, auch ein paar Tage in der alten k. u. k. Station zu verbringen. Nach ihrer Rückkehr konnten sie neben ihrer wissenschaftlichen Ausbeute auch Lichtbilder der Überreste dieser Unterkunft vorlegen.

Jan Mayen, Blockhaus für Windmeßapparate und das Bootshaus

Es darf heute nicht vergessen werden, daß alle diese Expeditionen und Reisen zu einer Zeit durchgeführt wurden, in der es noch keine drahtlosen Fernmeldeverbindungen gab. So galt zum Beispiel die Nordpolexpedition lange, bis zum 4. September 1874, als verschollen; erst das Telegramm Weyprechts aus Tromsö nach Fiume, an seinen Freund Heinrich von Littrow gerichtet, war das erste Lebenszeichen.

Diese Unternehmungen im Kampf mit den Gefahren der arktischen Natur waren wissenschaftliche Großtaten des alten Österreich, die die geophysikalische Forschung in ihrem Wissen über die Arktis ein wichtiges Stück weitergebracht haben.

V. PIRATEN UND KANNIBALEN

S.M.S. ERZHERZOG FRIEDRICH
zur dritten Weltumseglung

Ein Kreuz auf Guadalcanar

Mit S.M.S. PANTHER nach Abessinien

Um die bei der zweiten Weltumseglung angeknüpften Verbindungen zu festigen, schlug das Marinekommando im Einvernehmen mit dem Außenministerium vor, wieder ein Schiff in die ostasiatischen Gewässer zu entsenden. Das fand auch „Allerhöchste Zustimmung", und so wurde die gedeckte Korvette ERZHERZOG FRIEDRICH dafür bestimmt. Dieses Schiff hatte sich schon bei der zweiten Erdumseglung bewährt, und obwohl es nicht mehr zu den jüngsten Einheiten der Flotte zählte, hatte sein aus Eichenholz gefertigter Rumpf fast zwei Jahrzehnte ohne größere Reparaturen überstanden. Die ursprünglich eingebaute Artillerie von 22 Kanonen wurde für diese Reise auf 12 Stück 15-cm-Hinterlader reduziert. Die Besatzung und der Stab zählten zusammen 250 Mann. Das Kommando erhielt Linienschiffskapitän Tobias Freiherr von Österreicher, seine Offiziere waren die Linienschiffsleutnante Erwin Graf Dubsky, Josef Lehnert, Rudolf Berghofer und Josef Treipl, die Linienschiffsfähnriche Simon Lehnhardt und Friedrich Freiherr Von der Decken zu Himmelreich, die Seekadetten 2. Klasse Franz Plesch, Karl Marquis Nembrini-Gonzaga, Vinzenz Widmar, Wladimir Pacel, Friedrich Freiherr von John, Josef Kopecky, Adolar Laube und Camillo Karner, der Linienschiffsarzt Dr. Wilhelm Sachs, der Fregattenarzt Dr. Adolf Lederer, dazu kamen noch Marine-Kommissariatsadjunkt 2. Klasse Peter Cociancig und die Maschinisten 1. Klasse Wilhelm Lantsch und 3. Klasse Karl Max Spetzler und Wenzl Frank.

Tobias Freiherr von Österreicher, der Kommandant der Fregatte ERZHERZOG FRIEDRICH

Die Korvette FASANA (1970 t) in Marmagao an der Südwest-Küste Indiens

Am 30. April 1874 war die technische Ausrüstung der Korvette abgeschlossen, dann folgte die „Einschiffung" der Vorräte und des Proviantes für 90 Tage sowie des Trinkwassers für vier Wochen. Diese Auslandsreise sollte auch dazu dienen, Erzeugnisse der österreichisch-ungarischen Industrie auf ihre Brauchbarkeit unter extremen Bedingungen und bei raschem Klimawechsel zu testen. Dazu gehörten verschiedene Konserven und sogar Weine, die noch während der Auslandsreise, aber auch danach von einer Kommission verkostet wurden. Als kaum brauchbar und haltbar entpuppten sich bald die deutschen

Korvette ERZHERZOG FRIEDRICH (1570 t) in Pola

Erbswürste, die schnell verfaulten und über Bord geworfen werden mußten. Und dem Geschmack der österreichischen Matrosen entsprachen sie erst recht nicht. Die kauten viel lieber ihr gewohntes Salzfleisch und den Zwieback.

Eine der Aufgaben der Reise war die Erkundung der Verhältnisse in und um die Insel Borneo. Die bei der zweiten Weltreise abgeschlossenen Handels- und Schiffahrtsverträge waren schon während einer Reise der Korvette FASANA im Jahre 1871 durch den Austausch der Urkunden feierlich ratifiziert worden. Am 16. Mai 1874, um 9 Uhr vormittags, dampfte die S.M.S. ERZHERZOG FRIEDRICH, von den „Wantenhurras" der anwesenden Kriegsschiffe begleitet, aus dem Kriegshafen Pola ins offene Meer. In drei Tagen war die Adria durchsegelt, dann hieß es Kurs auf den Suezkanal. Am 30. Mai ankerte die Korvette in Port Said, nach der Passage des Kanals ging es über Aden weiter mit Kurs auf Ceylon. Nach dem Passieren der Insel Sokotra – die einmal sogar von der Kriegsmarine als Kohlendepot angekauft werden sollte – setzte stürmisches Wetter ein, und es mußte mit gerefften Marssegeln weiterlaviert werden. Offiziere und Mannschaften aller seefahrenden Nationen waren hierin ja noch bestens geschult.

Man spricht von Achterwind, wenn dieser von rückwärts, von Gegenwind, wenn er von vorne und von halbem Wind, wenn er senkrecht von einer Seite kommt. Der Wind schrallt, wenn er gegen vorne, er raumt, wenn er gegen Achter seine Richtung ändert. Bei Achterwind befindet sich das Schiff vor dem Wind, bei Winden aus einer der beabsichtigten Fahrtrichtungen am Winde. „Halsen“ nennt man jenes Manöver, das vom Wind weg durchgeführt wird, um mit der anderen Bordseite wieder an den Wind zu gelangen. „Stagen“ hingegen ist jenes Manöver, bei dem man das Schiff durch den Wind in eine neue Lage bringt.

Nach sechstägigem Aufenthalt in Ceylon lichtete ERZHERZOG FRIEDRICH am 11. Juli die Anker und lief nach Singapore, Hongkong, Shanghai, Kobe und Yokohama aus. Am 9. November 1874 um 8 Uhr früh fuhr das Schiff in die Bai von Yeddo ein, um um 1.45 Uhr nachmittags im Hafen von Yokohama vor Anker zu gehen. Hier in Japan konnte ein überaus seltenes Naturphänomen beobachtet und berechnet werden: Am 9. Dezember 1874 ergab sich am Himmel ein sogenannter „Venus-Durchgang“, bei dem sich die Venus vor die Sonne schiebt. Nach den damaligen Berechnungen soll dies erst wieder am 7. Juni 2004 passieren! An allen Hauptpunkten des Gebietes, von denen der Venus-Durchgang sichtbar war, hatten sich Wissenschaftler eingefunden, um dieses Ereignis zu beobachten, auch die Donaumonarchie war somit durch den Stab der FRIEDRICH im Fernen Osten vertreten.

Wie der Karikaturist die k. k. Auslandsreisen sieht.

Am Morgen des 19. Dezember um 9 Uhr verließ die Korvette den Hafen, mit Kurs China. Der sinkende Barometerstand ließ nichts Gutes ahnen. Tatsächlich mußten das Schiff und seine Besatzung einen aufkommenden Taifun überstehen, dessen Bewältigung ihnen all ihr Können abverlangte. Segel gingen in Fetzen, und in der Takelage entstand so mancher Schaden, obwohl zur Bedienung eines Sturmsegels oft 80 bis 100 Matrosen im Einsatz waren! Das Wetter blieb bis Hongkong rauh, und sowohl der Heilige Abend als auch der Jahreswechsel 1874/75 wurden stürmisch und bei hoher See gefeiert. Nächstes Reiseziel waren die Philippinen. An Bord waren diesmal auch der österreichisch-ungarische Ministerresident für Ostasien, Ritter von Schäffer, und vier japanische Regierungsbeamte, die sich auf einer handelsstatistischen Studienreise nach Siam befanden.

Im Nordost-Monsun, unter vollen Segeln, erreichte die FRIEDRICH schon am 3. Februar die Reede von Manila, wo um 6 Uhr abends geankert wurde. Sechs Tage später war die Korvette wieder segelklar, und dank des Monsuns wurden nun innerhalb von sieben Tagen 1200 Seemeilen zurückgelegt. Kurz vor Siam legte sich der Wind, und nur mit Dampfkraft wurde Paknam, der Hafen von Bangkok, am 18. Februar erreicht. Hier war auch für Ritter von Schäffer und seine Begleiter, die japanische Delegation, Endstation; sie schifften sich aus. Während einer Audienz beim König von Siam überreichte der k. u. k. Diplomat sein Beglaubigungsschreiben. Beim folgenden Bankett waren auch mehrere Schiffsoffiziere Gäste des Königs. Denen, die an Bord bleiben mußten, ließ der König als Zeichen seiner Huld eine Ladung frischer Früchte sowie mehrere Kisten feinsten Tees senden.

Nächstes Ziel war Singapore, das am 14. März nur nach Verbrauch der letzten Kohlenreserven erreicht werden konnte. Hier wurden auch die Vorbereitungen getroffen, um eines der wichtigsten Reiseziele, das Sunda-Archipel, zu erforschen. So wurde außer den

Lebensmitteln für zwei Monate und 140 Tonnen Steinkohle – diese wurden zwischen den Kanonen in der Batterie gestaut – auch ein malaischer Dolmetscher eingeschifft. Am 25. März um 10.30 Uhr vormittags lichtete die FRIEDRICH die Anker – Kurs Batavia! Nach Überschreitung des Äquators lief die Korvette am 29. März auf der Reede von Batavia ein, Java war erreicht. Am Mittag des 8. April wurde Kurs auf die Makassar-Straße genommen, nun begann die Umrundung Borneos, eine Fahrt nach unverläßlichen Seekarten durch völlig unerforschtes Gebiet und über gefährliche Korallenriffe. Leider mußten die naturwissenschaftlichen Beobachtungen zurückgestellt werden, da die Vermessungen und hydrographischen Arbeiten die Offiziere voll beschäftigten. Ausgedehnte Sand- und Schlammbänke erschwerten die Navigation zusätzlich. Aber das Ergebnis konnte sich sehen lassen: Die hydrographischen Arbeiten ergaben mehr als 4000, meist astronomisch bestimmte Sondierungspunkte, dann Positionskorrekturen von Inseln und Riffen sowie vollkommen neue Aufnahmen von Küstenabschnitten. Die FRIEDRICH lief zunächst Surabaya an, um den Kohlenvorrat zu ergänzen, segelte an den Solombo- und Arendsinseln vorbei gegen die Nordostküste Borneos, wo dann in der Adangbai und später in der Sibucobai geankert wurde. In dieser Bucht sollten die gänzlich unverläßlichen Karten neu aufgenommen werden. Während des Aufenthaltes in dieser Bucht wurde ein Landungsdetachement zusammengestellt, das an den Ufern des in die Bucht einmündenden Sibocuflusses Brennholz für die Dampfmaschinen machen sollte. Aber dieser 7. Mai 1875 wurde ein trauriger Tag in der Marinegeschichte der Donaumonarchie. Es war regnerisch und düster, als die Abteilung aus 26 Matrosen, 4 Unteroffizieren und einem Zivilarbeiter unter dem Kommando des Seekadetten Nembrini aufbrach. Zur Bewaffnung führten sie zehn Werndl-Karabiner mit 120 Schuß Munition mit sich, als Arbeitsgeräte hatten sie zwanzig große Holzhacken sowie Sägen gefaßt, Lebensmittel für einen Tag waren der Abteilung mitgegeben worden. Für alle Fälle wurde den Ausgeschifften ein Beiboot der Korvette belassen, sie sollten ja erst abends wieder von der Dampfbarkasse abgeholt werden. Freudig sprangen die Matrosen an Land, bot doch diese Arbeit in der freien Natur eine willkommene Abwechslung vom Borddienst. Sofort begann man, sich der behindernden Kleidungsstücke zu entledigen, die Waffen wurden mit Axt und Säge vertauscht. Fünf Posten sicherten die Holzarbeiten, und Seekadett Nembrini unternahm mit einer Patrouille eine Streifung durch den Wald, bei der nichts Verdächtiges auffiel. Der weitere schreckliche Verlauf des Tages ist im „Vorfallensbericht" der Korvette FRIEDRICH festgehalten, der im Marinearchiv in Wien aufbewahrt wird. In trockenem Amtsdeutsch heißt es da: „Nachdem aber das ganze Gebiet völlig sicher schien, so glaubte Seekadett Nembrini, die Vorposten während der hierauf folgenden Rast ... einziehen zu können und nur 2 armierte Matrosen beim Rastplatz aufstellen zu sollen. Nebstdem verblieb Matrose Fillinich im Boote zurück. Zwischen 1 und 2 Uhr pm. (die Zeit kann nicht mit Bestimmtheit angegeben werden) kamen von der ungefähr 1 1/2 Meilen entfernten Flußmündung, die aber vom Arbeitsplatze nicht sichtbar ist, 5 lange, schmale Fahrzeuge (nach Art der singalesischen auf Ceylon gebaut, aber mit doppelten Auslugern), fuhren längst des Ufers in Kielrichtung eines dem Anderen folgend, gegen die Spitze des Landes und dublierten dieselbe, wo man ihrer gewahr wurde, sie aber für Fischerboote hielt. Mit großer Präzision schwenkten jetzt die Boote in Frontlinie und jedes richtete am Vorderteile eine Brustwehr auf. Aus dem 2. Boote wo sich der Anführer befand, ein alter Mann mit weißen Haaren, der ein Trombon handhabte, fiel der erste Schuß, der auf Matrosen Fillinich gerichtet war, aber nicht traf. Letzterer antwortete sogleich mit einem Schusse, wodurch die Corvee Mannschaft alarmiert wurde. Es entspannte sich nun ein lebhaftes Gewehrfeuer, die Piraten hatten Trombons in allen Booten und warfen auch Wurfspieße. Seekadett Nembrini eilte mit einigen Bewaffneten im Wasser watend zum Boot, während die nicht bewaffnete Mannschaft sich westwärts des Strandes zurückzog. Civilarbeiter Harasich warf mit Steinen auf die Piratenboote. Obwohl die bei Nembrini vereinigten Leute von der Feuerwaffe Gebrauch machten, wobei sie zum Theile durch das Boot Nr. 3 gedeckt waren, so erwies sich doch ihre Anzahl, angesichts der großen Über-

Eingeborenenhäuptlinge auf Borneo

macht der Piraten für ungenügend um erfolgreichen Widerstand zu leisten. Zudem war Matrose Delconte und Matrose Chiraz, ersterer durch einen Schuß in die Brust, letzterer durch einen Bauchschuß getötet. Matrose Horvath durch Zerschmetterung des Armes schwer und Quartiermeister Czar durch einen Schuß durch den Unterschenkel leicht verwundet. Unsere Leute zogen sich daher schießend längs des Strands westwärts zurück und nahmen die zwei Verwundeten mit sich, während die 2 Todten zurückgelassen werden mußten. Diese lagen im seichten Wasser (Delconte hatte sich tödtlich verwundet näher dem Ufer geschleppt). Die Piraten bemächtigten sich nun des Bootes Nr. 3, bemannten es und fuhren ab. Bald darauf kehrten sie aber nochmals (dießmal mit 7 Fahrzeugen) zurück und machten beim Arbeitsplatze eine Ausschiffung wobei sie alle Requisiten und Kleidungsstücke der Mannschaft raubten. Hierauf verließen sie Kriegsrufe ausstoßend den Platz und fuhren ganz unter Land ostwärts ab. Die Matrosen Zakai, Pascoich, Perizza, Ambrosich und Rusier hatten sich in der Nähe des Überfallsortes im Walde, theils auf Bäume, theils im Buschwerk versteckt und sahen das Abziehen der Piraten. Als Letztere ungefähr eine Meile entfernt waren, beschlossen die 5 genannten Mann den Strand wieder aufzusuchen, um die zurückgelassenen Todten zu sehen. In einiger Entfernung vom Ufer, sahen sie die 2 Leichen im Wasser schwimmend. Sie näherten sich denselben bis auf eine Entfernung von 6 Fuß, da das steigende Wasser eine größere Annäherung nicht gestattete, und sahen ganz deutlich daß den 2 Todten die Köpfe abgeschnitten wurden und der Bauch der Quere nach geschlitzt war. Die Hände der Todten waren ganz entzwei gerissen. Die Leichen mochten auf einer Entfernung vom Ufer geschwommen sein, wo das Wasser ungefähr 8–9 Fuß Tiefe hatte. Die fünf genannten Matrosen zogen sich hierauf auch westwärts zurück und vereinigten sich mit dem anderen Theile der unter Kadetten Nembrini unterdessen von einem waldigen Hügel von ungefähr 100‘ Höhe Besitz genommen hatte. Ein weiterer Angriff erfolgte nicht mehr, doch meinte Seekadett Nembrini gesehen zu haben, daß 2 Fahrzeuge wieder zur Flußmündung zurückkehrten, um wahrscheinlich die am Hügel Versammelten neuerdings anzugreifen. Die Piraten deren Zahl 70 Köpfe betragen mochte, zeigten sich sehr behende und gut diszipliniert. Ihre Brustwehren bestanden aus dunkelfärbigem Holze. Sie fanden so gute Deckung, viele schossen auch im Wasser stehend, und durch das eigene Fahrzeug gedeckt auf unsere Mannschaft. Daß die Angreifer eingeborene Dajak’s waren, geht aus der Beschreibung ihrer Personen (Nackt, langes gescheiteltes Haar) hervor. Unser Verlust beträgt 2 Todte einen schwer und einen leicht Verwundeten. An Material wurde geraubt: das Boot Nr. 3 mit allem Zubehör, 7 Holzhacken, 1 Kochtopf und 5 Werndl Gewehre. Von den letzteren ist es aber nicht erwiesen, ob sie in die Hände der Piraten fielen, da sie ebensogut im Wasser liegen geblieben sein konnten. Nach den Aussagen der Mannschaft wurden ungeachtet der Brustwehr viele Piraten getötet und verwundet, namentlich der früher genannte weißhaarige Anführer im 2. Fahrzeuge, welcher das Zielobjekt unserer Schützen war und mit Sicherheit als getödtet bezeichnet.

In See, am 10. Mai 1875, Josef Lehnert Linienschiffsleutnant.“

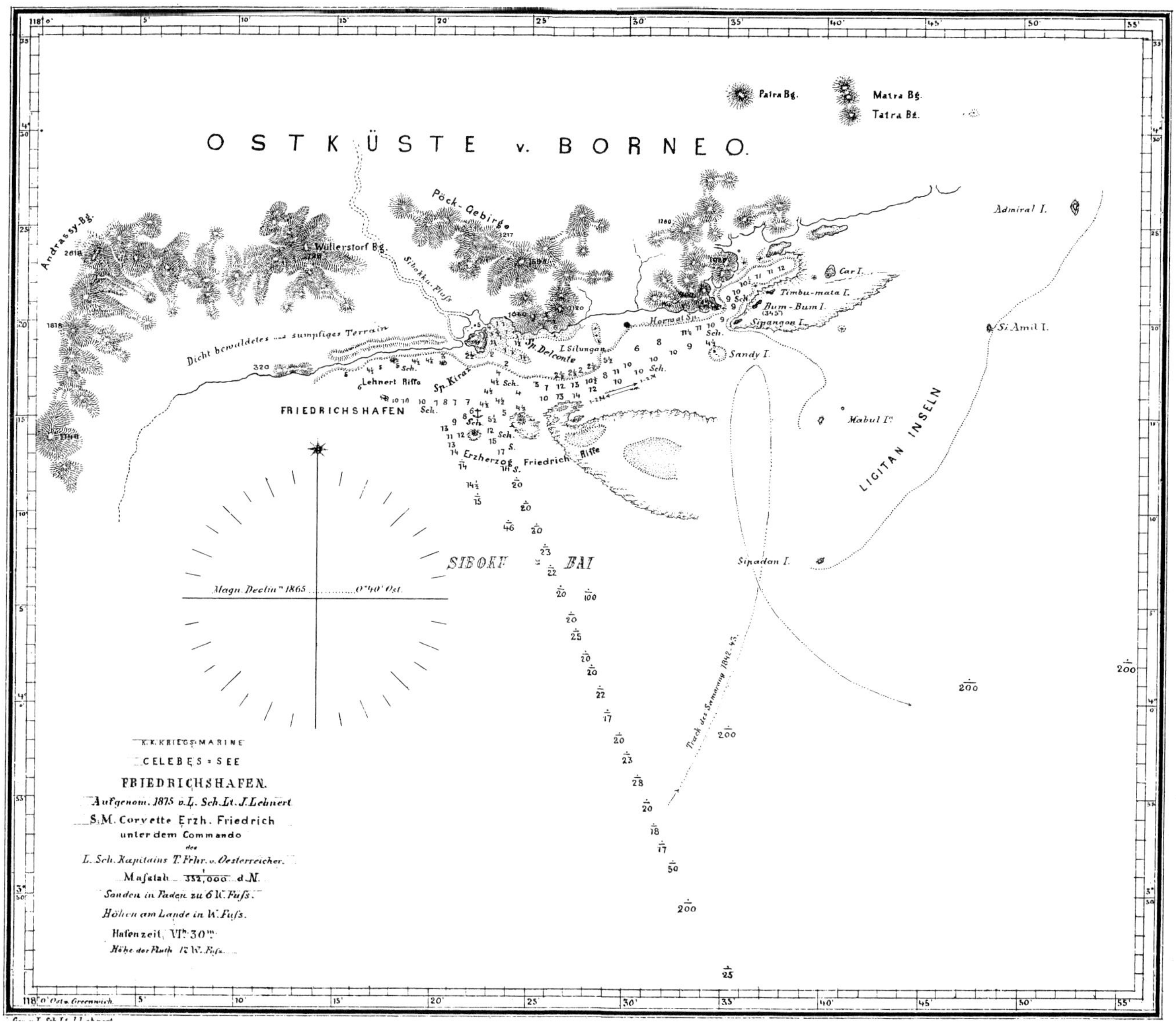

Karte der Ostküste von Borneo

Und so mußten die Totenscheine für den Matrosen Elias Delconte und den Matrosen Mathias Kiraz, beide aus Istrien, ausgestellt werden, ohne daß ihre Leichen, trotz wiederholten Suchens, gefunden und geborgen worden wären. Zur Erinnerung erhielten wenigstens zwei Landspitzen ihre Namen. Natürlich bemächtigten sich sofort nach dem Bekanntwerden der Tragödie in Europa die Zeitungen dieses Zwischenfalls. So erschien am 22. Juli 1875 in der „Neuen Freien Presse" ein Artikel unter dem Titel „Oesterreicher im Gefecht mit Piraten", in dem den kommandierenden Offizieren Nachlässigkeiten vorgeworfen wurden. Dieser Artikel veranlaßte den Kommandanten der FRIEDRICH, noch während der Weltumseglung, aus San Francisco am 23. Oktober schriftlich zu entgegnen. Sein Protest erschien dann am 20. November 1875 in der „Triester Zeitung". Es sollte nicht das letzte Mal sein, daß österreichische Matrosen im Dienste der Wissenschaft fielen.

Alle Bemühungen, der Piraten habhaft zu werden, blieben erfolglos, und so verließ die Korvette am 26. Mai die Gewässer von Borneo mit Kurs Singapore; 800 Seemeilen galt es mit reduzierten Lebensmitteln und Kohle zurückzulegen. Leider herrschte Windstille oder Gewitter mit Gegenwind, sodaß die FRIEDRICH kaum vorankam. Am fünfzehnten Tag lag die Korvette, wieder bei Windstille, noch immer 130 Seemeilen östlich von Singapore; der Brennstoff war aufgebraucht, und für 148 Mägen gab es nur mehr zwei Säcke Zwieback sowie ein halbes Fäßchen Salzfleisch zum Essen. So entschloß sich der Kommandant, alles entbehrliche brennbare Material im Kessel zu verfeuern; die Vorräte an geteerten Tauen, die Reservestengen, Spieren und Raaen, die Flurhölzer und Kisten sowie Fässer wanderten in den Maschinenraum. Die einst so stolze Korvette sah aus, als hätten Vandalen alles geplündert, was nicht niet- und nagelfest war. Der erzielte Kesseldruck reichte gerade aus, um am 11. Juni um 2 Uhr nachts den Ankerplatz von Singapore zu erreichen.

In Hinterindien und in China wurden verschiedene Häfen wie Jahore, Hongkong und die Mirsbay angelaufen. Nach Ergänzung der Materialvorräte, der Reparatur der Takelage sowie dem Ankauf eines neuen Seitenbootes kehrte das Schiff wieder an die japanische Küste nach Yokohama zurück. Vorher wurden noch ein Matrose und ein Heizer, die an anhaltendem Fieber erkrankt waren, ausgeschifft, um rasch nach Europa befördert zu werden. Am 7. August nachmittags ankerte die FRIEDRICH vor Yokohama. Hier erfuhr auch der Kommandant die weitere Reiseroute. Sie sollte über San Francisco nach Chile führen. Nach notwendig gewordenen neuerlichen Reparaturen an Takelage und Schiffskörper war die Korvette am 27. August wieder segelklar. Am 28. um 9 Uhr morgens setzte die FRIEDRICH am Großtop das 80 Meter lange Heimatwimpel, Zeichen der Heimreise nach einer langen Seekampagne. Das Hissen dieses Wimpels ist eigentlich ein englischer Brauch, FRIEDRICH war wohl das erste k. u. k. Schiff, das diesen übernahm. Mit Kurs Nordamerika dampfte die Korvette aus dem Hafen.

Am 26., nach einer fast fünfwöchigen Fahrt, ohne Land oder Schiffe gesehen zu haben, befand sich die FRIEDRICH noch immer 500 Meilen von San Francisco entfernt. Endlich, am 3. Oktober 1875, wurde das amerikanische Festland gesichtet und bei Nebel in den Hafen von San Francisco eingelaufen. Hier besuchten mehr als tausend Auslandsösterreicher das Kriegsschiff aus der fernen Heimat, einige Tage später arrangierte die österreichische Gesellschaft auch einen gelungenen Ball „zu Ehren der Offiziere und der Mannschaft der österreichischen Korvette FRIEDRICH“. Da wieder eine längere Seereise bevorstand, wurde fleißig Fleischproviant eingeschifft. In der Batterie und dem Vorkastell befanden sich 20 Ochsen und Kälber, 10 Schafe und 8 Schweine. Der aus Bambuskäfigen bestehende Hühnerstall beherbergte 120 Hühner, 36 Enten und 12 Truthühner. Die Futtervorräte aus gepreßtem Heu wurden dazwischen gelagert. Böse Zungen sprachen schon von der ARCHE NOAH, doch die FRIEDRICH ähnelte eher einem Auswandererschiff.

Am 30. Oktober wurden die Anker wieder einmal gelichtet, um nach 7734 Seemeilen und 60 Tagen auf See am 29. Dezember 1875 in die Reede von Valparaiso einzulaufen. Am 17. Jänner wurde Chile wieder verlassen und Kurs auf die Magellanstraße genommen, wo die Kor-

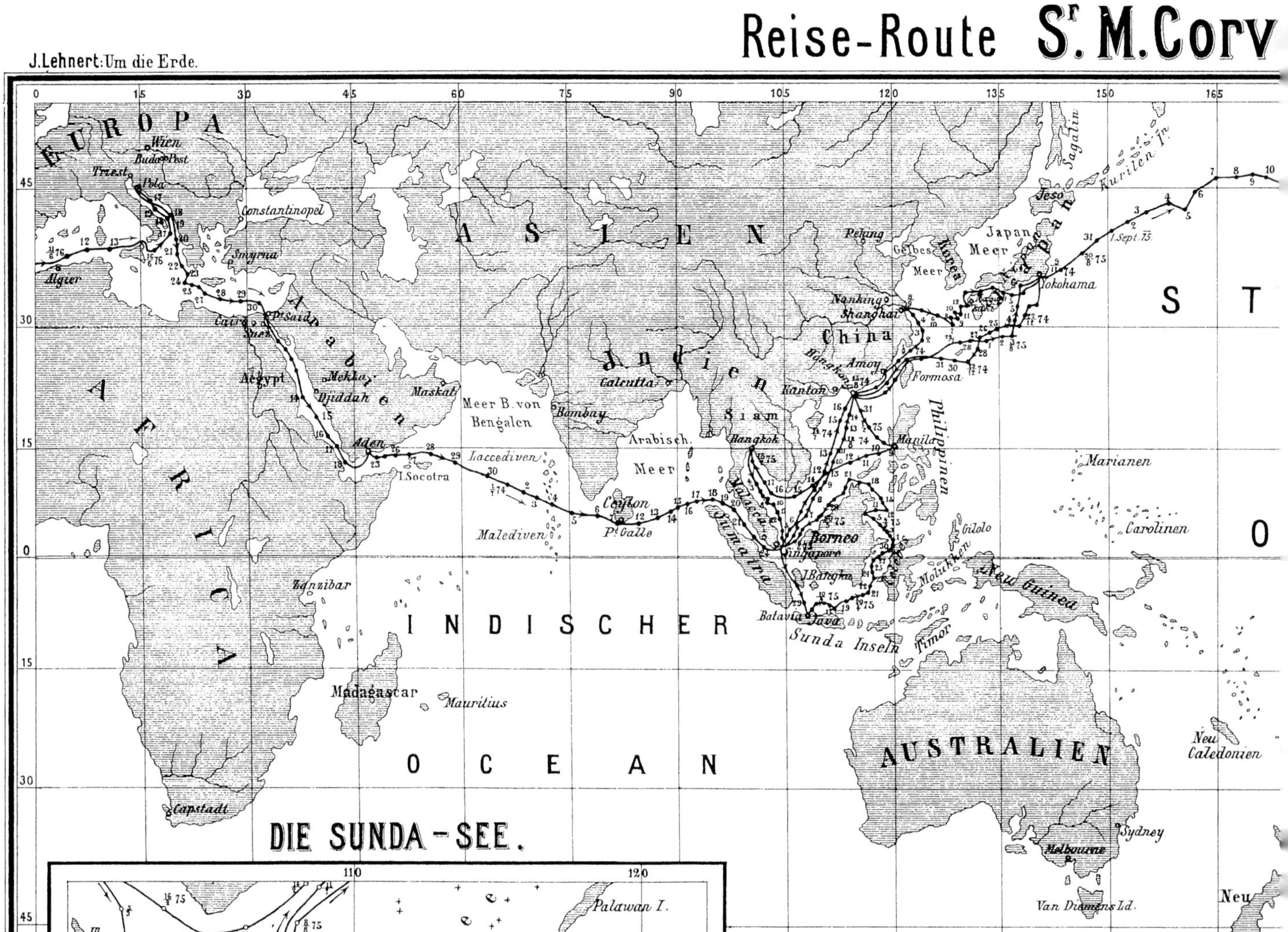
Reise-Route S.r M.Corv
J.Lehnert: Um die Erde.
EUROPA
ASIEN
AFRICA
Arabien
Indien
China
Japan
INDISCHER
OCEAN
AUSTRALIEN
Wien
Buda-Pest
Triest
Pola
Constantinopel
Smyrna
Algier
Cairo
Pt. Said
Suez
Aegypt
Mekka
Djiddah
Aden
Maskat
I. Socotra
Meer B. von Bengalen
Bombay
Arabisch. Meer
Laccediven
Malediven
Ceylon
Pt. Galle
Calcutta
Siam
Bangkok
Malacca
Sumatra
Singapore
Borneo
I. Bangka
Batavia
Java
Sunda Inseln
Timor
Kanton
Amoy
Formosa
Manila
Philippinen
Nanking
Shanghai
Peking
Gelbes Meer
Korea
Japan Meer
Nippon
Jeso
Sagalin
Kurilen I.
Yokohama
Marianen
Carolinen
Gilolo
Molukken
Neu Guinea
Zanzibar
Madagascar
Mauritius
Capstadt
Neu Caledonien
Sydney
Melbourne
Van Diemens Ld.
DIE SUNDA-SEE.
Palawan I.
Sulu See
China See
Mindanao
I. Banguai
Malludu Bai
Opak
Sandakan B.
Sulu I.
Labuan I.
Brunei
Natuna I.
Friedrichshafen
Celebes See
Sarawak
Sambas
Pontianak
Borneo
Aequator
Singapore
Johore
Malacca
Sumatra
Lingga I.
I. Bangka
Palembang
I. Billiton
Benkulen
Java See
Banjer-Massing
Passier
Kotei
Celebes
Laut I.
Str. v. Macassar
Macassar
Engano
Sunda Strasse
Batavia
Java
Samarang
Madura I.
Surabaja
Bali
Lombok
Sumbawa
Flores
Sandelholz I.
DAS JAPANISCHE
COREA
C. Clonard
Oki Insel
Nisino-sima
Nakano-sima
Okino-sima-mea
Kumodsu
Tottori
Tsuru-yama
Yetsu
Yosida
Misima
Tsus-sima I.
Str. Van der Capellen
COREA CANAL
Ila
Firando
Goto I.
Simonoseki
Kokura
NAGASAKI
Meac-sima I.
Tadotsu
Takamatsu
Asi-suri-nomi-saki
Bungo Canal
Kiusiu
Sikok
Lith. geogr. Inst. v. F. Köke. Wien.
Verlag v. Alfred Hölder, k.k

e„Friedrich" 1874–1876.

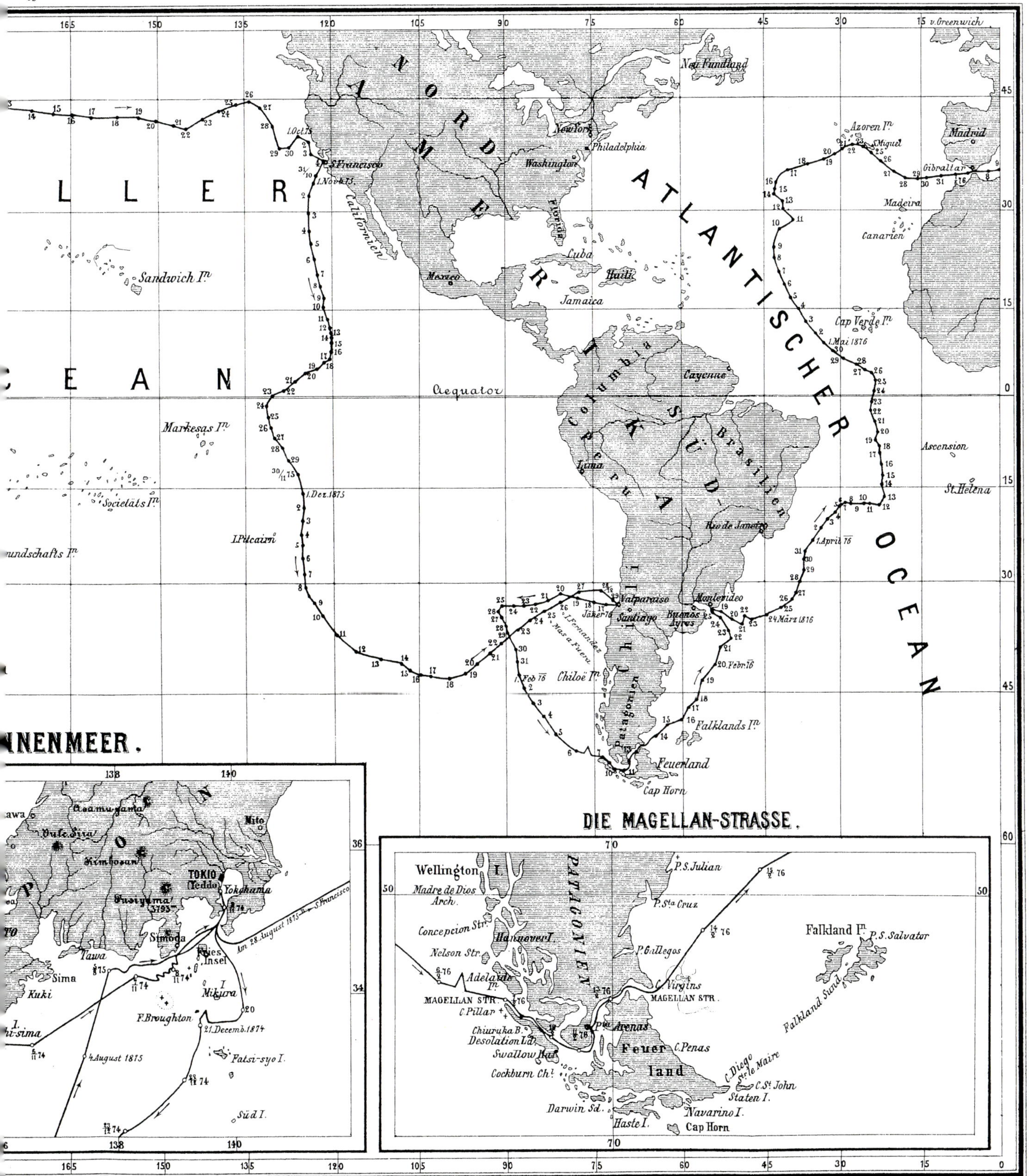

versitäts Buchhändler in Wien

Gez. v. Treudl.

vette am 6. Februar 1876 einen heftigen Sturm mit schwerem Hagel und Schneeböen überstehen mußte. An diesem Tag wurden 660 Hektoliter Sodawasser ausgepumpt. Kein Wunder, daß das Gebiet bei Kap Horn die „Schule der Seeleute" genannt wird. In der Magellanstraße wurden die Häfen Nassau (vom 7.–10. Februar), Swallow (vom 10.–11. Februar) und Punta Arenas (vom 11.–13. Februar) angelaufen. Von Punta Arenas, das um 4 Uhr morgens verlassen wurde, segelte die Korvette in den Atlantischen Ozean, und bei günstiger Brise erreichte die FRIEDRICH zehn Tage später die Mündung des La-Plata-Stromes, wo sie am 25. Februar nachmittags auf der Reede von Montevideo vor Anker ging. Vor der Weiterreise mußte noch Linienschiffsleutnant Treipl wegen einer hartnäckigen Augenerkrankung ausgeschifft werden – er genas und kehrte zwei Monate später nach Europa zurück –, so konnten am 18. März die Anker wieder gelichtet werden – diesmal mit Kurs auf die Azoren. Noch einmal ist der Stille Ozean auf dieser Erdumseglung zu überqueren. Laut Reiseorder hätte noch Rio de Janeiro angelaufen werden müssen; da aber dort das gelbe Fieber grassierte, riet die befragte österreichisch-ungarische Gesandtschaft von einem Besuche ab. Nach 63 Tagen in See wurde die Insel San Miguel zur Ergänzung der Kohlenvorräte angelaufen. Nach der Übernahme von 100 Tonnen Steinkohle verließ die FRIEDRICH am 25. Mai die Azoreninsel, um am Morgen des 3. Juni nach der nächtlichen Passierung der Meerenge auf der Reede von Gibraltar zu ankern. Bevor die Korvette die heimische Adria erreichte, mußte noch in Algier und Palermo der Kohlenvorrat ergänzt werden. Am 17. Juni kreuzte die FRIEDRICH auf der Höhe der Insel Korfu jene Kurslinie, auf der sie zu Reisebeginn südwärts gesegelt war – dadurch war die Weltumseglung vollendet. Am 21. Juni 1876 lief die Korvette (38.000 Seemeilen unter Segel und 10.000 Seemeilen unter Dampf bei 438 Tagen in See hatte sie bewältigt) in den Hauptkriegshafen der Donaumonarchie unter großem Jubel ein. Tobias von Österreicher, der Kommandant, schreibt in seinen Reiseerlebnissen „Aus fernem Osten und Westen" als Abschluß: „Gerne erwähne ich die musterhafte Aufführung der braven Bemannung in zwei Jahren einer harten, oft mühevollen Schiffahrt so gleichmüthig ausgehalten, so trefflich sich bewährt hat. Dank einer robusten Constitution und einer durchgehenden, bei den Seeleuten anderer Nationen nicht immer vorhandenen Mäßigkeit, wurden die Wechsel der Klimate mit außerordentlicher Leichtigkeit ertragen; bis auf die drei Mann, welche eines gewaltsamen oder unglücklichen Todes gestorben, und vier anderen, welche den Verlockungen der Seelenfänger Californiens nicht widerstehen konnten, kehrten Alle heim zu den Ihrigen, um von den besuchten Ländern zu erzählen."

War diese Reise nicht eben unter einem guten Stern gestanden, so sollte die Missionsfahrt des Kanonenbootes ALBATROS zu den Salomonen-Inseln noch blutiger enden. Im letzten Jahrzehnt des 19. Jahrhunderts hatte die k. k. Akademie der Wissenschaften in Wien angeregt, zusammen mit der Kriegsmarine die melanesische Inselwelt wissenschaftlich zu untersuchen. Die geplanten Untersuchungen reichten von meteorologischen, klimatologischen, geologischen und magnetischen Beobachtungen über die Messung der Erdschwere bis hin zum

Kanonenboot ALBATROS (570 t) in Pola

Sammeln von naturwissenschaftlichem, ethnologischem und anthropologischem Material. Wertvolle Vorarbeiten dafür hatten ja bereits die Korvetten SAIDA und FASANA während ihrer Fahrten geleistet. Der wahre Grund aber wurde geheimgehalten: Die Wissenschaftler hofften, in Melanesien abbauwürdige Nickelerzlager auffinden zu können. Unter dem Kommando von Fregattenkapitän Moritz Sachs war schon die Korvette SAIDA in den Jahren von 1892 bis 1894 in Australien, China und Japan auf der Suche nach solchen Erzen unterwegs gewesen. Auch die Reise der FASANA nach Indien und Australien in den Jahren 1893 bis 1895, unter dem Kommando von Fregattenkapitän Karl Edler von Adamovic, galt dem Nickelerz. Den wissenschaftlich interessantesten Teil dieser Reise bildete die fast zweimonatige Kreuzung im nordwestlichen Teil des Salomon- und Bismarckarchipels. Dabei wurden an die zwanzig Häfen und Ankerplätze angelaufen und untersucht, wobei zwei bis dahin unbekannte Plätze den Namen „Fasana Hafen" und „Paula Hafen" erhielten. Mit wichtigen Daten war die FASANA nach 28.900 Seemeilen am 5. März 1895 wieder nach Pola zurückgekehrt.

Um diese begonnenen Forschungsarbeiten fortsetzen zu können – vor allem die genaue Untersuchung der Salomonen –, bestimmte zu Jahresbeginn 1895 die Marineleitung S.M.S. ALBATROS zur Entsendung in die Südsee. Kaiser Franz Josef hatte rasch zugestimmt, und gleich begannen im Polesaner Seearsenal die notwendigen Ausrüstungsarbeiten für die Reise in die Tropen. Die wissenschaftliche Leitung wurde dem Chefgeologen der k. k. Geologischen Reichsanstalt, Heinrich Freiherr von Foullon-Norbeeck, übertragen. Ihm war das Ziel der Reise nicht mehr unbekannt, hatte er doch schon während der

SAIDA-Mission einige Punkte der Neuen Hebriden und der Salomonen untersucht. Außerdem war Foullon ein besonderer Vertrauter der Firma Arthur Krupp im niederösterreichischen Berndorf. Krupp war am Ergebnis der geologischen Untersuchung sehr interessiert und dachte bei geeigneten Nickelerzvorkommen sogar an einen Landkauf. Da diese Reise 18 Monate dauern sollte, kam der Geologe erst in Sydney an Bord.

Korvettenkapitän Josef Mauler von Elisenau, der Kommandant des Kanonenbootes ALBATROS

Das Kanonenboot ALBATROS war am 22. November 1873 in Pola vom Stapel gelaufen, es verfügte mit einer Länge von 46 Metern und einer Breite von 3,2 Metern über eine Verdrängung von 570 Tonnen, war aus Holz gebaut, eine Hilfsdampfmaschine verlieh dem Schiff eine Geschwindigkeit von 9,8 Knoten. S.M.S. ALBATROS war als Barkschoner getakelt und für eine Besatzung von 117 Mann vorgesehen. Da dieser Schiffstyp sich für Missionsreisen in die Tropen nicht eben eignete, mußten Veränderungen und Umbauten vorgenommen werden. Um größere Vorratsmengen unterzubringen, mußte das Gewicht des Schiffes verringert werden. Das erreichte man durch Ausbau der beiden 15-cm-„Wahrendorff"-Geschütze samt Munition und ihren Ersatz durch leichtere „Mitrailleusen" (Maschinengewehre). Sogar eine Eiskammer, in der Eisblöcke für niedrige Temperaturen sorgen sollten, konnte nun in einem ehemaligen Granatendepot eingebaut werden. Die zur Herstellung der Eisblöcke notwendige Eismaschine und die Benzinbarkasse statt des Kutters gehörten schon fast zur Luxusausrüstung. Durch die Vergrößerung des Wohnraumes wurden alle Instrumente, die (bis auf den Fotoapparat) vom Hydrographischen Amt der Kriegsmarine zur Verfügung gestellt wurden, passend untergebracht. Auch die Zelte für das Landungsdetachement, der Vorrat von Schwefelsäure zur Eiserzeugung sowie der Treibstoff für die Barkasse fanden noch Platz. Die Schiffsbesatzung bestand aus 114 Mann: Korvettenkapitän Josef Ritter von Mauler hatte das Kommando, Linienschiffsleutnant Ferdinand Bublay war Gesamtdetailoffizier, ihnen zur Seite standen die Linienschiffsleutnants Nikolaus Michieli von Vitturi, Gustav Ritter von Nauta, Franz Budik und Ferdinand Schramm, Fregattenarzt Dr. Constantin Hiersche, Marinekommissariats-Adjunkt Franz Weber, Maschinenleiter Julius Schua und die Seekadetten Karl Novoszad, Maximilian Rosen, Friedrich Hauer, Armand de Beaufort und Emanuel Dworski.

Am 2. Oktober 1895 lief, mit Proviant und Brennstoff wohl versehen und mit den besten Wünschen ausgestattet, S.M.S. ALBATROS aus Pola aus. Die Reiseinstruktionen befahlen, vor allem die Segel zu benutzen, und gaben auch genau den Kurs vor: Der von November bis März wehende Monsun sollte zur Überquerung der Arabischen See nach Ceylon und des Bengalischen Golfes zur Malacca-Straße genützt werden. Von dort hatte die Reise durch die Karimata-Sraße, die Sunda-, Flores- und Arafura-See zur Torres-Straße unter der Ausnützung des Monsuns aus Nordwest zu erfolgen; dann weiter längs der Nord- und Ostseeküste Australiens nach Sydney. Schlechte Windverhältnisse und dadurch bedingter erhöhter Kohlenverbrauch, der das Anlaufen von nicht vorgesehenen Häfen zur Brennstoffergänzung zur Folge hatte, verzögerten den vorgesehenen Reiseplan. Die Dampfmaschinen wurden nämlich nur bei ungünstigen Windverhältnissen in Betrieb genommen. Die Aufenthaltsdauer in den einzelnen Häfen war deshalb viel kürzer als gedacht. Am Morgen des 5. April 1896 rasselten im Hafen von Sidney die Anker des ALBATROS. Einige Tage später trafen auch der Geologe Foullon und seine Mitarbeiter in Sidney ein, um sich auf dem Kanonenboot einzuschiffen. Mit Hilfe des k. u. k. Konsuls Julius Mergell wurden der Proviant- und der Brennstoffnachschub schnell und reibungslos durchgeführt. Am 9. April ereignete sich ein weiterer Zwischenfall, in dem die abergläubischen Matrosen ein böses Vorzeichen sahen: Beim Auftanken des Motorbootes erfolgte durch Selbstentzündung eine Explosion, durch die das Boot sowie die umliegende Wasserfläche mit brennendem Benzin überschüttet wurden. Die fünf Mann der Besatzung konnten sich nur durch Überbordspringen retten, während die Barkasse gänzlich verbrannte. Erst nach Anfertigung eines neuen Beibootes konnten am 9. Mai die Anker gelichtet werden, um das eigentliche Zielgebiet, die Salomonen, zu erreichen. Am 24. Mai morgens erreichte ALBATROS, unter Dampf fahrend, die Insel Guadalcanar und ging in der Thousand-Ships-Bai vor Anker. Die zum Archipel gehörenden Inseln St. Georg, Isabell und Savo wurden zunächst wissenschaftlich erforscht, wobei beim Befahren dieser Gewässer wegen der lückenhaften Unterlagen bei der Navigation größte Vorsicht geboten war. Ein fünftägiger Aufenthalt auf der Reede von Cockatoo wurde zur Ausbildung der Mannschaft für die bevorstehende Expedition genutzt: Geübt wurden das Anlegen von Lagerplätzen und das Aufstellen der Zelte. Ein solches Lager bestand aus einem Offizierszelt, zwei Mannschaftszelten und einem Proviantzelt. Die Feuerstelle bestand aus einem Laubdach und darunter liegenden Steinen. Rund um das Lager wurden mit Lianen verknüpfte Baumstämme als Befestigung in den Boden gerammt. Die mitgeführte Ausrüstung wurde bei Streifzügen in die Umgebung erprobt. 20 bis 30 Mann bildeten eine solche Landungsabteilung, die Matrosen waren mit Mannlicher-Gewehren, die Offiziere, der Hornist und der Sanitätsmatrose mit Revolvern bewaffnet. Außerdem führte jeder noch einen Standhauer mit sich, um sich den Weg frei zu schlagen. Lagerausrüstung, Proviant, Sanitätsmaterial, Chinin, Rum – alles wurde zu gleichen Teilen als Traglast ausnahmslos auf alle verteilt. Jeder Mann hatte insgesamt 20 kg zu tragen, einschließlich des Proviants für neun Tage, aus Gulaschkonserven, Reis, Zwieback, Wein und Tee, alles in Blechdosen verlötet, bestehend. Zu dieser Abteilung gehörten auch der Geologe und seine beiden Gehilfen.

Die normierte Tropenadjustierung der Marine erwies sich bald als wenig zweckmäßig für den Gebrauch im Urwald: Als sehr hinderlich stellten sich schnell die Tropenhelme und die Gamaschen heraus. Sie wurden gegen weiße Kappenüberzüge aus Leinen und ein Band, mit dem die Hosen unten festgebunden wurden, ausgetauscht. Auch die Leinenhemden, der „Halsflor“ und die Unterhosen fielen der allgemeinen Marscherleichterung zum Opfer, Sommerleibchen und Leinenjacken waren ausreichend. Da den dort niedergehenden Regenmengen kein „waterproof“ widersteht, trugen die Männer auch kaum brauchbare Schuhe: Das übliche lederne Schuhwerk bewährte sich jedenfalls nicht – am praktischsten schienen noch Leinenschuhe

Oberbootsmann und niederer Unteroffizier in Tropenadjustierung

mit Gummisohlen zu sein. Reich an neuen Erfahrungen und nicht gänzlich unvorbereitet (man wußte ja, im Gebiet der Kopfjäger zu sein), steuerte ALBATROS die Häfen Tetere und Gora auf Guadalcanar an, um am 6. August 1896 den Lions Head zu erforschen.

Entnehmen wir die folgenschweren Ereignisse wiederum den Akten des Marinearchivs, einem Bericht des Linienschiffsfähnrichs Budik: „Gora, am 14. August 1896. Im Nachstehenden unterbreite ich dem k. u. k. Commando S. M. Schiffes ‚Albatros' den Bericht über die wissenschaftliche Expedition vom 6ten bis 13ten August l.J. und die derselben folgenden Ereignisse.

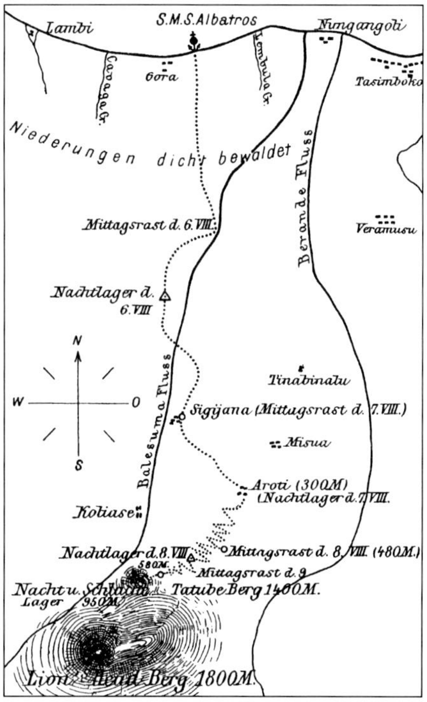

Wegskizze der Expedition von S. M. Schiff ALBATROS auf den Lion's Head

Abgang der wissenschaftlichen Expedition auf den Lions Head. Am 6ten August 7h 30m a.m. verließ die meinem Befehle unterstellte Expedition bestehend aus 26 Personen (Freiherr von Foullon, die Seekadetten 2. Kl. Armand de Beaufort und Max Rosen, 5 Unteroffiziere, 16 Matrosen und 2 dem Herrn Baron zugeteilte Zivilisten) das Schiff. Vier Eingeborene von der Küste leisteten Führerdienste.

Zweck der Expedition war, durch die, dem bedeutenden Gebirgszug vorgelagerte Ebene marschierend, das Hochland und in diesem den circa 5500 Fuß hohen Lions Head zu erforschen. Die Dauer dieser Expedition war, mangels zuverlässiger Karten und sonstiger Befehle, wie immer bisher bei allen Expeditionen auch nicht annähernd festzusetzen und mußte die tägliche Marschdauer von den sich ergebenden Faktoren abhängig gemacht werden.

Der wissenschaftliche Leiter der Expedition Heinrich Freiherr Foullon von Norbeeck beabsichtigte am nächsten Tage den Aufstieg derart zu regulieren, daß er am Abend wieder ins Lager zurückkehre. (Das Lager befand sich in einer Seehöhe von 950 Metern, nach einer Marschleistung von ungefähr 7 deutschen Meilen). Die Zelte wurden aufgeschlagen und die Mannschaft in 2 Gruppen zum Holz- und Wassermachen beordert. Kurz nach unserem Anlangen erhallten auf den umliegenden Berglehnen und in den Tälern Rufe, welche Freiherr von Foullon damit erklären wollte, daß es Avisos seien, um die Weiber der Eingeborenen vor uns in Sicherheit zu bringen. (Es gelang auch Kontakt mit den Eingeborenen aufzunehmen, da sie einen Weg auf den Gipfel wußten, wurden drei als Führer für den nächsten Tag bestellt). Die Nacht war vollkommen ruhig. Auf den Berglehnen brannten einige Feuer. Nach dem Auspurren (5 h am.) wurde Wasser geholt und abgekocht. Ich rüstete mich mit meiner Mannschaft zum Aufstieg. Die fünf Mann hatten Mannlichergewehre mit je 40 Patronen, ich einen Bors-Revolver mit 6 Schuß. Die übrige Mannschaft (8 Mann und 3 Eingeborene von der Küste) unter dem Kommando des k. u. k. Seekadetten A. de Beaufort hatte bis zu unserer Rückkehr das Lager zu bewachen.

Kurz nach Sonnenaufgang kamen die drei bestellten Führer, nur mit Bergstöcken ausgerüstet ins Lager; ihnen folgten noch 4–5 kleine Buben mit einigen Bananen. Marschordnung während des Aufstieges: Ein Führer (Bushman), Nickel, Freiherr von Foullon, Krausz, meine Mannschaft (5 Mann) und ich als letzter, gefolgt von den zwei übrigen Führern (Bushmen). Ich marschierte als letzter, damit die Leute stets anschlossen und weil ich einen eventuellen Angriff nur von rückwärts für wahrscheinlich hielt. Aus den Gebüschen stießen immer wieder neue Eingeborene zur Gruppe, wobei die ältesten mit Tomahavks bewaffnet waren. Der Herr Baron meinte, sie hätten vor uns große Angst und würden erschienen sein, um ihre drei Kameraden zu begleiten, welche Annahme mir nicht unrichtig schien. Nach ungefähr 3/4 Stunden kamen wir in einen zwischen zwei Bergrücken liegenden Steingraben. Wir waren zur Zeit von circa 20 Eingeborenen begleitet.

Ehemalige Kopfjäger auf den Salomon-Inseln

Im Graben angelangt ließ ich ‚halt' machen und gestattete der Mannschaft den Durst zu löschen und sodann die Feldflaschen zu füllen. Während dieser eingetretenen Marschpause kam zu mir ein Eingeborener, in vorgerückten Jahren, mit einer mächtigen Keule und wollte mir dieselbe, indem er auf meinen Revolver deutet, zum Tausche anbieten. Ich wies ihn zurück. Freiherr von Foullon stellte inzwischen ein kleines Taschen-Höhenmeß-Barometer ein und sagte zu mir: ‚Herr Schiffsfähnrich wir sind seit dem Lager 90 Meter gestiegen und befinden uns daher auf 1040 Meter.'

Als mir Krausz meine frischgefüllte Feldflasche brachte, hängte ich selbe an meinen Leibriemen, zugleich machte ich meine Waffe am Riemen zurecht. Da kam der Wilde mit der Keule nochmals zu mir und bat mich ihm die Waffe zu zeigen. Ich tat dies und wollte gerade den Revolver versorgen, als unten im Lager zwei Schüsse abgegeben wurden. Kurz vorher erschien auf der zu besteigenden Lehne ein reich geschmückter Bushman und stieß eilig zu uns. (Dieser scheint, wie ich nachträglich schließen konnte, das Zeichen zum allgemeinen Überfall gegeben zu haben.) Dann waren die beiden oben erwähnten Schüsse gefallen, als aus dem Gebüsche noch mehrere Wilde hervorsprangen und mit Tomahavks auf unsere Köpfe losgingen.

Auf mich kamen zwei Mann, der eine mit der schon erwähnten Keule und ein Bursche mit einer Hacke. Ich hatte meinen Revolver noch nicht zur Hälfte in der Tasche, als der Mann mit der Keule ausholte, um mich mit seiner gewichtigen Waffe niederzuhauen. Ich schoß und der Mann fiel sofort todt zusammen – die Keule streifte meine linke Schulter. Während sich dieser Angriff an mich abspielte, waren auch Freiherr von Foullon, Marsgast Maras und Matrose Lovric verwundet worden; nur der Marsgast Skoda und die Matrosen Car und Babic gingen leer aus, weil sie sich momentan in Deckung der Verwundeten befanden und Krausz, weil er einem, ihn mit Tomahavk bedrohenden Wilden rechtzeitig in den Arm fiel. Kaum war mein Schuß gefallen, ergriffen die meisten Wilden die Flucht und die Mannschaft eröffnete das Gewehrfeuer. Nachdem ich vorerst den Angreifer des zusammengestürzten Marsgasten Maras erschossen hatte, sprang ich zum Frh. von Foullon. Dieser stand an einen Felsblock gelehnt und hielt sich den Nacken. Während ich nun dem Freiherrn von Foullon den Nothverband anlegte, unterhielten die Leute (auch die Verwundeten) ein wohlgezieltes Feuer auf die fliehenden. Alles was sich im Busche rührte wurde niedergemacht. Die Verluste an Seite des Feindes müssen sehr große gewesen sein (jedenfalls über 20 Todte).

Freiherr von Foullon hatte eine klaffende Wunde im Genick und die rechte Schulter schwer verletzt. Marsgast Maras hatte eine schwere Stirnwunde mit Austritt des Gehirnes; Matrose Lovric eine Lappenwunde am Hinterkopfe. Diener Nickel war leicht verwundet worden. Ein gewaltiger Tomahavk-Hieb, welcher durch den gefüllten Rucksack ging verletzte leicht dessen Rückgrat. Ich, die übrigen drei Mann und Krausz blieben unverletzt. Nachdem ich die Nothverbände angelegt hatte, trat ich sofort den Rückmarsch ins Lager an. Den bereits erwähnten zwei Schüssen im Lager, folgten noch mehrere. Während des circa einstündigen Rückmarsches in das Lager, hielten sich die Schwerverwundeten auf ganz außergewöhnliche Weise standhaft.

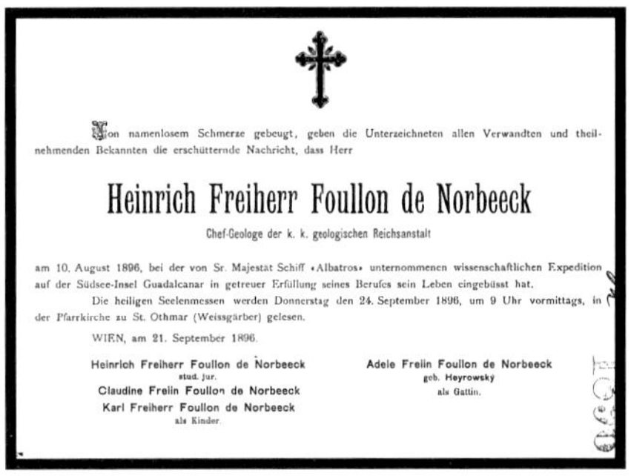

Von namenlosem Schmerze gebeugt, geben die Unterzeichneten allen Verwandten und theilnehmenden Bekannten die erschütternde Nachricht, dass Herr

Heinrich Freiherr Foullon de Norbeeck

Chef-Geologe der k. k. geologischen Reichsanstalt

am 10. August 1896, bei der von Sr. Majestät Schiff »Albatros« unternommenen wissenschaftlichen Expedition auf der Südsee-Insel Guadalcanar in getreuer Erfüllung seines Berufes sein Leben eingebüsst hat.

Die heiligen Seelenmessen werden Donnerstag den 24. September 1896, um 9 Uhr vormittags, in der Pfarrkirche zu St. Othmar (Weissgärber) gelesen.

WIEN, am 21. September 1896.

Heinrich Freiherr Foullon de Norbeeck
stud. jur.
Claudine Freiin Foullon de Norbeeck
Karl Freiherr Foullon de Norbeeck
als Kinder.

Adele Freiin Foullon de Norbeeck
geb. Heyrowský
als Gattin.

Todesanzeige von Heinrich Freiherr Foullon de Norbeeck

Im Lager angelangt fand ich den Seekadetten de Beaufort, Sanitätsmatrose Dokovic; Matrosen Chaloupka und einen Führer von der Küste todt. Waffenmaat Neupor, Marsgasten Curcic und Kovacevic und Matrosen Sepcic schwer verwundet, – daher im Ganzen nur zwei Unverletzte. Inzwischen hörte man im Tale die Kriegstrommel schlagen – die Eingeborenen sammelten sich.

Der Vorgang im Lager, soweit ich nach den Aussagen der am Kampfe beteiligt gewesenen Mannschaftspersonen, am Platze selbst erheben konnte, war folgender: Die Gewehre waren in Pyramiden angesetzt und geladen. Die mit Revolver beteilten drei Mann hatten denselben umgeschnallt. Die Mannschaft saß in zwei Gruppen in der Nähe der beiden Lagerfeuer und frühstückte, wobei kleinere Gruppen von Eingeborenen herumstanden. Seekadett Beaufort befand sich in der nächsten Nähe der Zelte. Plötzlich erschienen ganze Massen von Eingeborenen und überfielen das Lager. Diejenigen Leute, welche nicht sofort niedergeschlagen worden sind sprangen zu ihren Gewehren, worauf sich förmlich kleine Einzelkämpfe abspielten, denen Seekadett Beaufort, Sanitätsmatrose Dokovic und Matrose Chaloupka zum Opfer fielen.

Um 10h 20m am., das ist circa 1 1/2 Stunden nach seiner Verwundung, verschied Freiherr von Foullon unerwartet in meinen Armen, unter dem Stabszelte, woselbst ich ihn in eine Bodendecke gehüllt bestattete. An eine regelrechte Bestattung der Gefallenen war nicht zu denken, weil der Grund vornehmlich aus hartem Fels bestand und ich über keinerlei geeignetes Werkzeug verfügte. Die Abtransportierung der Gefallenen, etwa an die Küste, war nicht möglich, weil ich die mir verbleibenden, geringen Kräfte zum Transport der Schwerverwundeten aufbieten mußte, wozu ich auch die Bodendecken der Zelte reservierte. ...“

Nachdem die nebeneinander gebetteten Toten mit Zeltbahnen, Laub und Zweigen bedeckt wurden (die Überlebenden erwarteten, eine Abteilung des Kanonenbootes würde die Gefallenen holen, um sie nach alter Marinetradition in See zu bestatten) und die Verwundeten versorgt waren, begann unter größten Schwierigkeiten der Rückmarsch. Nach einem weiteren Nachtlager erreichte der Rest der Expedition total erschöpft die Küste. Dort wurde noch einmal übernachtet, und bei Tagesanbruch entschloß sich Schiffsfähnrich Budik, den Häuptling Jonni Paramatta, der selbst verwundet war, mit einer schriftlichen Botschaft zum ALBATROS zu senden. Nachmittags um 3 Uhr konnte er völlig ausgepumpt dem Schiffskommandanten die Schrekkensnachricht übergeben. Dann brach der Unglücksbote erschöpft zusammen. Der ALBATROS-Kommandant reagierte schnell: Eine Abteilung von 30 Mann unter dem Kommando von Linienschiffsleutnant Ferdinand Bublay ging unverzüglich an Land und erreichte in einem Gewaltmarsch noch vor Mitternacht das Lager der Verwundeten. Der ebenfalls mitgekommene Schiffsarzt Constantin Hiersche machte sich sofort an die weitere Versorgung der Verletzten. Hauptaugenmerk galt nun ihrem Rücktransport zum Schiff, wo der Raum unter dem Vorkastell rasch als Spital eingerichtet worden war. Dann machte sich das Detachement daran, die am Berge Tatube zurückgelassenen Toten zu bergen. Leider mißlang dieser Auftrag, die Stätten der blutigen Auseinandersetzung konnten trotz größter Bemühungen nicht mehr gefunden werden. Erschöpft mußten Linienschiffsleutnant Bublay und seine Matrosen unverrichteter Dinge umkehren; am 15. August nachmittags trafen sie auf dem ALBATROS ein. Diesen Verlauf halten jedenfalls die offiziellen Berichte fest. Aber in den Familien der Überlebenden halten sich hartnäckig Gerüchte, die Leichen seien schon für den Verzehr mit Gewürzen bedeckt und gargekocht aufgefunden worden. Diese Wahrheit sei aber den Angehörigen einfach nicht zumutbar gewesen.

Auch in manchen Presseberichten über das tragische Ende der Expedition finden sich bis in die Zwischenkriegszeit noch solche Behauptungen, aber trotz intensiven Studiums der Akten und Berichte im Marinearchiv in Wien konnte bis jetzt keines dieser Gerüchte bestätigt werden. Damals jedenfalls machte der Überfall von Menschenfressern auf österreichische Matrosen in der Heimat Schlagzeilen, die spärlichen Einzelheiten belebten die Phantasie der Redakteure. So meldete die „Neue Freie Presse“ am Montag, dem 30. November 1896, im „Bericht von Augenzeugen über die Katastrophe des Albatros“ unter anderem: „... Da wurde er (Seekadett de Beaufort) von einem Busch-

Südseeinsulaner an Bord

mann, wie es schien, einem Häuptling, von vorne gefaßt und festgehalten, während von rückwärts ihm zwei Wilde durch Tomahawkhiebe den Kopf zerschmetterten. Hierauf schlitzte ihm der Häuptling mit einem Messer die Brust auf, warf sich dann über die Leiche und schlürfte das aus der klaffenden Wunde strömende Blut. Dabei wurde er aber von einem der Matrosen durch einen Revolverschuß getödtet ..."

Kurz nach der Tragödie verließ das Kanonenboot die Reede von Gora, um nach dem Marau-Sund zu segeln. In dieser geschützten Bucht wollte man die Genesung der Verwundeten abwarten. Bis auf den schwer verletzten Marsgast Maras – er starb im englischen Militärspital von Cooktown – wurden alle wieder gesund. Während einer angeordneten mehrwöchigen Erholungspause in Sydney wurde der unglückselige Kommandant Fregattenkapitän von Mauler zur persönlichen Berichterstattung zum Kaiser nach Wien befohlen. Dann kehrte Kanonenboot ALBATROS am 7. März 1898 nach Pola zurück. Die wissenschaftliche Ausbeute konnte sich dennoch sehen lassen.

Die Marinekirche „Madonna del Mare" in Pola. In der Unterkirche befinden sich noch heute die beiden Gedenktafeln für den Geologen Heinrich Foullon von Norbeeck und den Seekadetten Armand de Beaufort.

Offiziere und Mannschaft des ALBATROS wurden in Anerkennung des tapferen und vorzüglichen Verhaltens während des „meuchlerischen Überfalls" vom Kaiser belobigt und ausgezeichnet. Zur Erinnerung an dieses tragische Ereignis befinden sich noch heute in Pola in der Krypta der Marinekirche „Madonna del Mare" zwei Gedenktafeln. Und 1900 wurde ein 3 Meter hohes Kreuz aus Porphyr angefertigt, das der Kreuzer LEOPARD nach Guadalcanar brachte. Dieses graublaue Kreuz steht, damals von der See aus sichtbar, auch heute noch am östlichen Ende des Dorfes Tetere, innerhalb einer eisernen

Gitterumfriedung. Während einer kleinen Zeremonie wurde dieses Kreuz am 9. Februar 1901 aufgestellt und dem Häuptling Saki von Tetere zur Obhut und Pflege übergeben. Die Inschrift lautet:

Dem Andenken
Der im Dienste der Wissenschaft beim Kampfe
am Fuße des Berges Tatube heldenmüthig gefallenen Mitglieder der Expedition S.M.Schiffes
ALBATROS
von der k. u. k. Kriegs-Marine.
1896.
Heinrich Freiherr Foullon von Norbeeck,
Chef-Geologe.
Armand de Beaufort, k.u.k.See-Cadett.
Marsgast Peter Maras.
Matrose Jacob Dokovic.
Matrose Gustav Chaloupka.

Das Kreuz auf Guadalcanar hat die schweren Kämpfe des Zweiten Weltkrieges fast unbeschädigt überstanden und wurde erst vor kurzem mit privater österreichischer Hilfe gereinigt und durch einen Zeitungsartikel der interessierten Öffentlichkeit wieder in Erinnerung gebracht.

Das Kreuz auf Guadalcanar. Dieses drei Meter hohe, graublaue Porphyrkreuz wurde 1901 in der Nähe des Dorfes Tetere zur Erinnerung an die ALBATROS-Mission errichtet.

Kreuzer PANTHER (1530 t) in Pola

Eine der letzten erfolgreichen Auslandsreisen mit wirtschaftspolitischem Hintergrund im Auftrag des alten Österreich war die Mission des kleinen Kreuzers PANTHER nach Abessinien, in den Jahren 1905 bis 1906. Auf Initiative des ungarischen Kaufmannes A. Szel, der auf eigene Kosten in der Hauptstadt Addis Abeba nachforschen und die erhaltenen Eindrücke und Daten in einem Memorandum festhalten ließ, beschloß der Minister des Äußeren, Graf Goluchowski, den Vorschlag zu fördern, mit Abessinien offizielle Beziehungen anzuknüpfen. Die Kriegsmarine stellte dafür den kleinen Kreuzer PANTHER (1530 t) in Dienst. S.M.S. PANTHER war am 13. Juni 1885 bei der englischen

Kreuzer PANTHER vor Suez, 1905

Firma W. G. Armstrong in Newcastle vom Stapel gelaufen. Mit einer Länge von 69 Metern und einer Breite von 10 Metern war PANTHER für ein Missionsschiff eher klein. So wurden die zu niedrigen Schiffswände durch einen abnehmbaren Aufbau aus Eichenholz um einen Meter sehr wirksam gegen eine Überflutung des Oberdecks erhöht. Ein Großteil der Ausrüstung sowie die Geschenke für Kaiser Menelik mußten freilich per Lloyddampfer nach Djibouti vorausgeschickt werden. Als Schiffskommandant und zur Durchführung dieser militärdiplomatischen Mission wurde Fregattenkapitän Ludwig Ritter von Höhnel ernannt. Die Wahl war nicht von ungefähr auf ihn gefallen, galt doch Höhnel nach seinen beiden Expeditionen in das Kilimandscharogebiet als Afrikaexperte, und außerdem war er als mehrjähriger Flügeladjutant bei Kaiser Franz Josef mit dem Umgang mit gekrönten Häuptern vertraut. Da ein kaiserlicher Bote nicht mit leeren Händen auftreten darf, war die Frage der Gastgeschenke von großer Wichtigkeit. An erster Stelle der Liste standen ein Skoda-Gebirgsgeschütz samt Ausrüstung und Munition sowie fünf zum Transport abgerichtete Maultiere, weitere Geschenke waren Mannlichergewehre und Repetierpistolen mit in Gold eingelegten kaiserlichen Initialen, einige Ballen farbiger Seide, alter Tokayerwein aus dem Hofkeller, ein Ölporträt des Kaisers Franz Josef und ein hoher Orden. Mehrere Geschenke aus den Wiener Werkstätten waren für Meneliks Ehefrau, die Kaiserin Taitu, sowie für andere hohe Würdenträger bestimmt. Die Bedienungsmannschaft der

Kanone, zwölf Matrosen und ein Hornist, wurde noch schnell von Pola zur Übung zur Gebirgsartillerie nach Trient kommandiert. Außerdem hatte Kaiser Menelik noch einen besonderen persönlichen Wunsch: Ein aus Wien gelieferter Münzprägestock funktionierte nicht so recht. Daher wurde kurzerhand ein Maschinenbeamter aus dem Personalstand von S.M.S. PANTHER zur Einschulung in das Wiener Münzamt geschickt, um dem abessinischen Münzweser wieder auf die Beine zu helfen. Es war ein wunderschöner Morgen, als bei frischer Bora und unter den Hurra-Rufen der im Kriegshafen anwesenden Schiffe S.M.S. PANTHER am 15. Jänner 1905 Kurs auf Djibouti nahm. Der Schiffsstab war besonders sorgfältig ausgesucht. Fregattenkapitän Ludwig Ritter von Höhnel als Kommandant, die Linienschiffsleutnante Miroslav Makuc, Otto Brosch und Leopold Huber Edl. von Scheibenhain, die Linienschiffsfähnriche Budislav Stipanovic, Rudolf von Förster und Karl Preinl, die Seekadetten Alexander Prinz zu Hohenlohe-Waldenburg-Schillingsfürst, Julian Luterotti, Vladimir Bernath de Bosutpolje, Julius Freih. von Schwarz, Bruno Duimich und Artur Marius, der Linienschiffsarzt Dr. Johann Nejedlo, die Maschinenleiter 2. Kl. Philipp Csiszarik, 3. Kl. Rafael Strangher und 3. Kl. Josef Waigant und der Marine Kom. Adjunkt 2. Kl. Karl Reiter.

Über Port Said, Suez und Perim erreichte das Schiff am 31. Jänner die Reede von Djibouti. Am 4. Februar bestieg die Delegation, zu der in Port Said auch der k. k. Vizekonsul Friedrich Götz gestoßen war, einen Sonderzug, der sie bis zum Endpunkt der Bahnlinie nach Direh Daua bei Harar bringen sollte. Von Harar, dem Sitz des Vizekönigs von Äthiopien, Ras Makonnen, ging es per Karawane 24 Tage lang nach Addis Abeba, eine für die Teilnehmer äußerst mühsame Reise. Immerhin bestand der Zug aus 220 Reit- und Lasttieren, 62 eingeborenen Dienern, Beamten und Soldaten, 27 Europäern sowie nicht zuletzt aus den fünf großen Tiroler Maultieren, die die Gebirgskanone zogen.

Ludwig Ritter von Höhnel (1857–1942), Admiral und Afrikaforscher

Addis Abeba, 1905. Wohnhaus des Afrikaforschers Julius Friedrich Bieber (1873–1924) aus Wien.

Zunächst eine gewisse Überraschung nicht verbergend, schildert Höhnel in seinen 1926 erschienenen Memoiren: „Mein Leben, zur See, auf Forschungsreisen und bei Hofe“ den Einzug in Addis Abeba so: „Die weitausgebreitete, abessinische Hauptstadt, welche frei vor unseren Augen lag, wirkte recht enttäuschend. In einer abgeholzten, kahlen Landschaft, auf sanft ansteigenden Lehnen verstreut, waren inmitten zahlloser Strohhütten und Zelte die Umrisse einiger stockhoher Steinhäuser wahrzunehmen, dazwischen etliche von niedrigem Buschwerk halb verdeckte Wellblechdächer, schließlich da und dort ein kleines Eukalyptus-Gehölz. Dennoch aber brachte der 11. März, an welchem Tage der siegreiche Löwe vom Stamme Juda sich uns in überraschender Majestät, mit seinem ganzen Aufgebot von Macht und orientalischem Glanze zeigte, für uns unvergeßliche Eindrücke ... Im zweiten Vorhofe ging es an der in Reihen aufgestellten kaiserlichen Leibwache vorbei zur Empfangshalle, einem Bauwerk von riesenhaften Dimensionen mit zweifach gewölbtem Dache. Mit drei durch die Hofordnung vorgeschriebenen Bücklingen schritten wir über Laufteppiche auf den Hintergrund zu, wo unter einem auf vergoldeten Säulen ruhenden Thronhimmel die Gestalt Meneliks sich aus einem Gewirr phantastisch gekleideter Würdenträger durch das Gefunkel seiner mit Diamanten übersäten Kaiserkrone hervorhob; dabei herrschte lautlose Stille, trotz der vielen Hunderte von Kammerherrn und Haussoldaten, die sich zu beiden Seiten in dichten Reihen drängten. Zwei Fackellichter auf hohen, vergoldeten Piedestalen, die an salomonische Zeiten gemahnten, warfen einen schwachen Lichtschein auf den Thron. Der Kaiser in mit Gold und Brillanten reichgesticktem Mantelkleid saß vornübergebeugt auf einem divanartigen, mit kostbaren Teppichen belegten etwas höheren Lager und blickte neugierig uns Fremdlinge an. Ilg (Minister) nannte unsere Namen, und die Thronstufe hinaufsteigend reichten wir Menelik die Hand. ... “

Während des Aufenthaltes in der Hauptstadt kam es zur gewünschten Unterzeichnung des Freundschafts- und Handelsvertrages und zum Austausch der Geschenke. Die Delegation erhielt für Kaiser Franz Josef ein amharisch verfaßtes Schreiben, das Großkreuz des Sternes von Äthiopien aus Gold sowie weitere wertvolle Gaben. Am 12. April 1906 kehrten alle nach sechsundsechzigtägiger Abwesenheit wieder auf den PANTHER zurück. In dem Schiffsbericht schrieb der Interimskommandant des PANTHER den aussagereichen Schlußsatz: „Den sonn- und wettergebräunten, jedoch schwer abgezehrten Zügen konnten die durchgemachten enormen Strapazen und harten Entbehrungen, sowohl beim Schiffskommandanten wie den übrigen Teilnehmern an der Expedition, deutlich angesehen werden!“

Der kleine Kreuzer PANTHER ging von Djibouti aus weiter auf Reise – Australien und Südostasien waren die nächsten Ziele – und kehrte nach fast zweijähriger Abwesenheit am 21. Dezember 1906 nach Pola heim. So hat der Wiederentdecker des Rudolfs- und Stephaniesees, Höhnel, an einem Vertragswerk mitgearbeitet, das lange über den Zweiten Weltkrieg hinaus für ein Naheverhältnis zwischen Äthiopien und Österreich sorgte, wie der Besuch des Kaisers Haile Selassie im Jahre 1954 in Wien zeigte.

Gedenktafel am Wohnhaus Ludwig von Höhnels, Wien III., Reisnerstraße 61

Nur der Schiffstechniker, der die abessinische Münzprägung wieder in Gang setzen sollte, wird mit gemischten Gefühlen an seine Zeit in Addis Abeba zurückgedacht haben. Er erwies sich nämlich als so geschickt, daß er mit Reparaturaufträgen überhäuft wurde. Erst nach einer energischen Intervention seiner Vorgesetzten bei Kaiser Menelik wurde ihm die Abreise gestattet, und er konnte erleichtert an Bord wieder seinen dienstlichen Obliegenheiten nachgehen.

VI. AUS DER ADRIA IN DIE WELT

Venedig, Pola und Triest als Basen für die wissenschaftlichen Expeditionen der Kriegsmarine

Der schnelle Ausbau Polas zum Kriegshafen und seine Probleme

Marineaufträge sichern Arbeitsplätze

Bis 1914 zeigte sich die Handelsflagge der Donaumonarchie überall dort, wo der Welthandel Stützpunkte einrichtete und der Binnenstaat Österreich-Ungarn, ohnehin spät genug, in friedlichen Wettbewerb mit den Handelsgroßmächten der damaligen Zeit trat. Durch Jahrhunderte hindurch war Österreich freilich vor allem in den Häfen der Adria und des Mittelmeeres präsent, zuletzt auch das Erbe Venedigs verwaltend, der eigentlichen und ersten Seegroßmacht der frühen Neuzeit. Die Republik Venedig hatte fast ohne Einschränkung die Adria und das Mittelmeer als Hoheitsgebiet angesehen und in ihrer Blütezeit die Bestrebungen jedes Seeverkehrs, welche von Triest ausgingen, schon in ihren Anfängen behindern können. Der Konflikt Triests, das den kaiserlichen Ehrentitel einer „urbs fidelissima", der allergetreuesten Stadt, führte, mit der selbsternannten „Serenissima", Venedig, prägte die Entstehungszeit der erbländischen Handelsmarine. Ein Patent Kaiser Karls VI. vom 2. Juni 1717 brachte der Adriaschiffahrt jene Freiheit des Verkehrs, wie sie uns heute selbstverständlich ist. Die Schiffe unter dem Markuslöwen konnten, vom Kaiser mit Nachdruck gewarnt, den Schiffen unter dem Doppeladler nun nicht mehr offene Feindseligkeit entgegenbringen. 1797 war den Habsburgern das vene-

Als Venedig noch österreichisch war. Blick auf die Riva degli Schiavoni und das dahinter liegende Arsenal mit den gedeckten Hellingen.

zianische Erbe zugefallen, samt einer noch immer eindrucksvollen Kriegsmarine, und so richtete die Marine des Donaureiches in Venedig auch ihren ersten Stützpunkt ein. Damit begann das letzte Kapitel in der Geschichte der Auseinandersetzung zwischen Venedig und Triest, den beiden Hafenstädten an der oberen Adria, die für die Seefahrt unter dem Doppeladler bestimmend waren.

Zu Ende des 18. Jahrhunderts war der Bereich, den die kleine österreichische Handelsflotte von Triest aus ungestört befahren konnte, nicht eben groß: Die morgenländischen Seeräuber schlossen die Schiffahrt in das westliche Mittelmeer aus, und über die Meerenge von Gibraltar hinaus wagten sich kaiserliche Handelsschiffe ohnehin nur selten. Die österreichischen Adriaküsten boten deshalb auch ein trauriges Bild: „Die Hafenstädte des Litorale siechten aussichtslos dahin, Handel und Schiffahrt fristeten ein kummervolles Dasein, die Werften waren verlassen, gering die Zahl derer, welcher der Erwerb zur See anlockte“, schrieb ein Beamter des k. k. Handelsministeriums in einer historischen Darstellung im Jahr 1888. Da setzten Maria Theresias Reformen an. „Flagge zeigen“, sagen wir heute noch, wenn wir demonstrativ eine Haltung nach außen vertreten. Flagge zeigen sollten auch die kaiserlichen Handelsschiffe, und so wurde zunächst einmal eine Reihe von Bestimmungen erlassen, die das Führen der Doppeladlerflagge regelten. Noch im 17. Jahrhundert nämlich mußten Österreichs Schiffe ohne Flagge segeln, da ihnen die Führung der venezianischen Flagge nicht gestattet werden konnte. Diese Flagge war aber die einzige, die während des Befahrens der Adria gehißt werden durfte. Und so bestimmte Maria Theresia, daß kein Schiff ohne besondere Erlaubnis der Monarchin eine andere als die vorgeschriebene Flagge führt. In der damals herrschenden Unsicherheit zur See konnte Flagge zeigen die Rettung von Schiff, Ladung und Besatzung bedeuten. Auch Bordpapiere mußten ab 1749, dem Jahr der Einführung der neuen Flagge, mitgeführt werden. Maßnahmen zur Förderung des Seemannsnachwuchses und zur Witwenversorgung waren der nächste Schritt, während der Offiziersnachwuchs noch Sorgen bereitete. Dem sollte die Einrichtung einer Schule für Mathematik und Nautik in Triest abhelfen.

Für die Verbesserung der Verkehrsverbindungen zwischen dem Binnenland und Triest hatte schon Maria Theresias Vater gesorgt; in der Rekordzeit von nur 48 Tagen wurde 1728 die Straße über den Semmering ausgebaut und ein wöchentlicher Fuhrwerksverkehr Wien-Triest eingerichtet. Die dankbaren Triestiner setzten Karl VI. für seine Bemühungen um den Ausbau zum Welthafen ein Denkmal, das auch die Italiener nach 1918 nicht ins Depot zu bringen wagten. Die Reformen setzte Maria Theresia fort, auch ihr verdankt Triest viel: die Gründung einer Handelskammer und der Börse, den Bau des Theresien-Molos auf den Resten eines alten italienischen Hafendammes ebenso wie die Errichtung eines neuen Lazarettes, da mit der zur Zeit Kaiser Karls VI. errichteten Quarantänestation nicht mehr das Auslangen gefunden werden konnte. Im Gegensatz zu ihrem Vater und ihrem Sohn Joseph besuchte Maria Theresia aber nie die von ihr so geförderte Hafenstadt. Wenn auch in Triest für sie kein Denkmal errichtet worden ist, bleiben doch ihre Leistungen für diese Stadt stets in dankbarer

Erinnerung. Joseph II. wiederum, der die Hafenstadt sogar mehrmals besuchte, gab sich besondere Mühe, Handelsverbindungen mit dem Ausland zu knüpfen, und sorgte für eine weitere Ausdehnung der Wohnviertel. Mit seinen Anordnungen stieß er bei den Triestinern freilich nicht immer auf Gegenliebe: So mußte die Einführung der deutschen Schulsprache von Josephs Nachfolger Leopold II. wieder zurückgezogen werden.

Stapellauf der österreichischen Hochbordkorvette DONAU zu San Marco bei Triest. Zeitungsillustration nach einer Zeichnung von P. Dabovich.

Den großen Aufschwung nahm Triest aber nach den Napoleonischen Kriegen. Vorübergehend war die Stadt sogar Teil des französischen Kaiserreiches, aber nach ihrer Rückkehr zu Österreich wurden alle von den Franzosen aufgehobenen Privilegien vom Kaiser erneuert und bestätigt. Und was dann kam, ist ein aufregendes Kapitel österreichischer Wirtschaftsgeschichte, geprägt von kaufmännischem Geist, liberaler Wirtschaftspolitik und einem gesunden Schuß Abenteuer. Technische Absurditäten wie der Plan einer Wasserstraße zwischen Wien und Triest, deren Ansätze die heute noch bestehenden Teile des Wiener Neustädter Kanals sind, gehören freilich ebenso dazu. In der ersten Hälfte des 19. Jahrhunderts wurden Versicherungsgesellschaften, Werften, Bankniederlassungen und Schiffahrtsunternehmen gegründet und vergrößert, allen voran der „Österreichische Lloyd", der 1832 (1836 dessen Dampfschiffsektion) ins Leben gerufen wurde. Sein Mitgründer und erster Direktor, Karl Ludwig Freiherr von Bruck, sei exemplarisch für alle die Männer – ob Gelehrte, Kaufleute, Beamte oder Offiziere – genannt, die in und für Triest wirkten. Als Handelsminister reformierte Bruck später das Post- und Konsulatswesen, ordnete die Ausarbeitung eines österreichischen See- und Handelsrechts an, schuf die Seebehörde in Triest und übernahm 1855 das Finanzministerium; aufgrund einer Verdächtigung, sich privat bereichert zu haben – sie sollte sich später als haltlos herausstellen –, wählte er am 23. April 1860 den Freitod. 1857 verkehrte erstmals ein direkter Eisenbahnzug Wien-Triest und zurück, die Eröffnung des Suezkanals 1869 brachte Triest eine weitere wirtschaftliche Aufwertung, so mußte man 1867 die alten Hafenanlagen auch ausbauen. Die letzte Bahnverbindung Triests mit dem Binnenland, die Tauernbahn, wurde 1909 fertiggestellt und sicherte dem Hafen mit der Verbindung über Görz, Villach nach Salzburg den Anschluß an die Westbahn. Sucht der Besucher aber in der Stadt, die baulich vom Wiener Ringstraßenstil geprägt ist, nach den Spuren jener Schiffsbauer, Kapitäne und Kaufleute, die in der zweiten Hälfte des 18. Jahrhunderts von Triest aus in die Welt segelten, um für die Donaumonarchie neue Grenzen zu suchen, so wird er sie nicht mehr finden. Das Arsenal der „Orientalischen Compagnie" wurde bereits 1740 demoliert, von der im Jahre 1789 von Odorico Panfilli erbauten Werft, die auch Josef Ressels Schrauben-Versuchsschiff „Civetta" konstruierte, können wenigstens auf dem Platz hinter dem Hauptpostgebäude auch heute noch die erhaltenen Eingänge zur Werft besichtigt werden. Ende 1851 mußte sie wegen der rasch wachsenden Ausdehnung der Neustadt ihren Betrieb einstellen.

Den Bedarf der österreichischen Handelsmarine des 19. Jahrhunderts konnten die bestehenden Werften kaum noch decken, der Bau neuer Schiffsbaubetriebe wurde notwendig. Und so war am Vorabend des Ersten Weltkriegs Triest zum größten Hafen der Doppelmonarchie herangewachsen, wenn auch hart bedrängt von der ungarischen Konkurrenz, die sich in Fiume etabliert hatte. Durch ihre Schiffahrtsunternehmen, ihre Werften und ihre Handelsbeziehungen nahm die Stadt einen bedeutenden Platz im Welthandel ein. Nicht einmal zwei Generationen später wird sich Triest in eine hoffnungslose Randlage gedrängt und sogar seines Hinterlandes beraubt sehen. Schließlich, welche Ironie des Schicksals, sind das venezianische Capodistria und das ungarische Fiume, heute der slowenische Hafen Koper und das kroatische Rijeka, mit Containerterminals und Tiefstpreisen wieder die größten Konkurrenten des schwer um seine Existenz ringenden Triest.

Das nicht einmal sieben Jahrzehnte österreichisch gewesene Venedig wurde in dieser Zeit Hauptstützpunkt einer Marine, deren vorgesetzte Behörden in Wien mit dem Erbe der Dogen nichts anzufangen wußten, auch wenn man den Namen „Österreichisch-Venezianische Marine" für die von den Franzosen zurückgelassenen Reste der venezianischen Flotte gewählt hatte. Der Befehl, die Schiffe für Österreich in Dienst zu stellen, kam nie. Die meisten Schiffe wurden zerlegt, das Holz wurde verkauft. Wenigstens für den Marinenachwuchs wurde gesorgt und das k. k. Marine-Cadetten-Collegium in der Lagunenstadt eingerichtet. Die Marinebuben aus allen Teilen des Reiches litten freilich sehr unter Heimweh, plagten sich mit der ihnen meist fremden italienischen Schulsprache, und nicht einmal die neu eingeführte dunkelblaue Uniform und der dazugehörende Zylinderhut trösteten über die Trennung von den Eltern, die oft jahrelang dauerte, hinweg.

Als unverläßlich galten sie sowieso, die Venezianer, und treue Untertanen der Habsburger würden sie wohl nie werden. Und so ließen die italienische Einigungsbewegung und die Revolution von 1848, die ganz Europa erschütterte, auch die Marine, die italienisch dachte, fühlte und sprach, nicht unberührt. Die meisten Marineoffiziere italienischer Herkunft schlossen sich der Revolution an, der Kommandant des Marinearsenals in Venedig wurde von seinen Arbeitern erschlagen, die im Hafen liegenden Schiffe waren nicht mehr einsatzbereit. Der größere Teil der Flotte freilich war auf See; aus ihr formier-

Venedig, das Arsenaltor vor 1866. Über dem Eingang der österreichische Doppeladler deutlich erkennbar.

te sich eine Schiffsabteilung, die sich nach Triest zurückziehen und die Blockade Venedigs durch sardinische Kriegsschiffe und die ehemaligen Kameraden akzeptieren mußte. Am 22. August 1849, unter dem Druck einer nunmehr österreichischen Blockade, ergab sich die Stadt; Hauptkriegshafen des Reiches sollte Venedig nie mehr werden. Zuwenig verläßlich schien die Stadt, schienen ihre Bürger, schienen die Matrosen und Seeleute. Alles, was an Italien erinnerte, sollte und mußte nun aus der Marine verschwinden. 1849/50 wurde Deutsch als Dienstsprache eingeführt, und Schiffe, die zuvor italienische Namen geführt hatten, mußten diese eindeutschen. Die Matrosen nichtdeutscher Herkunft allerdings lernten trotz größter Geduld und vieler Bemühungen ihrer Instruktoren diese ihnen fremde Sprache nicht oder nur mangelhaft. Um sich untereinander verständigen zu können, entwickelte sich die sogenannte Lingua di Bordo, eine Art Esperanto, dessen Grundelement aus dem italienisch-venezianischen Dialekt bestand, der in dieser Form also trotz offizieller Abschaffung weiterlebte, gemischt mit kroatischen und dalmatinischen Ausdrücken, was schließlich noch mit tschechischen und ungarischen Wörtern durchsetzt wurde. Das klang dann bei der Ausbildung neuer Heizer für die Schiffskessel etwa so: „Attenti, Heizer! Nella Kriegsmarine gavemo Kofferkessel, einfache e doppelte Zylinderkessel i jedno drugo Kessel che si sove Wasserrohrkessel. – Rasumite?“ Das war eben die Marinesprache, alle Sachbezeichnungen waren deutsch, alle übrigen Wörter aber jene vielsprachige Mischung, in die sich der venezianische Dialekt herübergerettet hatte. Die Marine war am Vorabend ihres Austritts aus der Geschichte tatsächlich eine Vielvölkermarine, wie uns eine Statistik von 1914 zeigt: 31,3 Prozent ihrer Angehörigen waren Kroaten, 20,4 Prozent waren Ungarn, 16,3 Prozent kamen aus den deutschsprachigen Gegenden des Reiches, 14,4 Prozent waren Italiener, 10,6 Prozent waren tschechischer Herkunft, der Rest verteilte sich auf Slowenen, Polen, Rumänen, Ruthenen und Slowaken. Auf einem Kriegsschiff im wissenschaftlichen Einsatz war die Sprachverwirrung noch größer, denn das wissenschaftliche Personal unterhielt sich erst recht in allen Sprachen der Völker der Donaumonarchie.

Der pensionierte Vizeadmiral Arthur Chiari stellt in seinen Erinnerungen allen Nationen der Donaumonarchie, deren Söhne in der Marine Dienst versehen haben, ein gutes Zeugnis aus: „Das ausgezeichnetste Material für Maschinen, Torpedos und elektrische Betriebe liefern die hochintelligenten böhmischen und deutschen Industriebezirke mit ihren zahlreichen und ganz ausgezeichneten Gewerbeschulen; der Ungar ist der stramme Soldat, der das ritterliche Blut seiner Ahnen nicht verleugnet, nebst dem ein ausgezeichneter Büchsenmacher usw.; Wien und Budapest stellen ein sehr beachtenswertes Kontingent bei und der küstenländische und dalmatinische Italiener ist von altersher ein guter Seemann.

Der Slawe hat im Anfang einen schweren Stand, weil er weder deutsch noch italienisch versteht, und ... ziemlich isoliert ist. Er lernt nicht leicht, aber zum Unterschied von anderen, vergißt er nie – was er gelernt. Und da er, während die Kameraden der Ruhe pflegen oder in der freien Zeit Allotria treiben, mit Gesinnungsgenossen sich in seiner Spezialität weiter ausbildet, bringt er es mit zäher Beharrlichkeit dazu, einer der Besten im Kurse zu werden." Um die slawischen Seeleute aus ihrer Isolierung herauszuführen, legte das fürsorgliche Marinekommando den Offizieren eine 1899 in Wien erschienene „Sammlung von Gesprächen in serbokroatischer Sprache für den Gebrauch an Bord" ans Herz. Dort finden sich mit kroatischer Übersetzung bemerkenswerte Sätze wie: „Achtung beim Essen, daß ihr das Deck nicht beschmutzt!" oder „Spielen Sie nicht mit dem Wasser wie die Katzen, waschen Sie sich ordentlich!" und schließlich die fromme Ermahnung: „Es ist eine Schande, sich so gemein und roh aufzuführen; k. u. k. Matrosen sollten wissen, daß sie sich anständig benehmen müssen." Für die Praxisnähe dieses Sprachführers war allem Anschein nach gesorgt.

Die Kaufleute hatten längst genutzt, was die Militärs der Biedermeierzeit nicht richtig zu schätzen wußten: Das Schiff als Instrument einer expandierenden Wirtschaftspolitik. Aber da war Triest bereits im Begriff, die alte Rivalin Venedig zu überrunden. Dem zaghaften, halbherzig gewagten Versuch der Donaumonarchie, das Erbe Venedigs anzutreten, war kein dauerhafter Erfolg beschieden, 1866 wurde die Stadt wieder italienisch. Der Besucher Venedigs findet aber noch heute Spuren der österreichischen Marine von einst: Vom Markusplatz führt der Weg über die Riva degli Schiavoni zum Campo A. Emo, auf dem sich das „Museo Storico Navale" befindet. Dort werden auch Erinnerungsstücke an die österreichische Marine gezeigt. Geht man an der ehemaligen Marinekirche San Biagio vorbei, in der die Urnen mit dem Herzen und den Eingeweiden des Marinekommandanten Erzherzog Friedrich aufgestellt sind, dann führt der Weg über die Riva dei Sette Martiri in einen Park, in dem das bis 1918 in Pola, dem heutigen kroatischen Pula, auf der anderen Seite der Adria, aufgestellt gewesene Denkmal von Erzherzog Ferdinand Max, einst Marineoberkommandant und später glückloser Kaiser von Mexiko, steht. Vom Museum ist es auch nicht weit zum wunderschönen Arsenaltor, hinter dem der Arsenalsbereich beginnt, der noch immer militärisches Sperrgebiet ist. Durchquert man das Arsenal auf einem Vaporetto der Linie 5, dann erreicht man die Toteninsel San Michele, auf der die 17-köpfige Besatzung des k. u. k. Unterseebootes 12 ihre letzte Ruhestätte gefunden hat. Zum Grab des ersten Maria-Theresien-Ritters der Kriegsmarine, des Erzherzogs Friedrich, finden auch Venedig-Kenner nur schwer: Es liegt in der Malteser-Kirche an der Kreuzung des Rio della Pietà mit der Calle di Furlani. In der Kirche ist die Grabtafel angebracht, das Grab selbst muß man im Kreuzgang des Klosters suchen.

Pola, die Riva. Photo um 1870

Der Friedensschluß mit Napoleon von 1797 hatte auch die östliche Seite der oberen Adria österreichisch werden lassen, mit Unterbrechungen durch die Franzosen-Kriege freilich, in denen dort das kurzlebige Illyrische Königreich von Napoleons Gnaden entstand. Der Wiener Kongreß stellte Istrien wieder dem Kaiserreich zurück, eine kaum besiedelte karge Landschaft, an deren Küsten auch die Römer ihre Spuren hinterlassen hatten. Im kleinen Städtchen Pola erinnerte noch vieles an die glanzvolle römische Vergangenheit, wenngleich das Bild, das sich einem Reisenden vor fast 200 Jahren geboten hat, nicht eben erfreulich war: „Im Hafen, einem der schönsten Europas, der jederzeit eine ganze Flotte aufnehmen könnte, schaukelt nicht eine einzige Barke. Pola hat kaum 900 Einwohner, Steine und Schutt machen die Straßen unpassierbar. Viele Häuser sind unbewohnt, die antiken Tempel dienen als Magazine." 1846 war dann die Marine gekommen, um eine aus drei Magazinen bestehende Marinestation einzurichten, dort,

Pola, Blick auf die Marineschwimmschule, die Insel San Pietro mit dem Proviantmagazin (Mitte) sowie dem Konstruktionsarsenal auf der Oliveninsel im Hintergrund

wo heute das Betriebsgelände der „Uljanik"-Werft ist. Erst als sich Venedig 1848/49 an die Seite der italienischen Einigungsbewegung stellte, mußten die Marinebehörden rasch ein zum Bau eines neuen Kriegshafens geeignetes Hafengelände suchen, zur Wahl standen damals Triest und Pola. Im September 1857 fiel die Entscheidung zugunsten Polas, nicht zuletzt auf Betreiben von Erzherzog Ferdinand Max, dem Bruder des Kaisers. Mit den notwendigen Arbeiten wurde unverzüglich begonnen, zunächst mußte zusätzliches Land dem Meer abgerungen werden. Am 9. Dezember wurde schon der Grundstein für das Seearsenal gelegt, das bis 1918 mit seinen Werkstätten, Magazinen, Schiffsbauplätzen und Trockendocks eine der führenden Waffenschmieden der Donaumonarchie war und heute in der „Uljanik"-Werft zum Teil weiterbesteht. Die noch aus dem Mittelalter stammende Stadtmauer wurde abgebrochen und als Baumaterial für die fast zwei Kilometer lange Arsenalmauer verwendet. Damals entstand auch das Marineviertel von San Policarpo, dessen Gebäude und Einrichtungen auch heute noch einen lebhaften Eindruck davon vermitteln, wie die Marineangehörigen und ihre Familien in Pola gelebt hatten: Marinekirche und Marinefriedhof, marinetechnisches Komitee, Marinekaserne und Marinespital – alle diese Bauten haben die Stürme der Zeit überdauert, die Kirche und vor allem der Friedhof wurden und werden mit tatkräftiger österreichischer Hilfe in Stand gesetzt, renoviert und erhalten.

Pola, Panorama des Kriegshafens, um 1868

Ein hoher Offizier der Marine, Vizeadmiral Arthur Chiari, hat später in seinen Erinnerungen beschrieben, wie es damals, als die Marine von Venedig nach Pola übersiedelte, gewesen ist: „Trotz des Seearsenals war Pola damals eben noch ein schauderhaftes Nest, was aber, da die Marine in Venedig, Triest, am Gardasee usw. verteilt gewesen, nicht fühlbar war. Erst später, als nach der Abtretung Venedigs die Konzentration der Marine in Pola begann, machte sich dieser Umstand in der unangenehmsten und drückendsten Weise fühlbar, weil für die von allen Seiten massenhaft einrückenden Marineangehörigen keine Wohnungen, keine Unterkunft vorhanden waren, alles Verfügbare für Ämter und Dienstzwecke requiriert wurde.

Pola, die Via del Arsenale mit ihrem Treiben, die Straßenbahn fuhr noch bis 1934.

Die Verheirateten wurden bis zur Fertigstellung der im Bau begriffenen Ärarial-Marinehäuser so gut, oder so schlecht es eben ging, untergebracht. Das, was die Junggesellen hätten bewohnen sollen, waren aber Räuberhöhlen, ohne jeden, selbst den primitivsten Komfort, Räume, in denen es niemand auf die Dauer aushalten, sich heimisch fühlen konnte, weshalb man Tag und Nacht in Gast- und Kaffeehäusern und auf der Straße lebte, den Vergnügungen zweifelhaftester Güte nachjagte ..."

Da man in Wien an der Marine sparte, wo man nur konnte, wurden viele Schiffe nicht „in Dienst gestellt", Offiziere, Unteroffiziere und Matrosen warteten auf Einsätze, die aus Geldmangel nicht durchgeführt werden konnten. „Diese Menge von Jugend in einem Hafen konzentriert, auf Einschiffungen wartend, die nicht erfolgten, ohne ernste Beschäftigung, Zeitvertreib und Anregung, mangels eines gesellschaftlichen Mittelpunktes und ohne Direktive und Halt, wußte vor Langeweile nicht ein noch aus ... Die Trunksucht nahm in erschreckender Weise überhand, die jüngsten Kadetten tranken Rum und Arrak aus Wassergläsern, die Fälle von Delirium tremens, die Folge dieses unsinnigen Saufens, mehrten sich zusehends", erinnert sich Chiari. Da man für die Marinekadetten und ihre weitere Ausbildung zum Offizier nicht genug einsatzfähige Schiffe hatte, setzte man fast alle kurzweg an Land, zahlte ihnen alles in allem 40 Gulden monatlich und kümmerte sich nicht weiter um die Ausgeschifften. Einer dieser Kadetten hat später ein anschauliches Buch über die Zeit geschrieben, als Venedig österreichisch war. Max von Rottauscher erinnert sich an die oft vergeblichen Bemühungen um ein Nachtquartier und um eine Mahlzeit: „Da ein Zimmer unerschwinglich war, schliefen die Kadetten, wie es eben kam, bald nachts, bald tags, auf einem der abgerüsteten Schiffe, wo die öden Offizierskabinen nicht anders als die Kammern eines verlassenen Hauses unerlaubte Zuflucht gewährten. ... Es kam vor, daß manche sich durch eine Woche und länger von nichts als schwarzem Kaffee, Ziegenmilch, Brot und Eiern nährten, im Genick stets die bohrende Angst, trotzdem über ihre Verhältnisse zu leben."

Wer als Marineangehöriger und Junggeselle das Glück hatte, in Pola ein Mietzimmer gefunden zu haben, der suchte meist Mitbewohner, auf die dann die Miete zu gleichen Teilen aufgeteilt wurde. Vermietet und akzeptiert wurden auch Schlafplätze über Nacht, da mußte dann der „Hauptmieter" das Zimmer durch auf dem Fußboden gezogene Kreidestriche in so viele Teile teilen, wie Anspruchsberechtigte vorhanden waren. Die Preise waren nicht hoch und richteten sich nach der Lage, also je nachdem, ob es sich um den naturgemäß unruhigen Platz bei der Eingangstür oder um das luxuriöse Bett handelte. Weniger Glückliche mußten ihr Bettzeug mitbringen oder auf dem bloßen Boden schlafen. Auch höhere Marineoffiziere wurden gelegentlich Opfer der Wohnungsnot. Ein Linienschiffsleutnant, der unter beträchtlichen finanziellen Opfern für seine Zeit an Land ein schön möbliertes Zimmer in Pola gemietet hatte, kehrte nach mehrmonatiger Einschiffung freudig heim, in der Hoffnung, den dienstbedingt fehlenden Schlaf endlich nachzuholen. Als er, nichts Böses ahnend, die Zimmertür öffnete, glaubte er zunächst, in einer falschen Wohnung zu sein. In seinem Zimmer war eine in Andacht versunkene Trauergemeinde versammelt, in seinem Bett der verstorbene Hausbesitzer aufgebahrt. Die trauernde Witwe rechtfertigte sich damit, daß man dem Offizier das schönste Zimmer im Haus vermietet habe und man Tote eben ehren müsse. Der Offizier mußte sich im nächsten Hotel ausschlafen.

Pola, Via Sergia, die Haupt- und Geschäftsstraße, und der Korso der Hafenstadt

Hatte man in Pola erst einmal seine Wohnungsprobleme gelöst, so fiel einem auf, daß Pola eine fast nur von Männern bewohnte Marinegarnison war, erinnern sich Marineoffiziere, die damals beim Ausbau Polas dabei gewesen sind. Ihre verheirateten Kameraden hatten Ehefrau und Familie aus verständlichen Gründen meist in der Heimat zurückgelassen. Arthur Chiari schildert in seinen Erinnerungen den naheliegenden, wenn auch nicht standesgemäßen Ausweg: „Viele Marineangehörige machten mit Kellnerinnen und Dirnen gemeinsamen Haushalt und wußten sich dann, da solchen traurigen Vebindungen in der Regel leider eine Unzahl Kinder entspringen, nicht mehr zu helfen. Da sie sich aus diesen Fesseln nicht mehr lösen konnten, oder stumpfsinnigerweise auch nicht mehr befreien wollten, wurden sie dann später, beim großen Reinemachen, aus der Marine entfernt." Das große Reinemachen: Das waren die Reformen, die der kaiserliche Bruder, Erzherzog Ferdinand Max, als Oberbefehlshaber zusammen mit seinem wichtigsten Mitarbeiter Wilhelm von Tegetthoff durchführte. Personell und technisch nahm die Marine jenen Aufschwung, dessen Folgen man schon 1864 beim Seegefecht vor Helgoland und 1866 bei der Seeschlacht von Lissa absehen konnte. Die damals begonnenen Reformen machten bei aller Geldknappheit die k. u. k. Kriegsmarine zu einem wirkungsvollen Instrument der Außenpolitik des alten Österreich. Zu den Reformen des erzherzoglichen Oberbefehlshabers zählte aber auch der Befehl, daß sich Kriegsschiffe seiner Majestät in friedlichen Zeiten vorzugsweise mit wissenschaftlichen Aufgaben zu beschäftigen hätten. Im Pola der zweiten Hälfte des vorigen Jahrhunderts, als man die Mißstände der Anfangsjahre nur noch als kuriose Erinnerung betrachtete, war man dafür bestens gerüstet.

Zu den Besonderheiten der Hafenstadt, die nun ganz von den blauen und im Sommer weißen Uniformen der Marine geprägt war, gehört auch, daß Pola lange Zeit hindurch über die älteste und einzige Apotheke Istriens verfügte. Am Trg Republike, dem altrömischen Forum mitten in der Stadt, befindet sich an ihrer Stelle heute ein kleines Kaffeehaus. Gasbeleuchtung, elektrische Straßenbahn – alles gab es in Pola, und der Bau einer Wasserleitung machte der immer wieder drohenden Cholera endgültig den Garaus. Die 1903 eröffnete große Markthalle am Narodni Trg ist eine technisch bemerkenswerte zweistöckige Stahlkonstruktion und damals wie heute der Mittelpunkt der Versorgung der Stadt, für die die Volkszählung 1880 immerhin schon 19.166 Zivilpersonen und 8.000 Militärs und Marineangehörige als Einwohner auswies. 1876 war Pola durch die Bahnlinie von Divaca mit der Welt auch über die Schiene verbunden, und um die Jahrhundertwende und kurz danach entstanden auch jene prächtigen „Münz-Häuser" und das Hotel „Riviera", die dem Reisenden, der mit dem Zug auf dem kleinstädtisch wirkenden Bahnhof ankommt, das Gefühl der großen Welt vermitteln.

Pola, der Blick auf den Handelshafen. In der Bildmitte die Infanteriekaserne, daneben der Dom und das Stabsgebäude. Photo um 1890.

Geht man die Riva entlang und läßt die große römische Arena links liegen, dann passiert man zahlreiche Gebäude, die einst Militär und Marine als Unterkünfte und Kommandostellen gedient haben und heute von Kroatien militärisch genützt werden. Vorbei am früheren Hafenadmiralat, das mit Ankern und Neptunköpfen noch an seine Bestimmung erinnert, erreicht man zwei Gebäude, die vorzugsweise dem Privatleben der Offiziere dienten: das neue Marinekasino, erst 1913 fertiggestellt, um das herum ein Park angelegt wurde, für den die Offiziere seltene Pflanzen von ihren dienstlichen Reisen in alle Teile der Welt mitbrachten. Direkt daneben steht heute noch jene Villa, die einst Sitz eines der vornehmsten „Sportklubs" der Monarchie gewesen ist, des k. k. Yachtklubs von Pola. Das Marinekasino, nach dem Abzug der Österreicher dann, wie es die Geschichte wollte, von den Italienern, später von den Deutschen, dann von den Jugoslawen und nun von den Kroaten genutzt, ist heute öffentlich zugänglich. In seinem Vorgänger-Gebäude, das für das Offizierskorps einer Großmacht zu klein geworden war, hatte zwischen 1894 und 1896 noch Franz Lehàr als Marinekapellmeister für die glanzvollen Feste und Bälle den Taktstock geschwungen.

Aber nicht nur auf musikalischem Gebiet war das Kasino führend. Seit dem Jahr 1876 war dort auch der Sitz des „Wissenschaftlichen Vereins der Kriegsmarine“, der durch regelmäßige Vorträge und Publikationen die Weiterbildung der Offiziere förderte. Wissenschaftlichen Zwecken dienten auch das Hydrographische Amt und die Marinesternwarte, gebaut auf dem „Hausberg“ der Hafenstadt, dem Monte Zaro. Dieser Berg ist freilich mit seinen 31 Metern Höhe eher ein Hügel. Vor den beiden Gebäuden stand früher einmal das nun in Graz aufgestellte und 1877 enthüllte Tegetthoff-Denkmal. Das Hydrographische Amt hatte dafür zu sorgen, daß die wissenschaftlichen Ergebnisse der Forschungsfahrten von k. u. k. Kriegsschiffen auch Eingang in den dienstlichen Alltag fanden, soweit sie für den Dienstgebrauch geeignet waren. Das Amt sorgte zum Beispiel für die Lagerung und Verwaltung der Seekarten und nautischen Hilfsbücher und der nautischen und wissenschaftlichen Instrumente. Es beherbergte auch die Marinebibliothek, deren Bestände an anderer Stelle in Pola wieder öffentlich zugänglich sind, und verschaffte sich mit Fachpublikationen, die auch heute noch gesuchte Raritäten sind, weltweit wissenschaftliches Ansehen: die „Kundmachungen für den Seefahrer“ und die „Mittheilungen aus dem Gebiete des Seewesens“. Ab 1862 sorgte das Amt auch für das Erscheinen des jährlichen „Almanachs der Kriegsmarine“. Von den Gebäuden des Hydrographischen Amtes ist heute nur noch die Sternwarte als Ruine erhalten. Die Leiter der Sternwarten waren nicht nur tüchtige Marineoffiziere, sondern erwarben sich auch als Astronomen wissenschaftliches Ansehen.

Pola, Hydrographisches Amt, 1878. Im Vordergrund das Tegetthoffdenkmal, das sich heute in Graz befindet. In diesem Gebäude lagerten die Seekarten, Handbücher und nautischen Instrumente.

Wenn ein Besuch des Kaisers im Hauptkriegshafen bevorstand, war dies für Pola und dessen Garnison immer ein ganz besonderes Ereignis: Schon Wochen vorher wurden von den obersten Militär- und Verwaltungsbehörden das Programm und die Dispositionen erstellt. So auch im September 1902, als ein Besuch Franz Josefs bei seiner Marine angesagt war. Am 1. September nachmittags traf der Monarch mit seiner Begleitung, von Bad Ischl kommend, im „Hof-Separat-Zug" in Pola ein. Beim Eintreffen des Zuges hißten alle Forts der Festung die Flagge, die Einheiten der Flotten legten große Flaggengala an, und alle Schiffe feuerten zur Begrüßung je 21 Salutschüsse ab. Der Hofzug hielt nächst dem Molo Elisabeth, auf dem ein kleiner Pavillon errichtet worden war. Davor war eine Ehrenkompanie des Matrosenkorps mit der Marinemusik angetreten. Der Kaiser bestieg das bereitliegende Hofboot und fuhr unter dem Jubel der Bevölkerung und der Schiffsbesatzungen den Handelshafen längs der reichgeschmückten und beflaggten Riva entlang: Als der Monarch seine Yacht MIRAMAR betrat, wurde auf ihr die Kaiserstandarte gesetzt. Um 4 Uhr nachmittags lief die Yacht aus, um auf der Höhe von Pirano zur Eskadre zu stoßen. Dort verfolgte der Kaiser mit großer Aufmerksamkeit die kriegsmäßigen Übungen. Obwohl Franz Josef immer nachgesagt wurde, er habe als oberster Kriegsherr einer Kontinentalmacht wenig Verständnis für die Marine gehabt, zeigte er stets reges Interesse an allem, was mit Schiffahrt zusammenhing. Die Marineuniform freilich hat Franz Josef, im Gegensatz zu Thronfolger Erzherzog Franz Ferdinand und seinem Nachfolger Kaiser Karl, nie getragen. 1902 war der letzte Besuch des Kaisers in Pola, sein Nachfolger Kaiser Karl dagegen besuchte den Zentralhafen in seiner kurzen Regierungszeit (1916–1918) mehrmals.

Pola, k. u. k. Marinefriedhof

Zu den bemerkenswertesten Einrichtungen, die in Pola auch heute noch an die Zeit der österreichischen Herrschaft erinnern, gehört der k. u. k. Marinefriedhof, nicht weit von der auch aus größerer Entfernung deutlich sichtbaren Marinekirche. Wie eine große Parkanlage erstreckt sich dieser Friedhof mit seinen zahlreichen Zypressen über eine Fläche von mehr als 22.000 Quadratmetern. 1862 hatte das kurzlebige k. k. Marine-Ministerium (die Marine sollte nicht viel später bis zu ihrem Ende immer nur eine Sektion im Kriegsministerium bleiben) zunächst 4.000 Quadratmeter Grund zur Errichtung eines solchen Friedhofs gekauft. Hatte man die Toten zu Beginn in Schachtgräbern bestattet, so wurde acht Jahre später aufgrund der zweifelhaften hygienischen Verhältnisse und der von Anrainern beklagten Geruchsbelästigung die Bewilligung für Einzelbestattungen erteilt. Immer wieder wurde Grund dazugekauft, bis der Friedhof seine heutige Größe erreicht hatte. Der Erste Weltkrieg sollte noch vielen unter den Zypressen Polas eine letzte Ruhestätte bieten. Die Opfer des Untergangs des Lloyd-Dampfers BARON GAUTSCH liegen dort, deren Schiff aus Unachtsamkeit 1914 unmittelbar nach Kriegsausbruch in eine eigene Minensperre geriet. Die Toten vom Untergang des Schlachtschiffes SZENT ISTVAN sind dort ebenso bestattet wie die letzten Toten der Marine im Ersten Weltkrieg, die der Untergang des bereits südslawisch gewordenen Flaggenschiffes VIRIBUS UNITIS am 1. November 1918 gefordert hat. Eine Gedenktafel an der Wand der Friedhofskapelle erinnert an den Schiffskommandanten Janko Vukovic von Podkapelski, der mit seinem Schiff im Hafenbecken von Pola untergegangen war. Auch die schwere Grippe-Epidemie im letzten Kriegswinter machte die Anlage von Massengräbern notwendig, für neue Einzelbestattungen war kein Platz mehr. Das Projekt eines neuen Marinefriedhofs wurde nicht mehr ausgeführt.

Hier liegen sie nun friedlich vereint, die Marineangehörigen und ihre Familienmitglieder, unter ihnen der langjährige Hafenadmiral und erste Admiral der Kriegsmarine, Anton Freiherr von Bourgignon, die Eltern des U-Boot-Kommandanten und Theresienritters Georg von Trapp – dessen Vater ebenfalls bei der Marine war – oder der Neffe des Tiroler Freiheitshelden Andreas Hofer, der Marineoffizier Andreas von Hofer. Korvettenkapitän Dagobert Müller von Thomamühl, der Erfinder des Gleitbootes, war der letzte k. u. k. Seeoffizier, der auf dem Marinefriedhof bestattet wurde. Das war erst 1956, also schon in unserer Epoche. Die Stadtverwaltung von Pula hatte ohne Zögern zugestimmt. In der Zwischenkriegszeit hatten die italienischen Militärbehörden ein generelles Bestattungsverbot erlassen, erst seit dem Zweiten Weltkrieg ruhen hier mehrere Zivilisten, meist Opfer von Luftangriffen, und 316 Soldaten verschiedenster Nationen. Wie viele Tote tatsächlich auf dem Marinefriedhof von Pola bestattet sind, weiß niemand genau zu sagen. Es können bis an die 100.000 sein, glauben die einen, andere sprechen von 43.000, die dort ruhen.

In den letzten vier Jahrzehnten war der alte Marinefriedhof immer wieder von der Schleifung bedroht. Am 27. Oktober 1960 hatte ihn die Stadtgemeinde zwar zum historischen Denkmal erklärt, aber Geld für seine Instandhaltung fehlte. Anlaß für das Österreichische Schwarze Kreuz, Kriegsgräberfürsorge, sich mit der Frage Marinefriedhof auseinanderzusetzen, umso mehr, als im Sommer 1984 die Schleifung des Friedhofs unmittelbar bevorzustehen schien. Nach jahrelangen Verhandlungen zwischen den damaligen jugoslawischen Regierungsstellen, der österreichischen Botschaft in Belgrad und dem Generalkonsulat in Zagreb, die beide auch vom dafür zuständigen Innenministerium unterstützt wurden, war man 1990 endlich über die Erhaltung einig. Am 1. Februar unterschrieben Vertreter der Stadtgemeinde Pula, des Österreichischen Schwarzen Kreuzes und des Volksbundes Deutscher Kriegsgräberfürsorge eine Vereinbarung, mit der die Erhaltung des Marinefriedhofs sichergestellt wurde. Unmittelbar danach begannen die Renovierungsarbeiten, und schon am 4. Mai 1991 konnte der erneuerte Teil unter großer Beteiligung aus dem In- und Ausland eingeweiht werden. Sechs Jahre später waren alle notwendigen Arbeiten an der gesamten Anlage abgeschlossen, im Mai 1997 wurde die feierliche Wiedereinweihung des Marinefriedhofs festlich begangen. Ein historisches Kulturdenkmal wurde dank internationaler Zusammenarbeit der Nachwelt und der Stadt Pula erhalten.

Der k. u. k. Marinefriedhof im Stadtteil San Policarpo, wo einst die österreichischen Seeleute daheim gewesen sind, ist damit das eindrucksvollste Erbstück aus jener Zeit, als Pola noch österreichisch war.

Die Inbesitznahme der istrianischen Küste durch die k. u. k. Kriegsmarine und schließlich der Eisenbahnbau bedeuteten für das

Jahrhunderte hindurch wirtschaftlich zurückgebliebene und vernachlässigte Istrien einen gewaltigen Sprung vorwärts, aber auch den Abschied von einer gemächlichen, patriarchalisch geprägten Wirtschaftsform. Die Wälder der längst verkarsteten Halbinsel waren schon seit dem Altertum für den Schiffsbau an der Küste geschlägert worden, und die noch vorhandenen Eichenbestände, die von Forstbeamten der Kriegsmarine, unter ihnen auch Josef Ressel, betreut wurden, galten zur Zeit der Holzschiffe als kostbares Gut. Aber mit dem Übergang vom Holz- zum Eisenschiff verlor die lokale Industrie ihre Bedeutung, da die neuen großen und schweren eisernen Schiffe nicht mehr von Hand, wie ihre hölzernen Vorgänger, sondern unter Einsatz schwerer und schwerster Maschinen hergestellt werden mußten. Das bedeutete wieder, daß die Nachfrage nach Arbeitskräften sehr schnell anstieg. Und hier war es wieder der Kriegshafen Pola, der binnen kurzem eine ganze Reihe von Arbeitsplätzen anbieten konnte, diese im Binnenland nur undeutlich bekannte Region bot guten Lohn und schnelle Karriere. Und die konnte man wieder im Dienst der Marine machen, die nun auch genügend Arbeit bot, auch für das nicht seemännische Personal. Das Seearsenal Pola war die bedeutendste technische Einrichtung der Kriegsmarine und zugleich der wichtigste Lagerplatz zur Ausrüstung der Flotte mit den erforderlichen Materialien und Vorräten. Zu den Aufgaben dieser Hauptwerft zählten nicht nur die Neu- und Umbauten von Schiffen, Fahrzeugen und Booten, sondern auch alle notwendigen Reparaturen, nicht nur am Schiffskörper. Das Arsenal sorgte auch für die Instandhaltung der Schiffsmaschinen, der Waffen und selbst der Inneneinrichtung. Auch für die Beschaffung, Erzeugung, Lagerung und Konservierung des Geräts war das Personal des Seearsenals verantwortlich. Die Wichtigkeit dieser Einrichtung ist nicht zuletzt daraus zu ersehen, daß der oberste Chef des Seearsenals ein Admiral sein mußte.

Schon als man das Seearsenal konzipierte, wurde auf die Doppelfunktion als Schiffsbau- und Reparaturbetrieb Bedacht genommen. Die mit einer Eisenbahnbrücke verbundene Oliven-Insel und das mit den

K. u. k. Seearsenal in Pola. Die gedeckten Hellinge auf der Oliveninsel. 29. November 1900 Stapellauf des Kreuzers SZIGETVAR.

Werkstätten und Magazinen durch eine Umfassungsmauer eingeschlossene Ausrüstungsarsenal, am Ost- und Südufer des Hafens liegend, bildeten nach dem Willen der Planer eine Einheit. Der gesamte Komplex war durch eine Schleppbahn mit der Station der Staatseisenbahn verbunden. Der Stand der Zivilarbeiter im Arsenal betrug grundsätzlich 2000 Personen, ihre Zahl stieg je nach Bedarf auf mehr als das Doppelte. Wer dort Arbeit gefunden hatte, der hatte auch einen besonderen Status erreicht, der die Arsenalarbeiter besserstellte, als die meisten anderen Facharbeiter im Österreich-Ungarn der Jahre vor dem Ersten Weltkrieg. So waren alle Beschäftigten krankenversichert, was früher ganz und gar nicht selbstverständlich war. Die Beiträge wurden von der Marine und von den Arbeitern selbst geleistet. Außerdem waren alle Arbeiter auch unfallversichert, für die Prämien kam die Marine allein auf.

Das Seearsenal war eine der Sehenswürdigkeiten der Marinestadt; es konnte besichtigt werden, man mußte nur einen Erlaubnisschein lösen. Der Portier wies dem Besucher dann einen Unteroffizier als Führer zu. Noch 1915 findet sich im Reisehandbuch für Pola folgendes: „Man betritt von der Via dell'Arsenale aus den Arsenalkomplex, die Werkstätten auf dem Festlande, durch ein Tor der Einfassungsmauer. Rechts die Admiralität; dann links durch ein zweites Tor den inneren Raum des Arsenals. Das nächste Gebäude ist die Artilleriedirektion mit Waffensaal im Erdgeschoße und den Sammlungen des Marinemuseums im ersten Stockwerke (Besichtigung lohnend!) ... Das Gebäude hinter der Artilleriedirektion ist die Artilleriewerkstätte, jenes linker Hand das Torpedodepot (Eintritt ist nicht gestattet!), dahinter die Übungswerkstätte, dann die Geschützhalle mit den großen Schiffsstücken auf Holzbettungen und einem Laufkran. Hierauf (links) Artilleriedepot. Das nächste größere Gebäude enthält die Gießerei mit Kupolöfen und Bronze-Schmelzöfen. Gegenüber der Gießerei befindet sich das chemische Laboratorium und eine Strecke weiter die Dampfhammerschmiede. Dieser gegenüber sehen wir das Aus- und Abrüstungsmagazin mit den unzähligen Dingen, deren ein Schiff bedarf. Es folgt die Werft zum Bau der Lastboote und (zurück längs des Ufers) das Ketten- und Ankermagazin, das interessante Bootsmagazin, wo über- und nebeneinander zahlreiche Boote und Barkassen, ja sogar venezianische Gondeln aufgespeichert sind. Am Ufer daneben ragt der Scherenkran empor. Wir kommen dann in der Folge zu der Kesselschmiede und zu dem Maschinensaal, der elektrischen Zentrale und dem Kesselwasserreinigungsturm. Von minderem Interesse sind die Holzbearbeitungswerkstätte, Schiffsbauschmiede und Maschinentischlerei. Es folgen weiter noch die Räumlichkeiten für die Rudermacher und Blockschneider, die Bootswerkstätte und das Hauptmagazin. Im letzteren befindet sich die ‚Silberkammer', welche das Tafelsilber und Silbergeschirr für die Offiziersmessen der einzelnen Schiffe enthält.

Wenn man mit der Besichtigung des Arsenals fertig ist, nehme man den Rückweg hart am Kai. Hier liegen nämlich jederzeit eine größere Zahl von Panzerschiffen (meist abgerüstet) vertäut. Eines dieser Schiffe kann besichtigt werden und wird der Name desselben auf der Eintrittskarte für das Seearsenal angemerkt.

Seearsenal Pola, Blick auf die Ausrüstungsmagazine und Werkstätten

Man verfüge sich, nachdem man das Arsenal verlassen, nach dem nördlichen Hafenkai und begebe sich über die eiserne Brücke, welche vom Festlande nach dem ‚Scolio Olivi' (Oliven-Insel) führt. Vom Kai der letzteren tritt man zunächst dem Inspektionshäuschen in den Innenraum des Schiffsbauetablissements.

Man erhält nach Vorweisung des Erlaubnisscheines abermals einen Führer, der bei Besichtigung der Objekte in der Regel die nachfolgende Ordnung einhält: Die Schiffswerften, von denen zwei große, gedeckte Räume darstellen (Eisenkonstruktion), in welchen Kriegsschiffe, geschützt gegen alle Wetterunbilden, gebaut werden können. Man besehe sich die Stapelplätze und die riesigen Schlitten für den Stapellauf. Ferner den neuen, mächtigen eisernen Helling, unter welchem

Triest, S. Andrea, das Lloyd-Arsenal

Großschiffe gebaut werden können. Sodann besichtige man die beiden Trockendocks (mit Schwimmtoren und Pumpenwerken). Das Balancedock ist ein ungeheurer, schwimmender Kasten. Wird in hohle Innenräume Wasser gepumpt, so sinkt es so tief, daß ein Schiff zwischen den beiden Seitenwänden einfahren kann. Nun wird dieses festgemacht, die Pumpen entfernen das Wasser aus den Hohlräumen und das Balancedock hebt sich samt seiner Last aus den Fluten.

Zu den Werften zurückgekehrt, besichtigt man noch das Mallboden-Gebäude, die Schiffschmiede und die Sägemaschine. Beim Inspektionshäuschen entlasse man den Führer."

Daß die Einrichtungen des k. k. Seearsenals zwar immer wieder verbessert und modernisiert, aber nacheinander von Italienern, Jugoslawen und Kroaten bis heute genutzt wurden und werden, bestätigt die hervorragende Wahl Polas als Zentralhafen. Als die Österreicher vor 150 Jahren mit dem Ausbau begannen, war ein ganz ohne Holz gebautes Schiff allerdings noch nicht denkbar. Selbst die großen Panzerfregatten dieser Epoche, HABSBURG oder ERZHERZOG FERDINAND MAX, hatten ein Spantengerüst und Planken aus unverwüstlichem istrianischem Eichenholz, auf dem die Eisenplatten mit Bolzen befestigt waren. Der mit Glas gedeckte Stapel der Werft reichte für den Bau von Kriegsschiffen von höchstens 60 Metern Länge und einer Wasserverdrängung bis zu 5000 Tonnen. Als die Schiffe größer wurden, mußte immer wieder dazugebaut werden und bestimmte „Direktionen", wie man die einzelnen technischen Abteilungen in der Marine damals nannte, erhielten neue Aufgaben. Die „Takeldirektion" etwa, die in der Ära der Segelschiffe und auch noch in der Zeit der mit Hilfsdampfmaschinen ausgerüsteten Korvetten und Fregatten eine wichtige Rolle spielte, hatte zuletzt nur noch für das Hanf- und Drahttauwerk, für Segelleinwand und Flaggen und für Tapeziererarbeiten an Bord zu sorgen.

Das Seearsenal in Pola ist großzügig geplant und ein gutes Beispiel für Architektur und Bauweise des Industriezeitalters. Die zweite große Werft der Donaumonarchie, das „Stabilimento Tecnico Triestino" in Triest dagegen war aus kleinen und kleinsten Anlagen gewachsen, die nach und nach erweitert wurden, bis jene leistungsfähige Großwerft entstand, auf der die damals modernsten der altösterreichischen Kriegsschiffe gebaut wurden.

Ursprünglich stellte die Maschinenfabrik STT Dampfmaschinen für die Landwirtschaft her, aber 1857 hatten die vier Brüder Strudthoff erkannt, daß die Monarchie einen immer größer werdenden Bedarf an Schiffen entwickelte, und wandelten das von ihrem Vater gegründete Unternehmen in eine Aktiengesellschaft um. Das Dampfschiff begann das Segelschiff zu verdrängen, und die Marine, die ihre wenigen technischen Neuheiten aus dem Ausland bezog, suchte ein leistungsfähiges Schiffsbauunternehmen im Inland und gewährte den Brüdern Strudthoff für den Ausbau ihres Betriebes ein in fünf Jahren rückzahlbares Darlehen von 150.000 Gulden, eine für damalige Verhältnisse beachtliche Summe.

Billiger dagegen war die kleine, vollkommen veraltete Werft in der Bucht von Muggia, die sich die neue Aktiengesellschaft um 450 Gulden einverleibte. Zunächst baute das Stabilimento Schiffsmaschi-

Josef Carl Berthold Püttner: „Dampffregatte ‚S. M. NOVARA' in Venedig", Ölgemälde auf Leinwand. Das Bild zeigt die NOVARA nach dem Umbau.

nen, etwa die 800 PS starke Maschine für das Linienschiff KAISER, die bis dahin stärkste in Österreich erzeugte Dampfmaschine. 1861 waren alle technischen Voraussetzungen auch für den Schiffsbau geschaffen. Das Stabilimento erhielt den Auftrag, als Prüfstein für seine Leistungsfähigkeit die durch ihre dreijährige Weltumrundung unter Segeln berühmt gewordene Fregatte NOVARA für eine Dampfmaschine umzubauen, also den notwendigen Raum für Kessel und Maschine und für die Lagerung der Kohlenvorräte zu schaffen. Dazu mußte aber der Schiffsrumpf verlängert werden. Die Fregatte wurde also auf den Stapel geschleppt, in zwei Teile zerlegt und erhielt dann ein neues Mittelstück eingebaut. Die junge Triestiner Werft löste diese Aufgabe zur vollen Zufriedenheit der Marinebehörden, denn die inzwischen weltberühmt gewordene NOVARA hatte durch den Umbau und den Einbau einer Dampfmaschine weder ihre schlanke, elegante Silhouette noch ihre hervorragende Manövrierfähigkeit eingebüßt. Das Stabilimento Tecnico konnte also mit weiteren Aufträgen der Marine rechnen. 1863 wurde als erstes größeres Panzerschiff die Panzerfregatte HABSBURG mit 5.100 Tonnen auf Kiel gelegt, HABSBURG lief nicht einmal zwei Jahre später vom Stapel. Im folgenden Vierteljahrhundert wurden in Triest nicht nur viele Kriegsschiffe für Österreich-Ungarn gebaut, sondern auch deren Dampfmaschinen. Eine besondere technische Leistung war der Bau der Maschine für das Kasematt-Schiff TEGETTHOFF, weil es sich dabei um die größten horizontal liegenden Dampfzylinder handelte, die das Stabilimento je erzeugt hatte.

Triest, Panorama der Werft San Marco

1897 war der bis dahin genutzte Platz längst zu klein geworden, die Werft wurde auf die Triestiner Seite der Bucht von Muggia verlegt, um allen Anforderungen zu entsprechen. Ab 1907 baute die Maschinenfabrik Schiffsturbinen. Die erste in Triest gebaute Maschine dieser Art, die den Schiffen zu einer beachtlichen Geschwindigkeit verhalf, hatte eine Leistung von 21.000 PS und machte den Rapidkreuzer ADMIRAL SPAUN vorübergehend sogar zum schnellsten Schiff der Flotte. Die 30.000-PS-Maschinen für die modernsten vier Kriegsschiffe der k. u. k. Marine, für die TEGETTHOFF-Klasse, wurden ebenfalls hier geplant und gebaut.

Der Schiffbau an der oberen Adria war in den langen Jahren der Friedenszeit vor dem Ersten Weltkrieg ein sicheres Geschäft. So etablierten sich um die Jahrhundertwende dort zwei neue Werften. Die eine in Monfalcone, die andere in Fiume, dem heutigen kroatischen Rijeka, das damals Ungarns einziger Zugang zum offenen Meer gewesen ist. Beide Werften bauten Handelsschiffe, konnten aber auch Kriegsschiffe herstellen. Verständlicherweise legte auch die ungarische Reichshälfte Wert auf ihren Anteil am Millionengeschäft mit der Marine.

Werft San Rocco in der Bucht von Muggia. Dampfer MATLEKOVITS der Reederei „Adria" im Dock.

In Monfalcone mußte man zunächst das Hafenbecken durch einen künstlichen Kanal mit der See verbinden und begann mit dem Bau von Handelsschiffen, ohne besondere Investitionen, mit eher bescheidenen Mitteln. Der Bau der leichteren Handelsschiffe konnte ja mit geringerer Belastung der Stapelfläche erfolgen. Dies allerdings hielt wiederum den wirtschaftlichen Erfolg in Grenzen. Waren die Schiffe also zunächst auf natürlichem Untergrund gebaut worden, so mußte man nun in Monfalcone für die dem letzten Stand der Technik entsprechenden Stapelanlagen sorgen. Das erste Schiff, das dort für die Kriegsmarine vom Stapel laufen sollte, war der Rapidkreuzer SAIDA, der die Qualität der Werft in Monfalcone in zahlreichen Kriegseinsätzen unter Beweis stellte. Nach dem Kriegsausbruch in Italien war das Werftgelände plötzlich Frontbetrieb. Die Anlagen und halbfertigen Schiffe wurden als militärische Unterkünfte und Beobachtungsposten genutzt.

Bis 1906 hatte Ungarn zwar Schiffswerften an der Donau, aber keine Industrie, die „seegehende" Kriegsschiffe hätte herstellen können. Die Budapester Firma Danubius fand in der Nähe von Fiume ein geeignetes, wenn auch sehr eingeengtes Gelände für den Bau einer Schiffswerft. Der Platz lag hart an der Grenze zur österreichischen Reichshälfte und war durch eine verkehrsreiche Straße und die dahinter steil aufragenden Berge begrenzt. Für den Bau kleinerer Schiffe, also für die projektierten Torpedoboote und Zerstörer, reichte der Raum, da die Schiffsmaschinen in Budapest hergestellt wurden und eine weitere Werftanlage in Portorè angekauft wurde. 1908 liefen die ersten beiden Torpedoboote in der ungarischen Danubius-Werft vom Stapel. Wenige Jahre später allerdings nahmen sich die Schiffsbauer Gewaltiges vor: Sie sorgten für die Voraussetzungen zum Bau von Großkampfschiffen. Aber dazu mußte die Herstellung von Torpedofahrzeugen zunächst einmal nach Portorè verlegt werden, obwohl das dortige Werftgelände nicht einmal über einen Bahnanschluß verfügte. Um in der Danubius-Werft die beiden mächtigen Stapel, von der Bergwand schräg über die Straße zur See führend, aufstellen zu können, mußten zuerst umfangreiche Erdbewegungen und Aufschüttungen durchgeführt werden. Aber der Bau eines der vier modernen großen Schlachtschiffe innerhalb der ungarischen Grenzen war nationale Prestigesache geworden und wurde in Ungarn mit allen Mitteln gefördert. So konnte schon im Jänner 1912 jenes Großkampfschiff auf Kiel gelegt werden, das den Namen des ungarischen Nationalheiligen SZENT ISTVAN tragen sollte. Das ungarische Volk sollte ganz allein diese mächtige technische Leistung bewältigen, wünschte man sich in Budapest, und tat alles, um das Schiff mit nationalen Emblemen auszustatten. Am

Fiume, Bergud, Danubiuswerft. 17. Jänner 1914 Stapellauf des Großkampfschiffes SZENT ISTVAN.

17. Jänner 1914 lief SZENT ISTVAN vom Stapel, war aber deshalb noch lange nicht fertig. Als letztes Großkampfschiff der Flotte wurde es erst im darauffolgenden Jahr in Dienst gestellt. Stolz wies die Werft darauf hin, daß sie mit der Fertigstellung des Schiffes den gleichen Standard erreicht habe wie die beiden Großwerften in der österreichischen Reichshälfte. Vielleicht hat die mangelnde Erfahrung der ungarischen Schiffsbauer dazu beigetragen, daß SZENT ISTVAN nach seiner Torpedierung im Jahr 1917 rascher kenterte und sank, als es seiner Reißbrettkonstruktion entsprach. Eine Untersuchung darüber wurde wegen des Kriegsausganges nie abgeschlossen. Aber SZENT ISTVAN ist auch für das heutige Ungarn noch ein nationales Denkmal. Ein eigenes Komitee bemüht sich um die Hebung des Wracks, bei der auch Heerestaucher aus Österreich zum Einsatz kommen sollen.

Venedig, Triest, Pola und zuletzt Fiume waren die wichtigsten Standorte jener Werften, auf denen regelmäßig Schiffe für die zunächst k. k., später k. u. k. Kriegsmarine gebaut wurden, obwohl einige Schiffsneubauten auch in England hergestellt worden waren, wie zum Beispiel der Raddampfer ELISABETH in London oder die Fregatte RADETZKY. Daß solche Millionenaufträge nicht oder nicht mehr ins Ausland vergeben wurden, dafür sorgten schon die Parlamente in Wien und in Budapest. Zwischen 1873 und 1914 hatte Österreich-Ungarn für den Ausbau seiner Flotte 800 Millionen Kronen aufgewendet, und immerhin die Hälfte davon entfiel auf die Arbeitslöhne. Marineaufträge sicherten also Arbeitsplätze und waren dadurch ein wichtiger Wirtschaftsfaktor.

VII. CHRONOLOGIE

Die Chronologie der Missions-,
Expeditions- und Instruktionsfahrten
der k. (u.) k. Kriegsmarine

Ihrem Auftrag gemäß galt es für die Kriegsmarine der Donaumonarchie als vornehmste Pflicht, im Frieden für die Wissenschaft tätig zu werden. Als „Missionsreisen“ wurden somit jene Überseefahrten bezeichnet, die nicht kriegerischen Operationen dienten. Die ebenfalls regelmäßig durchgeführten „Instruktions-“ und „Übungsreisen“ galten vor allem der praktischen Ausbildung der Mannschaften sowie der künftigen Seeoffiziere.

Grundlage der folgenden Zusammenstellung ist die von Korvettenkapitän Heinrich Bayer von Bayersburg verfaßte, von Dr. Walter Wagner, Franz F. Bilzer und Dr. Peter Jung ergänzte Arbeit über die transozeanischen Fahrten der Kriegsmarine. Nicht enthalten sind Überführungsfahrten von im Ausland gebauten Schiffen, die jährlichen Eskadre-Reisen sowie Einsätze zu friedenssichernden und -erhaltenden Zwecken, also etwa in der Kretakrise, dem Boxeraufstand, der Skutariaffäre, und andere.

1776

JOSEPH UND THERESIA, unter dem Kommando von Kapitän Wilhelm Bolts (Nikobaren-Expedition). Der Auftrag lautete: Die Gründung von Stützpunkten in Ostindien. Route: Um Afrika nach Sansibar und Ostindien.

1803 – 1805

Brigg ORESTE unter dem Kommando von Linienschiffsleutnant Charles Comte Mogninant de Pouilly.

Brigg PILADE unter dem Kommando von Linienschiffsleutnant Vinzenz Dabovich.

Brigg POLLUCE unter dem Kommando von Linienschiffsleutnant Henry Comte de Taulignan. ORESTE und PILADE verließen am 5. Oktober 1803 Venedig, mit dem Auftrag, die Korsaren im westlichen Mittelmeer, an der marokkanischen und spanischen Küste sowie im Atlantik zu bekämpfen. Am 14. Juli 1805 folgte die Brigg POLLUCE, um ein Friedens- und Freundschaftsübereinkommen mit dem Sultan von Marokko abzuschließen. Ende Oktober 1805 kehrten die Schiffe nach Venedig zurück.

1817 – 1818

Fregatte AUSTRIA (63 Geschütze, als PIAVE 1812 vom Stapel gelaufen) unter dem Kommando von Linienschiffskapitän Nikolaus Ritter von Pasqualigo.

Fregatte AUGUSTA (54 Geschütze, am 7. November 1817 vom Stapel gelaufen) unter dem Kommando von Fregattenkapitän Michael Accurti. Die beiden Fregatten begleiteten Erzherzogin Leopoldine, die Tochter von Kaiser Franz I., nach Brasilien. Erzherzogin Leo-

Thomas Ender: „Pompe (Pumpe) auf der Batterie auf der Austria“, Bleistift, aquarelliert, 150 x 275 mm

poldine sollte Dom Pedro, den späteren Kaiser von Brasilien, heiraten. Sie war während der Überfahrt an Bord des portugiesischen Linienschiffes JOAO II eingeschifft. Dem Geschwader gehörte außerdem noch das portugiesische Linienschiff SAN SEBASTIAO an, Geschwaderkommandant war Admiral Don Enrico da Fonsua. Am 10. April 1817 verließen die beiden österreichischen Fregatten Triest. Die Reise führte über Gibraltar, Madeira nach Rio de Janeiro, wo die Schiffe von 5. November 1817 bis 1. Juni 1818 vor Anker lagen. Am 19. September 1818 liefen AUSTRIA und AUGUSTA wieder in Triest ein. Fregatte AUSTRIA war das erste österreichische Kriegsschiff, das den Äquator passierte.

1820 – 1822

Flutte CAROLINA (810 t, 2. Dezember 1808 vom Stapel gelaufen) unter dem Kommando von Linienschiffskapitän Seraphin von Pöltl. Gesamtdetailoffizier war Linienschiffsleutnant Anton Ghega (der Vater des Erbauers der Semmeringbahn). Neben einer handelspolitischen Aufgabe – eine Quecksilberladung war nach Ostasien zu bringen – mußte auch der österreichische Gesandte nach Brasilien transportiert werden. Von Triest, das am 11. September 1820 verlassen wurde, führte die Reise über Gibraltar, Rio de Janeiro, Kapstad, Batavia, Singapore, Macao nach Kanton. Die Rückreise erfolgte über die gleiche Route, und CAROLINA kehrte am 7. Juli 1822 nach Triest zurück. Sie war das erste österreichische Schiff in China. Aber eine glückliche Reise war es nicht: Der Cholera an Bord fielen Seefähnrich Baron Schimmelpfennig sowie weitere 20 Mann zum Opfer, die Chinesen erkannten die österreichische Flagge nicht an, und schließlich starb während der Heimreise auch noch der Kommandant.

1842

Fregatte BELLONA (1260 t, 50 Geschütze, am 20. April 1842 in Venedig vom Stapel gelaufen) unter dem Kommando von Linienschiffskapitän Erzherzog Friedrich. Die Fregatte unternahm eine Instruktionsreise nach England und dann in das westliche Mittelmeer.

1844

Fregatte BELLONA unter dem Kommando von Korvettenkapitän Augustin Milonopulo. Diese Instruktionsreise führte zu den Azoren und nach England.

1845

Fregatte BELLONA unter dem Kommando von Korvettenkapitän Hannibal Viscovich. Ziel dieser Instruktionsreise war England.

1849

Fregatte VENUS (1577 t, 44 Geschütze, am 12. Juni 1832 als VENERE vom Stapel gelaufen), unter dem Kommando von Korvettenkapitän Ludwig von Fautz, segelte nach Madeira und Lissabon.

1849 – 1850

Raddampfer MARIANNA (550 t, 8 Geschütze, am 5. Jänner 1836 in Porto Rè vom Stapel gelaufen) unter dem Kommando von Korvettenkapitän Graf Béla Hadik von Futak. Diese Missionsreise ging nach Tunis.

1850 – 1851

Korvette CAROLINA (914 t, 24 Geschütze, 1847 vom Stapel gelaufen) unter dem Kommando von Fregattenkapitän Graf Ladislaus Karoly. Diese Missionsreise führte in die Nord- und Ostsee. Am 10. August 1850 lief CAROLINA von Triest aus. Erstes Ziel war das russische Kronstadt. Hier wurde vom 5. September bis zum 27. September 1850 geankert. Über Karlskrona, Kopenhagen, Spithead, Korfu erfolgte die Rückreise. Am 12. Jänner 1851 lief die Korvette wieder in Triest ein.

1850

Brigg MONTECUCCOLI (391 t, 12 Geschütze, am 14. August 1831 vom Stapel gelaufen) unter dem Kommando von Fregattenkapitän Graf Ladislaus Karoly. Diese Ausbildungsreise führte nach Neapel und Malta.

1851

Fregatte VENUS unter dem Kommando von Fregattenkapitän Ludwig von Fautz. Diese Instruktionsreise nach Madeira, Kuba und Westindien diente der Ausbildung der Seekadetten. Am 4. Mai 1851 lief die Fregatte von Triest aus und erreichte am 15. August Havanna. Ab Havanna fehlen die Reiseberichte im Marinearchiv.

1852

Raddampfer VOLTA (auch Raddampffregatte genannt, 1500 t, 5 Geschütze, am 7. Oktober 1850 vom Stapel gelaufen) unter dem Kommando von Fregattenkapitän Alphons Wissiak. Missionsreise im Mai 1852 ins westliche Mittelmeer und in den Atlantik. An Bord war auch Erzherzog Ferdinand Max, der Reformator der österreichischen Marine, der spätere unglückliche Kaiser von Mexiko.

1857 – 1859

Fregatte NOVARA (2107 t, am 4. November 1850 in Venedig vom Stapel gelaufen). Diese große wissenschaftliche Expedition stand unter dem Kommando von Kommodore Linienschiffskapitän Bernhard von Wüllerstorf und Urbair, Schiffskommandant war Korvettenkapitän Friedrich Freiherr von Pöck. Die Fregatte war das erste österreichische Schiff und zugleich das letzte Segelschiff, das die Erde umrundete. Am 30. April 1857 verließ NOVARA Triest mit

Fregatte NOVARA in Pola liegend

dem Kurs Rio de Janeiro, Kap der Guten Hoffnung, Ostindien, Australien, Valparaiso, durch die Maghellan-Straße, um am 26. August 1859 wieder nach Triest zurückzukehren. Ein unbegrenzter Kreditbrief des Bankiers Rothschild hatte den Kommandanten während der Reise aller Geldsorgen enthoben.

1857 – 1858

Korvette CAROLINA unter dem Kommando von Korvettenkapitän Ignaz Kohen. CAROLINA begleitete NOVARA bis zur brasilianischen Küste und fuhr dann allein weiter. Am 25. Mai 1858 lief die CAROLINA zur Abrüstung in das Arsenal von Venedig ein.

Raddampfer (KAISERIN) ELISABETH in Venedig

1859 – 1860

Raddampfer (Kaiserin) ELISABETH (1570 t, 6 Geschütze, am 18. Oktober 1850 in London vom Stapel gelaufen) unter dem Kommando von Linienschiffskapitän Ignaz Kohen. Diese Instruktionsreise dauerte vom 14. November 1859 bis zum 3. März 1860 und führte nach Brasilien. Der Raddampfer ELISABETH war das erste österreichische Kriegsschiff, das eine transozeanische Fahrt unter Dampf unternahm. Mit an Bord befanden sich Erzherzog Ferdinand Max, dessen Gattin Erzherzogin Charlotte – sie schiffte sich in Madeira aus und kehrte heim – sowie Korvettenkapitän Wilhelm von Tegetthoff, der zum Stabe des Erzherzogs gehörte.

Seit der Rückkehr der NOVARA im Jahre 1859 war die k. k. Kriegsmarine bis zum Jahre 1866 wegen der politischen Lage (Krise und Krieg mit Frankreich 1859, Zwei-Fronten-Krieg 1866) fast ausnahmslos mit militärischen Aufgaben betraut. So mußte bis zum Jahre 1861 die adriatische Küste gegen die Freischaren Garibaldis gesichert werden. Nach der griechischen Revolution 1862/63 mußte die Marine ihren früheren Kommandanten Erzherzog Ferdinand Max nach Mexiko bringen und dort zwei Kriegsschiffe in Vera Cruz stationieren. Dann folgten die Feldzüge 1864 (gegen Dänemark) und 1866 (gegen Italien und Preußen). Trotzdem kam die wissenschaftliche Arbeit nicht ganz zum Erliegen: 1859 und 1860 wurde unter der Leitung des Linienschiffsleutnants Tobias von Österreicher das Lagunengebiet von Venedig neu vermessen. Diese Arbeit umfaßte eine Küstenstrecke von 26 Seemeilen. Ihr Ergebnis war die „Karte der Lagune von Venedig" im Maßstab 1: 57.000. Kaum ruhten die Waffen, erfolgte eine der größten Friedensleistungen der Kriegsmarine: die Küstenaufnahme des adriatischen Meeres. Verantwortlich war wieder der in der Zwischenzeit zum Fregattenkapitän beförderte Tobias von Österreicher, bis zum Jahre 1871 waren bis zu 20 entsprechend ausgebildete Seeoffiziere damit beschäftigt. Die Kriegsmarine stellte dafür drei Dampfer und zwölf Boote ab. Das Resultat war ein aus 45 Blättern bestehender Seekartenatlas. Die Gesamtkosten dieser Arbeiten, die die Adria erst wissenschaftlich erschlossen hatten, betrugen an die 200.000 Gulden, eine für die damalige Zeit gewaltige Summe.

1864

Fregatte NOVARA unter dem Kommando von Linienschiffskapitän Richard von Barry. Diesmal reiste Kaiser Max hochoffiziell nach Mexiko. Am 14. April 1864 verließ die Fregatte Triest, um am 28. Mai 1864 in Vera Cruz einzulaufen. Am 29. Mai erfolgte die Ausschiffung des Kaiserpaares, das am 12. Juni feierlich in Mexiko einzog. NOVARA blieb als Stationsschiff noch längere Zeit in Vera Cruz.

1865 – 1867

Korvette DANDOLO (1564 t, 22 Geschütze, am 7. September 1858 in Venedig vom Stapel gelaufen) unter dem Kommando von Fregattenkapitän Gustav von Nauta. Die Korvette wurde zum Stationsschiff in den mexikanischen Gewässern bestimmt. Am 4. Feber 1865 in Pola aus- und am 19. Mai 1865 in Vera Cruz eingelaufen. Am 9. Juni 1867 nach Triest heimgekehrt.

Korvette DANDOLO in Pola

1866 – 1868

Raddampfer ELISABETH unter dem Kommando von Linienschiffskapitän Gustav Ritter von Gröller. Auch der Raddampfer wurde zum Stationsschiff in den mexikanischen Gewässern bestimmt. Am 27. Oktober 1866 von Triest aus- und am 24. Dezember 1866 in Vera

Cruz eingelaufen. Bei den häufigen Fahrten zwischen Vera Cruz und New Orleans kenterte vor Vera Cruz ein Beiboot, wobei der Maschinist Mayer, Verwalter Torratsch sowie 8 Mann ertranken.

1867

Fregatte NOVARA unter Kommando von Linienschiffskapitän Rudolf Dufwa. Trauriger Anlaß war die Heimholung der Leiche von Kaiser Max von Mexiko. Mit dieser heiklen diplomatischen Mission wurde Vizeadmiral Wilhelm von Tegetthoff beauftragt. Am 18. August 1867 war NOVARA von Pola aus- und am 17. September 1867 in Sacrificios eingelaufen. Am 15. Jänner 1868 war das Schicksalsschiff Ferdinand Max' mit der Leiche nach Triest zurückgekehrt.

1868 – 1871

Fregatte DONAU (2198 t, 29 Geschütze, am 20. November 1856 in Muggia vom Stapel gelaufen) unter dem Kommando von Linienschiffskapitän Anton Ritter von Wipplinger.

Korvette ERZHERZOG FRIEDRICH (1500 t, 22 Geschütze, am 11. September 1857 in Venedig vom Stapel gelaufen). Auftrag dieser handelspolitischen Mission der beiden Schiffe war der Abschluß von Handels- und Schiffahrtsverträgen mit Siam, China, Japan und südamerikanischen Staaten. Konteradmiral Anton Freiherr von Petz hatte dafür besondere Vollmachten. Fregatte DONAU verließ am 18. Oktober 1868 zusammen mit der Korvette ERZHERZOG FRIEDRICH Triest. Während die DONAU erst am 1. März 1871 nach Pola zurückkehrte, war ERZHERZOG FRIEDRICH schon am 26. Jänner in den Hauptkriegshafen zurückgekehrt.

1867 – 1870

Korvette DANDOLO unter dem Kommando von Fregattenkapitän Viktor Ritter von Herzfeld. Diese Instruktionsreise mit den neuausgemusterten Seekadetten des Jahrganges 1869 führte nach Korfu, Algier, Cartagena, Gibraltar, Pernumbuco, Bahia, Rio de Janeiro, Buenos Aires, Montevideo, Port Elisabeth (bei Kapstadt), St. Helena, Tanger, Gibraltar, Malta, Neapel und in die Levante. Am 10. Oktober 1870 rüstete die Korvette in Pola ab. Während dieser Reise verstarb Seekadett Anton Herczeg und wurde in Montevideo bestattet; ein Mann desertierte und ein Matrose wurde in Smyrna verwundet.

Kanonenboot NARENTA (441 t, 6 Geschütze, am 30. November 1860 in Venedig vom Stapel gelaufen) unter dem Kommando von Linienschiffsleutnant Wilhelm Kropp. Die Verhältnisse im Roten Meer waren bei der Eröffnung des Suez-Kanals noch kaum bekannt, sodaß eine wissenschaftliche Erforschung für die künftige Schiffahrt notwendig wurde. Am 29. Oktober 1869 war NARENTA von Pola aus- und am 15. Dezember 1870 in Pola wieder eingelaufen.

In Suez kamen die Erzherzöge Rainer, Ernst und Erzherzogin Maria zu Besuch an Bord. NARENTA war das erste österreichische Schiff, das den Suezkanal passierte.

1870

Raddampfer TRIEST (1102 t, 4 Geschütze, 1851 als Lloyddampfer EGITO vom Stapel gelaufen) unter dem Kommando von Linienschiffskapitän Tobias von Österreicher, der gleichzeitig als Direktor der Küstenaufnahme in der Adria tätig war. Außerdem wurde auch die Sonnenfinsternis in Prevesa und in Tunis unter Leitung der Professoren Dr. Weiss und Dr. Oppolzer beobachtet.

Kriegsdampfer TRIEST

1870 - 1871

Konteradmiral von Millosicz ließ während der Mittelmeer-Reise von seiner Schiffsbemannung an der vorderasiatischen Küste archäologische Ausgrabungen durchführen. Auch heute noch ist die österreichische Forschung in diesem Raum mit großem Erfolg tätig, die Ausgrabung von Ephesus ist ein eindrucksvolles Beispiel.

1870 - 1871

Fregatte NOVARA unter dem Kommando von Linienschiffskapitän Josef von Aurnhammer. Diese Instruktionsreise mit den neuausgemusterten Seekadetten des Jahrganges 1870 führte nach Westindien und Nordamerika. Am 18. Oktober 1870 ging die Reise von Pola aus nach Algier, Gibraltar, Martinique, St. Pierred, Guadeloupe, St. Thomas, Jamaika, Havanna, Chassepeak-Bay, Anapolis, New York, Boston, Halifax, Gibraltar und am 16. Oktober 1871 nach Pola zurück.

1871 - 1873

Korvette FASANA (1970 t, 31 Geschütze, am 1. November 1870 in San Marco vom Stapel gelaufen) unter dem Kommando von Linienschiffskapitän Moritz Ritter von Funk. Die Korvette sollte längere Zeit in Ostasien bleiben und die ratifizierten Handelsverträge nach Siam, China und Japan bringen. Am 4. August 1871 verließ die FASANA Pola, um die Häfen Suez, Singapore, Hongkong, Shanghai, Jokosuka, Manila, Saigon, Bangkok, Macao, Canton, Amoy, Chefoo und Yokohama anzulaufen. Die Rückkehr erfolgte im Frühjahr 1873, die Korvette wurde am 12. April 1873 in die 1. Reserve versetzt.

1872

Korvette DANDOLO unter dem Kommando von Fregattenkapitän Hans Grove Stepenson. Diese Instruktionsreise mit den neuausgemusterten Seekadetten des Jahrganges 1871 führte nach England und in die Nordsee.

Raddampfer GARGNANO (1489 t, 1862 vom Stapel gelaufen) unter dem Kommando von Linienschiffsleutnant Anton Drabek. Instruktionsreise nach Neapel.

Schoner ARETHUSA (165 t, 10 Geschütze, 1837 als VIRTUOSA vom Stapel gelaufen)

Brigg SAIDA (344 t, 8 Geschütze, 1855 vom Stapel gelaufen)

Briggschoner BRAVO (200 t, 8 Geschütze, am 30. Juni 1834 in Venedig vom Stapel gelaufen). Diese Schiffe führten jeweils Instruktionsfahrten in das Mittelmeer durch.

Korvette HELGOLAND in Pola

1872 - 1873

Korvette HELGOLAND (1827 t, am 23. Dezember 1867 in Pola vom Stapel gelaufen) unter dem Kommando von Fregattenkapitän Ullrich William Lund. Diese Instruktionsreise führte die neuausgemusterten Seekadetten des Jahrganges 1872 nach Brasilien, auf die Antillen und nach Nordamerika. Am 3. November 1872 verließ das Schiff Pola, am 29. August 1873 war man wohlbehalten zurück. Ein Mann fehlte: In New York war Seekadett Hugo Ritter von Scheda desertiert.

1872 - 1874

Dreimastschoner (Admiral) TEGETTHOFF. Die österreichisch-ungarische Polarexpedition unter dem Kommando von Linienschiffsleutnant Carl Weyprecht und dem Kaiserjägeroffizier Julius Payer.

1873 - 1875

Korvette HELGOLAND unter dem Kommando von Fregattenkapitän Karl Schäffer. Diese Instruktionsreise mit den neuausgemusterten

Seekadetten des Jahrganges 1873 an Bord führte um Afrika. Am 11. November 1873 wurde der Anker gelichtet, die Fahrt ging von Pola durch den Suezkanal und das Rote Meer nach Sansibar, von wo die Korvette die Westküste von Madagaskar ansteuerte. Von hier segelte die HELGOLAND April 1874 nach Mauritius und weiter nach Simons Bay am Kap der Guten Hoffnung. Während der Rückreise wurde auch die Insel St. Helena angelaufen. Am 7. Mai 1875 kehrte die Korvette nach Pola zurück.

1874 - 1876

Korvette ERZHERZOG FRIEDRICH unter dem Kommando von Linienschiffskapitän Tobias von Österreicher. Diese dritte Weltumseglung eines k. k. Kriegsschiffes hatte handelspolitische Ziele (Abschluß von Handels- und Schiffahrtsverträgen mit Siam und Japan) sowie die Vermessung von Küstenabschnitten auf Borneo und Tiefenlotungen in der China-See. Diese Reise dauerte von 16. Mai 1874 bis 21. Juni 1876.

1874 - 1875

Korvette DANDOLO unter dem Kommando von Fregattenkapitän Emil Rödiger. Diese Instruktionsreise mit den neuausgemusterten Seekadetten des Jahrganges 1874 führte nach Westindien und dauerte von 30. Oktober 1874 bis 1. August 1875.

1875 - 1876

Korvette DANDOLO unter dem Kommando von Fregattenkapitän Adolf Nölting. Diese Instruktionsreise führte die neuausgemusterten Seekadetten des Jahres 1875 nach Spanien, England, Südamerika, Nordamerika und Kapstadt. Sie dauerte von 10. Oktober 1875 bis 4. August 1876.

1875

Fregatte NOVARA unter dem Kommando von Linienschiffskapitän Karl Kronowetter. Von 9. Juli bis 31. August. Zöglingsreise der Marineakademie in die Jonischen Gewässer.

1877 - 1878

Korvette DANDOLO unter dem Kommando von Fregattenkapitän Josef Lang. Diese Instruktionsreise mit den neuausgemusterten Seekadetten des Jahres 1877 an Bord führte nach Südamerika, Westindien sowie Nordamerika und dauerte von 15. Oktober 1877 bis 19. Juli 1878.

1877

Radyacht MIRAMAR (1830 t, 2 Geschütze, am 8. Jänner 1872 in Poplar vom Stapel gelaufen). Reise von Kronprinz Rudolf nach Dalmatien und Korfu, von 25. August bis 13. September.

Radyacht MIRAMAR zur kaiserlichen Verfügung

1878 – 1880

Korvette HELGOLAND unter dem Kommando von Fregattenkapitän Josef Pichler. Diese Instruktionsreise mit den neuausgemusterten Seekadetten des Jahres 1878 führte nach Australien und Ostindien. Zunächst verließ die Korvette am 7. Oktober Pola, um die Reise bis Toulon fortzusetzen. Dann wurde HELGOLAND zurück in die Heimat beordert und nach Abschluß von Reparatur- und Adaptierungsarbeiten zur Weltausstellung nach Sidney in Australien entsandt. So trat die HELGOLAND, nach Einschiffung des Weltausstellungs-Komitees und der Ausstellungsgüter, die neuerliche Fernreise am 5. Mai 1879 an. Sie stand unter keinem günstigen Stern: Todesfälle und Desertionen waren an der Tagesordnung: Maschinist Jonas Hinterbichler sprang am 1. Jänner 1880 westlich der Philippinen ins Wasser und ertrank. Marsgast Josef Babic ging am 9. August 1979 bei Sturm über Bord und ertrank. Matrose Ludwig Kiseli wurde am 24. August in Sydney mit Typhus ins Spital gebracht, und Matrose Anton Gasda desertierte. Matrose Vinzenz Jadrosich starb am 21. September nach einem Sturz aus der Vormarsraa. Marsgast Carl Schulz und Matrose Ludwig Szigetvari desertierten am 27. Jänner 1880 in Singapore. Matrose Josef Zankopper stürzte am 3. März 1880 aus den Großwanten und mußte verletzt in Aden zurückgelassen werden.

1879

Radyacht MIRAMAR unter dem Kommando von Linienschiffskapitän Moritz Freiherr von Manfroni. Von 20. April bis 1. Juli unternahmen Kronprinz Rudolf und Prinz Leopold von Bayern eine Reise nach Portugal und Spanien.

Korvette DONAU unter dem Kommando von Fregattenkapitän Heinrich Buchta. Diese Zöglingsreise führte nach Korfu und dauerte von 30. Juni bis 14. September.

Korvette SAIDA passiert den Kanal von Korinth

1879 – 1880

Korvette SAIDA (2500 t, 11 Geschütze, am 2. Juni 1878 in Pola vom Stapel gelaufen) unter dem Kommando von Linienschiffskapitän Johann Pelzel. Diese Instruktionsreise der neuausgemusterten Seekadetten des Jahrganges 1879 führte nach Südamerika, Kapstadt, Westindien und Nordamerika. Sie dauerte von 15. Oktober 1879 bis 23. Juli 1880. An Bord befand sich Erzherzog Karl Stephan, als diensttuender Seeoffizier eingeschifft.

1880 – 1881

Korvette FASANA unter dem Kommando von Linienschiffskapitän Alphons Ritter von Henriquez. Diese Instruktionsreise der neuausgemusterten Seekadetten des Jahres 1880 führte nach Südamerika, Westindien, Nordamerika und England. Sie dauerte von 4. September 1880 bis 10. November 1881.

Korvette FASANA, Ausblick von der Brücke

1880

Korvette DONAU unter dem Kommando von Linienschiffskapitän Alphons Ritter von Henriquez. Diese Zöglingsreise führte nach Dalmatien und Korfu und dauerte von 29. Juni bis 1. August.

1881

Radyacht MIRAMAR unter dem Kommando von Linienschiffskapitän Ernst Rödiger. Diese Reise führte Kronprinz Rudolf und den Großherzog Ferdinand von Toskana nach Ägypten und Syrien. Die Fahrt dauerte von 6. Februar bis 21. April.

1881 - 1882

Korvette ERZHERZOG FRIEDRICH unter dem Kommando von Fregattenkapitän Hermann Czedik von Bründelsberg. Diese Instruktionsreise mit den neuausgemusterten Seekadetten des Jahres 1881 führte nach Südamerika, Kapstadt und Westindien. Die Reise dauerte von 12. Oktober 1881 bis 12. Juni 1882.

1882

Raddampfer TAURUS (530 t, 5 Geschütze, am 5. Mai 1877 in Triest vom Stapel gelaufen) unter dem Kommando von Korvettenkapitän Karl Baritz von Ikafalva. Dampfer TAURUS befand sich von Beginn des Jahres 1882 bis 31. Oktober zur Verfügung des k. u. k. Botschafters in Konstantinopel. Das Schiff unterstützte durch mehrere Fahrten die Tätigkeit der österreichischen archäologischen Expedition in Kleinasien. So etwa durch den Transport der Expeditionsteilnehmer zur Yali Bay, wo in Gölbanhi antike Reliefs lykischen Ursprungs gefunden und geborgen wurden.

Transportdampfer POLA (910 t, am 12. November 1870 in Pola vom Stapel gelaufen) stand unter dem Kommando von Korvettenkapitän Franz Müller. Die Aufgabe des Dampfers war die Überführung der österreichisch-ungarischen Polarstation samt Ausrüstungsmaterial nach Jan Mayen. Dauer der Reise von 2. April bis 25. November 1882.

1882

Korvette ERZHERZOG FRIEDRICH unter dem Kommando von Fregattenkapitän Hermann Czedik von Bründelsberg. Zwei Zöglingsreisen; die erste nach Korfu (27. Juni bis 30. Juli), die zweite nach Messina, Palermo und Malta (1. August bis 14. September).

1882 - 1883

Korvette EZHERZOG FRIEDRICH unter dem Kommando von Fregattenkapitän Eugen Kronowetter. Diese Instruktionsreise mit den neuausgemusterten Seekadetten des Jahres 1882 führte nach Südamerika, Westindien, Nordamerika, England und Frankreich. Reisedauer von 17. Oktober 1882 bis 22. September 1883.

1883

Transportdampfer POLA unter dem Kommando von Korvettenkapitän Theodor Albrecht. Auftrag war die Heimführung der auf Jan Mayen überwinterten Polarexpedition. Die Reise dauerte von 6. Mai bis zum 26. Oktober 1883. Anschließend fuhr der Dampfer am 14. November nach Lykien, um einen dort von den Österreichern gefundenen wertvollen Reliefsarkophag, der dem Sultan als Geschenk bestimmt war, abzutransportieren. Der Leiter der archäologischen Arbeiten in Lykien, Ing. von Knaffl, überwachte die Transportarbeiten. Der mühevolle Transport der fern vom Ufer befindlichen, bis zu 5 Tonnen schweren Stücke wurde außerdem durch schlechtes Wetter verzögert. Von 26. April bis 3. Mai 1884 fand dann die Ausschiffung des Sarkophags in Konstantinopel statt.

1883

Korvette DONAU unter dem Kommando von Linienschiffskapitän Hermann Biringer. Zwei Zöglingsreisen; die erste nach Cattaro (28. Juni – 30. Juli), die zweite zu der istrianischen Küste (1. August – 15. September).

Korvette DONAU in Pola beim Salutschießen

1883 – 1884

Korvette DONAU unter dem Kommando von Linienschiffskapitän Hermann Biringer. Diese Instruktionsreise mit den ausgemusterten Seekadetten des Jahres 1883 führte nach Südamerika, Kapstadt und Ostafrika und dauerte von 25. September 1883 bis 27. September 1884.

1883 – 1885

Kanonenboot ALBATROS (570 t, 3 Geschütze, am 22. November 1873 in Pola vom Stapel gelaufen) unter dem Kommando von Fregattenkapitän Josef Wostry. Der Auftrag dieser Missionsreise war eine Kreuzung im Roten Meer und Weiterfahrt nach Ostasien. Reisedauer von 30. Dezember 1883 bis zur Vereinigung mit der Eskadre in Piräus am 13. Februar 1885.

Kanonenboot ALBATROS in Pola

1884

Radyacht MIRAMAR. Reise des Kronprinzenpaares nach Varna und Konstantinopel. Dauer der Reise von 1. April bis 6. Mai.

1884 – 1885

Korvette HELGOLAND unter dem Kommando von Fregattenkapitän August von Almstein. Diese Missionsreise führte nach Westafrika und dauerte von 1. September 1884 bis 27. April 1885.

Korvette AURORA (1340 t, am 20. November 1873 in S. Marco vom Stapel gelaufen) unter dem Kommando von Fregattenkapitän Viktor Bousqet. Diese Missionsreise führte nach Brasilien und den La-Plata-Staaten und dauerte von 27. August 1884 bis 26. April 1885. In Rio de Janeiro besuchten der Kaiser von Brasilien und in Buenos Aires der argentinische Präsident die Korvette AURORA.

Korvette FRUNDSBERG unter dem Kommando von Fregattenkapitän Friedrich Stecher. Diese Missionsreise führte nach Ostafrika und dauerte von 28. August 1884 bis zum 22. April 1885.

1884

Korvette SAIDA unter dem Kommando von Fregattenkapitän Heinrich Fayenz. Zwei Zöglingsreisen; die erste in den Golf von Quarnero und zur Dalmatinischen Küste (29. Juni – 31. Juli), die zweite nach Korfu (1. August – 17. September).

1884 – 1886

Korvette SAIDA unter dem Kommando von Fregattenkapitän Heinrich Fayenz. Diese Instruktionsreise mit den neuausgemusterten Seekadetten des Jahres 1884 führte nach Südamerika, Kapstadt, Australien, in die Südsee und nach Ostindien und dauerte von 2. Oktober 1884 bis 5. Februar 1886. Während dieser Reise starb der Maschinist Wagner (in Castelnuovo begraben), ein Marsgast stürzte aus der Takelage (in Surabaya begraben).

Korvette FRUNDSBERG in Pola

1884 – 1887

Kanonenboot NAUTILUS unter dem Kommando von Fregattenkapitän Karl Spetzler. Diese Missionsreise führte NAUTILUS nach Ostasien, es sollte dort als Stationsschiff vom 20. Oktober 1884 bis zum 18. Jänner 1887 bleiben. Während dieses Aufenthaltes wurde der k. k. Gesandte von Tokio nach Seoul zum Abschluß von Handelsverträgen mit Korea gebracht.

Korvette SAIDA im Südost-Passat

1885

Radyacht MIRAMAR unter dem Kommando von Linienschiffskapitän Hermann von Spaun. Diese Reise führte das Kronprinzenpaar nach Korfu, Beirut, Rhodos, Salamis und Athen. Sie dauerte von 24. Februar bis 29. März 1885.

Radyacht MIRAMAR unter dem Kommando von Linienschiffskapitän August von Almstein. Diese Orientreise von Kaiserin Elisabeth dauerte von 5. Oktober bis 30. Oktober 1885.

1885 – 1886

Korvette DONAU unter dem Kommando von Fregattenkapitän Hermann Czeike, nach dessen Tod von Fregattenkapitän Richard Pogatschnigg. Diese Instruktionsreise mit den neuausgemusterten Seekadetten des Jahrganges 1885 führte nach Westindien, Nordamerika und in die Nord- und Ostsee und dauerte von 1. Oktober 1885 bis 11. November 1886. Der Kommandant, Fregattenkapitän Czeike, starb in Havanna am 27. Dezember 1885 an einem Herzschlag. Im Hafen von New York fielen Seekadett Karsch sowie fünf Matrosen einem Bootsunglück zum Opfer.

Korvette ZRINYI auf Missionsreise. Eine Tombola wird vorbereitet.

Korvette ZRINYI in Kapstadt

Korvette ZRINYI (1340 t, am 10. Dezember 1870 in S. Rocco vom Stapel gelaufen) unter dem Kommando von Fregattenkapitän Vinzenz Edler von Rosenzweig. Diese Missionsreise führte nach Westindien und dauerte vom 1. September 1885 bis 16. April 1886. Während dieser Mission wurde das gesamte Inselgebiet der Antillen besucht.

Korvette FRUNDSBERG unter dem Kommando von Fregattenkapitän Gustav Semsey de Semse. Diese Missionsreise ging ins Rote Meer, nach Vorderindien und Ceylon und dauerte vom 15. August 1885 bis zum 15. April 1886. In Kalkutta starb der Maschinist 2.Kl. Johann Schloss.

Kanonenboot ALBATROS unter dem Kommando von Fregattenkapitän Arthur Müldner. Diese Missionsreise führte nach Südamerika und Westafrika und dauerte vom 1. September 1885 bis zum 19. Dezember 1886.

Transportdampfer POLA unter dem Kommando von Linienschiffsleutnant Karl Edler von Bermann. Dampfer POLA transportierte Mannschaft und Material für die in England befindlichen Schiffe. Dauer der Reise: 20. Oktober 1885 bis 23. Februar 1886.

1885

Korvette ERZHERZOG FRIEDRICH unter dem Kommando von Linienschiffskapitän Fridolin Ritter von Jägermayer. Zwei Zöglingsreisen; die erste nach Bari und Korfu (1. Juli – 30. Juli), die zweite nach Malta, Palermo und Messina (31. Juli – 15. September).

1886

Korvette ERZHERZOG FRIEDRICH unter dem Kommando von Fregattenkapitän Julius Heinz. Zwei Zöglingsreisen, die erste nach Korfu (27. Juni – 31. Juli), die zweite nach Smyrna (1. August – 1. Oktober 1886).

Radyacht GREIF (1370 t, am 28. August 1857 vom Stapel gelaufen) unter dem Kommando von Fregattenkapitän Oskar Conte Cassini. Im Jahre 1886 wurde die Radyacht GREIF drei Mal in Dienst gestellt: die erste Reise führte Kaiserin Elisabeth von 5. bis 19. Februar in die obere Adria. Vom 6. März bis zum 26. April reiste das Kronprinzenpaar durch Dalmatien; die dritte Reise führte die Erzherzöge Karl Stephan und Albrecht sowie die Erzherzogin Theresia nach Dalmatien (von 28. April bis 9. Mai).

Radyacht GREIF in Pola. Eine der drei dem Kaiserhaus zur Verfügung stehenden Yachten.

1886 – 1887

Korvette SAIDA unter dem Kommando von Linienschiffskapitän Hermann Heinz. Diese Instruktionsreise der neuausgemusterten Seekadetten des Jahres 1886 führte nach Südamerika, Kapstadt und Ostafrika und dauerte von 30. September 1886 bis 26. Oktober 1887. Auf der Rückreise besuchte Kaiserin Elisabeth die Korvette SAIDA in Korfu.

1886 – 1888

Korvette AURORA unter dem Kommando von Fregattenkapitän Franz Müller. Die Korvette war zum Stationsschiff in Ostasien bestimmt worden. Die Reise dauerte von 1. August 1886 bis 28. April 1888. Die AURORA befuhr den Yangtsekiang bis Chingkiang.

1887

Radyacht GREIF unter dem Kommando von Korvettenkapitän Karl Ritter von Pöltl. Diese Reise im Oktober/November führte Kaiserin Elisabeth nach Korfu.

Korvette ERZHERZOG FRIEDRICH unter dem Kommando von Fregattenkapitän Anton Pirchmann. Zwei Zöglingsreisen; die erste nach Venedig, Ancona und Korfu (30. Juni – 30. Juli), die zweite nach Piräus, Patras und Kalamaki (1. August – 15. September).

Pola, Ausrüstungsarsenal. Die alten, seegeprüften Veteranen in der Reserve.

Fregatte RADETZKY in Pola. Der Feldmarschall als Gallionsfigur gut erkennbar.

1887 – 1888

Kanonenboot ALBATROS unter dem Kommando von Korvettenkapitän Gustav von Pott. Diese Missionsreise führte nach Südamerika und Westafrika und dauerte von 17. September 1887 bis 19. Oktober 1888.

1887 – 1889

Korvette FASANA unter dem Kommando von Fregattenkapitän Emil Edler von Wohlgemuth. Diese Instruktionsreise mit den neuausgemusterten Seekadetten des Jahres 1887 führte nach Ostindien und Ostasien. Die Route: Am 1. September 1887 von Pola nach Bombay, Colombo, Madras, Rangoon, Penang, Singapore, Batavia, Hongkong, Yokohama, Kobe, Nagasaki, Amoy, Hongkong, Manila, Saigon und Singapore. Am 2. Februar 1889 lief die FASANA wieder in Pola ein. Unter den neuausgemusterten Seekadetten befand sich auch Erzherzog Leopold.

1888

Radyacht MIRAMAR unter dem Kommando von Linienschiffskapitän Oskar Conte Cassini. Diese Reise führte Kaiserin Elisabeth nach Korfu, Katakolo, Zante und Nauplia; Reisedauer von 7. Oktober bis 1. Dezember 1888.

Radyacht GREIF wurde in diesem Jahr viermal in Dienst gestellt. Von 3. September bis 1. Oktober unternahm Kronprinzessin Stephanie eine Fahrt nach Dalmatien und zu den Jonischen Inseln.

Korvette ERZHERZOG FRIEDRICH unter dem Kommando von Fregattenkapitän Karl Baritz von Ikafalva. Zwei Zöglingsreisen, die erste nach Bari und Korfu (1. Juli – 30. Juli), die zweite nach Malta, Palermo, Messina und Korfu (31. Juli – 15. September).

1888 – 1889

Korvette SAIDA unter dem Kommando von Fregattenkapitän Alois von Becker. Diese Instruktionsreise mit den neuausgemusterten Seekadetten des Jahres 1888 führte nach Westindien und Nordamerika und dauerte von 4. Oktober 1888 bis 23. Dezember 1889.

1889

Radyacht MIRAMAR unter dem Kommando von Linienschiffskapitän Oskar Conte Cassini. Diese Reise führte Kaiserin Elisabeth nach Korfu, Messina und Tunis (Reisedauer von 2. November bis 3. Dezember 1889). Während der Fahrt traf Kaiserin Elisabeth mit dem Deutschen Kaiserpaar, dem Dänischen Königspaar und dem Griechischen König zusammen.

Torpedofahrzeug KOMET (358 t, 8 Schnellfeuerkanonen, am 18. August 1888 in Elbing vom Stapel gelaufen) unter dem Kommando von Korvettenkapitän Karl Edler von Bermann. Diese Übungs- und Ausbildungsfahrt führte an die österreichische und an die italienische Küste und dauerte von 18. September bis 26. Oktober 1889.

Korvette ERZHERZOG FRIEDRICH unter dem Kommando von Fregattenkapitän Franz Ritter Perin von Wogenburg. Zwei Zöglingsreisen; die erste nach Venedig (1. Juli – 30. Juli), die zweite nach Catania und Malta (31. Juli – 15. September).

1889 – 1890

Korvette FASANA unter dem Kommando von Linienschiffskapitän Rudolf Berghofer. Diese Instruktionsreise mit den neuausgemusterten Seekadetten des Jahres 1889 führte um die Welt und dauerte von 21. September 1889 bis 20. Dezember 1890.

Korvette AURORA unter dem Kommando von Fregattenkapitän Rudolf Graf Montecuccoli. Diese Missionsreise führte nach Ostindien und Ostafrika und dauerte von 8. Juli 1889 bis 4. Mai 1890. Auf der Rückfahrt von Colombo nach Aden erkrankten 104 Besatzungsmitglieder an „Influenza". In Port Said wurde ein Matrose ausgeschifft und ist im englischen Spital gestorben; in der Nacht vom 26. zum 27. April verstarb Linienschiffsfähnrich Hermann von Lorenz-Liebenau an einer Blutvergiftung und wurde in Suda begraben.

Panzerschiff KRONPRINZ ERZHERZOG RUDOLF in Pola

1890

Panzerschiff KRONPRINZ ERZHERZOG RUDOLF (6870 t, am 6. Juli 1887 in Pola vom Stapel gelaufen) unter dem Kommando von Linienschiffskapitän Gustav Brudl.

Panzerschiff KRONPRINZESSIN ERZHERZOGIN STEFANIE (5100 t, am 14. Juli 1887 in S. Rocco vom Stapel gelaufen) unter dem Kommando von Linienschiffskapitän Josef Schellander.

Kreuzer TIGER (1683 t, am 28. Juli 1887 in S. Rocco vom Stapel gelaufen) unter dem Kommando von Fregattenkapitän Gustav Brosch.

Kreuzer KAISER FRANZ JOSEF I. (4000 t, am 18. Mai 1889 in Triest vom Stapel gelaufen) unter dem Kommando von Linienschiffskapitän Erzherzog Karl Stephan. Diese Eskadre-Reise stand unter dem Kommando von Konteradmiral Johann Hinke und führte nach England und in die Nordsee. Route: am 23. Juli 1890 von Pola nach Gibraltar, Spithead, Portsmouth, Kopenhagen, Kiel, Wilhelmshaven, Cherbourg, Lissabon, Palermo; Mitte Dezember kehrten die letzten Einheiten dieses Schiffsverbandes nach Pola zurück. In England besuchten der Prince of Wales, der Herzog von Connaught sowie der Herzog von Battenberg das k. u. k. Flaggenschiff, in Wilhelmshaven der Deutsche Kaiser. Außerdem nahm die k. u. k. Eskadre am 3. September 1890 in Kiel an der Flottenparade vor dem Deutschen Kaiser teil.

Radyacht MIRAMAR unter dem Kommando von Linienschiffskapitän Oskar Conte Cassini. Diese Reise führte Kaiserin Elisabeth nach Korfu und Neapel und dauerte von 2. November bis 4. Dezember 1890.

Korvette ERZHERZOG FRIEDRICH unter dem Kommando von Fregattenkapitän Friedrich Schweißgut. Nur eine Zöglingsreise nach Ancona, Korfu und Gravosa (1. Juli –28. Juli).

1890 – 1891

Korvette ZRINYI unter dem Kommando von Fregattenkapitän Wladimir Khittel. Diese Missionsreise führte nach Ostasien und dauerte von 3. Mai 1890 bis 6. März 1891.

1890 – 1892

Korvette SAIDA unter dem Kommando von Fregattenkapitän Josef Wachtel Edler von Elbenbruck. Diese Instruktionsreise mit den neuausgemusterten Seekadetten des Jahres 1891 führte um die

Welt. Die Route: am 5. September 1890 von Pola nach Port Said, Suez, Aden, Diego Garcia, Mauritius, Albany, Adelaide, Portland, Melbourne, Port Esperance, Howart, Sydney, Milford Sound, Wellington, Aukland, Punta Arenas, Falklandinseln, Buenos Aires, St. Helena, Ascencion, St. Vincent, Punta Delgada, Madeira, Tanger, Algeciras, Gibraltar, Marseille, Chios, Smyrna, Lissa. Am 16. Jänner 1892 Ankunft in Pola. Das Schiffskommando hatte den kaiserlichen Auftrag, nach Spuren der mit dem Habsburger Johann Orth verschollenen SANTA MARGERITA zu suchen. Ein Maschinist starb in Tasmanien, ein Matrose desertierte in Buenos Aires, fünf Schiffsjungen desertierten in Melbourne, beim Auslaufen aus Port Esperance verunglückte am 12. Februar 1891 der Maschinengast Peter Gerrini tödlich und wurde dort beerdigt. Während dieser Reise hatte die SAIDA 37.112 Seemeilen zurückgelegt und führte beim Einlaufen in Pola einen 36 Meter langen Heimatwimpel.

1890 – 1893

Dampfer POLA unter dem Kommando von Korvettenkapitän Wilhelm Mörth. Am 8. August wurde der Dampfer auf Anregung der kaiserlichen Akademie der Wissenschaften für Tiefseelotungen sowie geologische und physikalische Forschungen im Jonischen Meer und der angrenzenden Seestrecke in Dienst gestellt. Diese wissenschaftlichen Arbeiten standen unter der Leitung der beiden Akademieprofessoren Dr. Carl Grobben und Dr. Emil Ritter von Marenzelle sowie des Marineakademie-Professors Josef Luksch. Während dieser Reise wurden 44 Tiefseelotungen durchgeführt, wobei die tiefste 3700 Meter betrug. Am 19. September 1890 kehrte der Dampfer wieder nach Pola zurück.

Im Jahre 1891 wurde der Dampfer POLA am 20. Juli in Dienst gestellt,um die wissenschaftlichen Untersuchungen weiterzuführen. Am 28. Juli 1891 gelang es in 21°45,8’ Ostlänge und 35°44,8’ Nordbreite, die größte Tiefe im Mittelmeer zu orten, die heute noch „Polatiefe“ heißt. Am 6. Dezember 1891 erfolgte die Außerdienststellung des Dampfers.

Im Jahre 1892 wurde Dampfer POLA für die dritte Saison am 15. August in Dienst gestellt. Im Laufe dieser Mission wurden 68 Lotungen, 16 Dredschungen (Messungen mittels Schleppnetz) sowie über 1000 meeresbiologische Messungen vorgenommen. Die Außerdienststellung erfolgte am 22. Oktober 1892.

Für die vierte Mission wurde der Dampfer POLA am 15. Juli 1893 in Dienst gestellt. Die in den vorangegangenen Jahren begonnene Erforschung des östlichen Mittelmeeres sollte in diesem Jahre zum Abschluß gebracht werden. Als Vertreter der k. k. Akademie der Wissenschaften nahmen Hofrat Dr. Steindachner, Prof. Luksch sowie Dr. Natterer an dieser Expedition teil. Am 7. Oktober 1893 beendete die Außerdienststellung des Dampfers POLA diese ebenfalls erfolgreiche vierte Mission.

1891

Korvette ERZHERZOG FRIEDRICH unter dem Kommando von Fregattenkapitän Emil Spetzler. Zwei Zöglingsreisen; die erste nach Brindisi, Korfu und Gravosa (3. Juni – 30. Juni), die zweite nach Piräus, Korfu und Alexandria (1. August – 9. September).

Radyacht MIRAMAR unter dem Kommando von Linienschiffskapitän Oskar Conte Cassini. Die erste Reise führte die Kaiserin Elisabeth an die sizilianische und westitalienische Küste und dauerte von 5. März bis 3. Mai. Die zweite führte die Kaiserin nach Korfu und Alexandria (19. September bis 4. Dezember 1891).

1891 – 1893

Korvette FASANA unter dem Kommando von Linienschiffskapitän Friedrich Schweißgut (nach dessen Tod Fregattenkapitän Julius Ripper). Diese Instruktionsreise mit den neuausgemusterten Seekadetten des Jahres 1891 führte um die Welt und dauerte von 1. September 1891 bis 14. Februar 1893. Linienschiffskapitän Schweißgut starb auf der Fahrt von San Francisco nach Honolulu am 16. Juni 1892. Während der Begegnung mit dem Kreuzer KAISERIN ELISABETH im Indischen Ozean am 2. Jänner 1893 kam Erzherzog Franz Ferdinand zur Inspizierung an Bord.

1891 – 1892

Korvette AURORA unter dem Kommando von Fregattenkapitän Gustav Thewalt. Diese Instruktionsreise führte mit einem Teil der neuausgemusterten Seekadetten des Jahres 1891 nach Westindien, Nordamerika und Portugal zur Kolumbusfeier und dauerte von 1. September 1891 bis 20. September 1892.

1892

Panzerschiff KRONPRINZ ERZHERZOG RUDOLF, Panzerschiff KRONPRINZESSIN ERZHERZOGIN STEPHANIE sowie Kreuzer FRANZ JOSEF I. Diese Eskadre stand unter dem Kommando von Konteradmiral Hermann Freiherr von Spaun. Die Reise führte zu den Kolumbus-Feierlichkeiten nach Genua und dauerte von 22. August bis 24. September.

Radyacht MIRAMAR unter dem Kommando von Linienschiffskapitän Josef Wachtel Edler von Elbenbruck. Die erste Reise führte die Kaiserin nach Korfu, Paxo, Piräus und dem griechischen Archipel und dauerte von 15. März bis 3. Mai. Die zweite führte nach Messina, Palma und Malaga und dauerte von 1. Dezember 1892 bis 8. April 1893, wo sich Kaiserin Elisabeth in Korfu ausschiffte und MIRAMAR nach Pola zurückkehrte.

Korvette ERZHERZOG FRIEDRICH unter dem Kommando von Fregattenkapitän Mathias Morin. Zwei Zöglingsreisen; nach Venedig,

Kombur und Korfu (1. – 30. Juli), dann nach Malta und Korfu (1. August bis 15. September).

Kreuzer KAISER FRANZ JOSEF I. unter dem Kommando von Fregattenkapitän Rudolf Graf Montecuccoli. Diese Missionsreise führte nach Huelva zur Teilnahme an den Kolumbus-Feiern und dauerte von 28. September bis 29. Oktober 1892.

1892 – 1893

Kreuzer KAISERIN ELISABETH (4000 t, am 25. November 1890 in Pola vom Stapel gelaufen) unter dem Kommando von Linienschiffskapitän Alois Ritter von Becker. Diese Missionsreise führte nach Ostasien und Australien und diente dem Austausch des ratifizierten Handelsvertrages mit Korea. Sie dauerte von 12. Dezember 1892 (Triest) bis 19. Dezember 1893 (Pola). An Bord befand sich Erzherzog Franz Ferdinand; er schiffte sich in Yokohama aus und kehrte mit einem Passagierschiff über Nordamerika heim. Ebenfalls an Bord befand sich Erzherzog Leopold Ferdinand als diensttuender Offizier; er schiffte sich krankheitshalber (Neurasthenie) in Sydney aus und kehrte nach Europa zurück.

Figur des javanischen Puppenspiels; Dämonenmaske, Holz, Sri Lanka; Armreifen, Silberlegierung, Sri Lanka; Dolch aus Indien, Bronzegefäß aus China. Erworben bei Weltreise Erzherzog Franz Ferdinands 1892/93. Österreichisches Museum für Völkerkunde, Wien (Foto Czerny, Wien)

Korvette FRUNDSBERG unter dem Kommando von Fregattenkapitän Karl Chev. Rousseau d'Happoncourt. Diese Instruktionsreise mit einem Teil der neuausgemusterten Seekadetten des Jahres 1892 führte nach Ostafrika und Nordamerika und dauerte von 20. September 1892 bis 25. Oktober 1893. Der Kommandant starb am Tage der Heimkehr in Pola.

West. v. Greenw.
Öst. v. Greenw.
Franz Josef L.
9°82889 (−97)
C. Thordsen
Spitzbergen
König Karl Land
Parry Ins.
GRÖNLAND
Hops I.
Novaja
Semlia
Melville B.
Baffin
Bai
Shannon I
Bären I.
Nord Cap
Jan Mayen
9°82858 (+215)
Tromsö
9°82582 (+20)
Island
Davis
St.
I. Faröer
Hudson
Bai
C. Farewell
Britische
9°81621 (+56)
Edinburgh
Ins.
LABRADOR
N. AMERIKA
EUROPA
ASIEN
Obere S.
Missouri
Wien
9°80913 (+26)
Pola
9°80648 (+64)
N. Foundland
Donau
Aral S.
Balchasch
Azoren
Ponta Delgada
9°80121 (+175)
Gibraltar
9°79810 (+4)
Algier
9°79964 (+91)
Port Said
9°79471 (+72)
Suez
9°79320 (+27)
Madeira
Canarische In.
SAHARA
PERSIEN
ARABIEN
EGIPTEN
Indus
9°78664 (+11
9°78655 (+11
Mississippi
Westindien
9°78779 (+331)
St. Vincent
Cp. Verde In.
Senegal
Dakar
978473 (+140)
AFRIKA
Tsad S.
Niger
Aden
9°78339 (+86)
Bombay
INDIEN
Colombo
9°78175 (+99)
Galapagos
Congo
Ukerewa
Tanganjika
Maranon
Banana Creek
9°78143 (+86)
Ascension
St. Paul de Loanda
9°78232 (+110)
S. AMERIKA
BRASILIEN
S. Helena
Zambesi
Madagaskar
CAPLAND
Montevideo
La Plata
9°79775 (+75)
Capstadt
9°79669 (+51)
Cp. d. g. Hoffnung
N. Amsterd
Kerguelen
Falklands I.
S. Georgien
Cp. Hoorn
Graham Land
Enderby L.

ÜBERSICHTS-KARTE
der transoceanischen
Beobachtungs-Stationen
der
k. u. k. Kriegs-Marine.
N. Sibirien
Wrangel I.
Parry Ins.
Melville S.
Baffin B.
Smith S.
Kennedy C.
Lena
Aljaska
Jukon
Bering S.
Kamtschatka
Aleuten
Kurilen
Japan
Amur
Baikal S.
CHINA
Philippinen
Carolinen
Sandwich In.
HUDSON BAI
LABRADOR
N. AMERIKA
UNION
Westindien
S. AMERIKA
Penang
Kudat 9.78166 (+91)
Singapore
Borneo
Batavia
Amboina
9.78198 (+183)
9.78200 (+185)
N. Guinea
Salomon I.
Marquesas I.
Tangoa 9.78574 (+198)
P. Sandwich 9.78594 (+178)
Vila 9.78654 (+171)
N. Caledonien
Noumea 9.78894 (+147)
Tuamotu
AUSTRALIEN
Sidney 9.79703 (+90)
9.79722 (+109)
Melbourne 9.80013 (+59)
9.80017 (+63)
Tasmania
Auckland 9.79979 (+111)
N. Seeland
Aukland
Macquarie
Wilkes Land
Graham L.

1892 – 1894

Korvette SAIDA unter dem Kommando von Fregattenkapitän Moritz Sachs. Diese Instruktionsreise mit einem Teil der neuausgemusterten Seekadetten des Jahres 1892 führte nach Ostindien, Australien, Honolulu, Japan, Korea und China und dauerte vom 1. September 1892 bis zum 21. Mai 1894.

1893

Radyacht MIRAMAR unter dem Kommando von Fregattenkapitän Franz Ritter Perin von Wogenburg. Überführung der Yacht nach Danzig, dort Kessel- und Maschinenwechsel, Installierung einer elektrischen Beleuchtung sowie die erforderlichen Rekonstruktionsarbeiten. Am 21. Mai in Danzig angelangt, konnte die MIRAMAR am 28. Dezember 1893 in Danzig wieder in Dienst gestellt werden.

Korvette ERZHERZOG FRIEDRICH unter dem Kommando von Fregattenkapitän Johann Mosser. Zwei Zöglingsreisen; zuerst nach Venedig und Korfu (1. Juli – 30. Juli), dann nach Piräus, Korinth, Zante und Korfu (1. August – 15. September).

Korvette ZRINYI unter dem Kommando von Fregattenkapitän Johann Holeczek (nach dessen Tod Fregattenkapitän Ferdinand Gebhardt). Diese Instruktionsreise mit einem Teil der neuausgemusterten Seekadetten des Jahres 1893 führte nach Südamerika und dauerte von 20. September 1893 bis 15. Dezember 1894. Kommandant Fregattenkapitän Holezek sowie drei Mann verstarben am 15. Februar 1894 am Gelben Fieber in Rio de Janeiro.

Radyacht GREIF unter dem Kommando von Fregattenkapitän Josef Wachtel Edler von Elbenbruck. Diese Reise führte die Kaiserin nach Funchal auf Madeira und dauerte von 1. Dezember 1893 bis 5. Mai 1894.

1893 – 1895

Korvette FASANA unter dem Kommando von Linienschiffskapitän Karl Edler von Adamovich. Diese Instruktionsreise mit einem Teil der neuausgemusterten Seekadetten des Jahres 1893 führte nach Australien und Polynesien und dauerte vom 20. September 1893 bis zum 15. März 1895.

1894

Korvette ERZHERZOG FRIEDRICH unter dem Kommando von Fregattenkapitän Josef Reznicek. Zwei Zöglingsreisen; die erste nach Venedig, Gravosa und Korfu (1. – 30. Juni), die zweite nach Neapel und Korfu (1. Juli – 15. September).

Radyacht MIRAMAR unter dem Kommando von Linienschiffskapitän Josef Wachtel Edler von Elbenbruck. Diese Reise führte Erzherzog Franz Salvator und Erzherzogin Marie Valerie nach Korfu und Algier, sie dauerte von 2. bis 30. September.

1894 – 1895

Korvette DONAU unter dem Kommando von Linienschiffskapitän Maximilian Rottauscher. Diese Instruktionsreise mit einem Teil der neuausgemusterten Seekadetten des Jahres 1894 führte nach Südamerika und Afrika und dauerte von 2. September 1894 bis 1. November 1895.

1895

Radyacht MIRAMAR unter dem Kommando von Linienschiffskapitän Josef Wachtel Edler von Elbenbruck. Diese Reise führte Kaiserin Elisabeth nach Livorno, Cap Martin sowie Neapel und dauerte von 28. Jänner bis 30. April.

Korvette SAIDA unter dem Kommando von Fregattenkapitän Ferdinand Gebhardt. Zwei Zöglingsreisen; die erste nach Ancona, Korfu und Gravosa (30. Juni – 30. Juli), die zweite nach Messina, Spezia, Neapel und Tarent (1. August – Mitte September).

Panzerkreuzer KAISERIN UND KÖNIGIN MARIA THERESIA (5200 t, am 29. April 1893 in S. Marco vom Stapel gelaufen) unter dem Kommando von Linienschiffskapitän Karl Ritter von Pöltl.

Kreuzer KAISERIN ELISABETH unter dem Kommando von Linienschiffskapitän Josef Reznicek.

Kreuzer KAISER FRANZ JOSEF I. unter dem Kommando von Linienschiffskapitän Franz Anton von Pirkershausen.

Torpedofahrzeug TRABANT (540 t, am 21. Mai 1890 in S. Rocco vom Stapel gelaufen) unter dem Kommando von Korvettenkapitän Alexander Toppo. Die Reise dieses k. u. k. Schiffsverbandes führte zur Eröffnung des Kaiser-Wilhelm-(Nord-Ostsee-)Kanals und dauerte von 17. Mai 1895 bis 15. August 1895. Kommandant dieser Eskadre war Konteradmiral Erzherzog Karl Stephan. Eine Musikharmonie unter der Leitung des jungen Marinekapellmeisters Franz Léhar befand sich ebenfalls an Bord.

1895 – 1896

Dampfer POLA unter dem Kommando von Fregattenkapitän Paul von Pott. Unter der Mitwirkung der k. u. k. Akademie der Wissenschaften wurde der Dampfer POLA für eine Mission in die Nordhälfte des Roten Meeres zur Erforschung der biologischen, physikalischen sowie schiffahrtlichen Verhältnisse gestellt. Der wissenschaftliche Stab stand unter der Leitung von Dr. Steindacher. Diese Expedition dauerte von 6. Oktober 1895 bis 18. April 1896.

Korvette AURORA unter dem Kommando von Fregattenkapitän Konstantin Edler von Pott. Bei dieser Missionsreise, die nach Ostasien führte, wurden 23.858 Seemeilen zurückgelegt, und sie dauerte von 10. Mai 1895 bis 18. Mai 1896.

1895 - 1897

Korvette SAIDA unter dem Kommando von Fregattenkapitän Conrad Spiller. Diese Instruktionsreise mit den neuausgemusterten Seekadetten des Jahres 1895 führte um die Welt und dauerte von 5. Oktober 1895 bis 3. April 1897.

1895 - 1898

Kanonenboot ALBATROS unter dem Kommando von Fregattenkapitän Josef Mauler Ritter von Elisenau. Diese wissenschaftliche Mission führte nach Polynesien und Australien; sie verließ am 2. Dezember 1895 Pola, führte nach Massana, Colombo, Surabaya, Sydney, Maran Sound, Guadalcanar, Cooktown, Sydney und kehrte am 7. März 1898 nach Pola zurück. Im Inneren der Insel Guadalcanar (Salomons Archipel) wurde die wissenschaftliche Expedition von Eingeborenen überfallen, bei diesem Gefecht wurden der Chefgeologe Freiherr von Foullon, Seekadett de Beaufort sowie 3 Matrosen getötet und 6 Matrosen schwer verwundet. In Cooktown starb einer der verwundeten Matrosen.

1896

Radyacht MIRAMAR unter dem Kommando von Linienschiffskapitän Josef Wachtel Edler von Elbenbruck. Diese Reise führte den Kaiser und die Kaiserin nach Korfu und ins Mittelmeer und dauerte von 24. Februar bis 29. April.

Korvette DONAU unter dem Kommando von Linienschiffskapitän Leodegar Kneissler von Maixdorf. Zwei Zöglingsreisen; nach Venedig, Korfu und Lissa (1. Juli - 30. Juli), die zweite nach Patras, Korinth, Piräus, Smyrna, Canea und Cephalonia (1. August - 15. September).

1896 - 1897

Korvette FRUNDSBERG unter dem Kommando von Fregattenkapitän August Schweißgut. Diese Instruktionsreise mit den neuausgemusterten Seekadetten des Jahres 1896 führte nach Ostindien, Ostafrika, Brasilien und Westindien und dauerte von 1. Mai 1896 bis 12. Februar 1897.

1896 - 1898

Kreuzer PANTHER unter dem Kommando von Fregattenkapitän Carl Edler von Köppel, später Fregattenkapitän Johann Padevit. Diese Missionsreise führte nach Ostasien und dauerte von 1. Mai 1896 bis 28. Februar 1898. Die Reiseroute war: Pola, Massaua, Saigon, Formosa, China, Japan, Formosa, Japan, Formosa, Philippinen, Singapore, Shanghai, Chefoo, Saigon, Rangoon, Calcutta und Pola.

1897

Korvette DONAU unter dem Kommando von Fregattenkapitän Emil Edler von Hermann. Zwei Zöglingsreisen; die erste nach Gravosa, Ancona und Pola (28. Juni – 30. Juli), die zweite nach Brindisi, Messina und Neapel (1. August – 15. September).

Radyacht MIRAMAR unter dem Kommando von Wachtel Edler von Elbenbruck. Der Kaiser und die Kaiserin unternahmen von 25. Februar bis 25. März eine Reise nach Genua und Cap Martin. Eine zweite Reise führte Kaiserin Elisabeth am 5. Dezember 1897 nach Gibraltar und Marseille, um zu Neujahr die Riviera zu besuchen, in den ersten Jännertagen wurden San Remo und Villafranca besucht, am 9. Jänner 1898 erfolgte die Rückreise nach Triest. Das war die letzte Einschiffung der Kaiserin vor ihrer Ermordung am 10. September.

Kreuzer KAISER FRANZ JOSEF I. in Shanghai

Kreuzer KAISER FRANZ JOSEF I. unter dem Kommando von Linienschiffskapitän Leopold Ritter von Jedina. Diese Missionsreise, die nach Ostasien führte, sollte den neuen Gesandten Freiherr von Czikann nach Peking begleiten. Reisedauer: 14. Februar bis 15. Juli 1897.

Panzerschiff WIEN (5636 t, am 6. Juli 1895 in S. Rocco vom Stapel gelaufen) unter dem Kommando von Linienschiffskapitän Ferdinand Gebardt. Diese Missionsreise führte Vizeadmiral Hermann Freiherr von Spaun zum 60jährigen Regierungsjubiläum Königin Viktorias nach England; Reisedauer: 20. Mai bis 19. Juli 1897.

1897 – 1898

Korvette DONAU unter dem Kommando von Linienschiffskapitän Emil Ritter von Hermann, ab 7. April 1898 Linienschiffskapitän Victor von Jenik. Diese Missionsreise führte nach Westindien, Nordamerika, England und Norwegen und dauerte von 1. Oktober 1897 bis 28. September 1898. Kommandant Linienschiffskapitän Hermann wurde in New Orleans krank ausgeschifft.

Korvette ZRINYI unter dem Kommando von Fregattenkapitän Constantin von Görtz. Diese Instruktionsreise mit den neuausgemusterten Seekadetten des Jahres 1897 führte nach Westafrika, Südamerika und Westindien und dauerte von 1. Mai 1897 bis 29. März 1898.

Dampfer POLA unter dem Kommando von Linienschiffskapitän Paul Edler von Pott. Diese wissenschaftliche Forschungsreise führte diesmal in das südliche Rote Meer (ab der Breitenparallele von Djeddah) und dauerte von 4. September 1897 bis 28. März 1898. Die wissenschaftliche Expedition, die unter der Leitung von Hofrat Dr. Franz Steindacher stand, umfaßte Schwerebestimmungen, magnetische und meteorologische Beobachtungen, Tiefseelotungen sowie Küstenaufnahmen.

1897

Korvette FRUNDSBERG unter dem Kommando von Fregattenkapitän Alexander Toppo. Diese Ausbildungsreise führte in der letzten Hälfte des November nach Messina, Neapel, Gaeta und Civitavecchia und dauerte bis Ende 1897.

1898

Panzerkreuzer KAISERIN UND KÖNIGIN MARIA THERESIA unter dem Kommando von Linienschiffskapitän Julius von Ripper. Diese Reise nach Westindien diente der Wahrung der Interessen Österreich-Ungarns im spanisch-amerikanischen Krieg. Sie dauerte vom 9. Mai bis Anfang November. Vor Santiago de Kuba kam es zu Zwischenfällen mit den U.S.-Schiffen BROOKLYN und IOWA. Am 7. Mai fiel Matrose Mate Uglesic über Bord und ertrank, am 22. August 1898 starb Waffen-Quartiermeister Alfred Mazza in Port Royal an Malaria.

Kanonenboot NAUTILUS unter dem Kommando von Fregattenkapitän Karl Friesz. Diese Ausbildungsreise führte am 1. September nach Messina, Neapel, Genua, Marseille, Barcelona sowie Tunis und dauerte bis Ende Dezember 1898.

Korvette SAIDA unter dem Kommando von Fregattenkapitän Guido Couarde. Zwei Zöglingsfahrten; die erste nach Bari und Venedig (Juli), die zweite nach Catania, Syracus, Malta und Korfu (1. August – 15. September).

Kreuzer KAISER FRANZ JOSEF I. unter dem Kommando von Linienschiffskapitän Leopold Ritter von Jedina. Diese Mission ging nach Portugal zur Vasco-da-Gama-Feier. Der Kreuzer verließ Ende

April seinen Stationsdienst vor Kreta und fuhr über Messina und Algier nach Lissabon, kehrte dann nach Teodo zurück, um sich hier Anfang Juni 1898 mit der k. u. k. Eskadre zu vereinen.

1898 – 1899

Korvette FRUNDSBERG unter dem Kommando von Fregattenkapitän Luzian von Ziegler. Diese Missionsreise führte nach Ostasien und dauerte von 1. Mai 1898 bis 23. April 1899. Die Route: Port Said, Aden, Punte de Galle, Singapore, Manila und Japan. Für die Gesandtschaftswache in Peking wurde ein Wachdetachement, bestehend aus Linienschiffsleutnant von Frica, den Seekadetten Bastendorff und Gattera sowie weiteren 30 Mann ausgeschifft.

Korvette SAIDA unter dem Kommando von Fregattenkapitän Guido Couarde. Diese Instruktionsreise mit den neuausgemusterten Seekadetten des Jahres 1898 führte nach Ostafrika, Australien und Ostasien und dauerte von 1. Oktober 1898 bis 16. Oktober 1899.

1899

Korvette DONAU unter dem Kommando von Linienschiffskapitän Victor Ritter Bless von Sambucchi. Zwei Zöglingsreisen; die erste an die heimische Küste und Ancona (Juli), die zweite nach Korfu, Patras, Piräus, Smyrna, Syra und Venedig (1. August – 15. September).

1899 – 1900

Kreuzer KAISERIN ELISABETH unter dem Kommando von Linienschiffskapitän Julius Beck Edler von Wellstädt. Diese Missionsreise führte nach Ostasien und dauerte von 14. Jänner 1899 bis 5. Jänner 1900. Der Industrielle Stephan Mautner begleitete diese Reise acht Monate lang im Auftrag des k. k. Handelsministeriums und faßte seine Eindrücke über die österreichisch-ungarischen Exportchancen in einer umfangreichen Denkschrift zusammen.

1899 – 1901

Kreuzer ZENTA (2300 t, am 18. August 1897 in Pola vom Stapel gelaufen) unter dem Kommando von Fregattenkapitän Eduard Thomann von Montalmar. Der Kreuzer war als Stationsschiff in Ostasien bestimmt. Die Reise dauerte von 10. November 1899 bis 1. Jänner 1901. Für die k. u. k. Botschaft in Peking wurde ein Detachement wegen der Boxerunruhen ausgeschifft. Am 8. Juli 1900 fiel Fregattenkapitän Thomann in Peking. Der Kreuzer ZENTA bildete 1900/1901 einen Teil der k. u. k. Eskadre in Ostasien.

1900

Korvette SAIDA unter dem Kommando von Fregattenkapitän Karl Friesz. Zwei Zöglingsfahrten; die erste nach Venedig (Juli), die zweite nach Messina, Palermo, Lissa und Triest (1. August – 15. September).

1900 – 1901

Korvette DONAU unter dem Kommando von Linienschiffskapitän Anton Haus, nach dem Kommandantenwechsel in Honolulu Linienschiffskapitän Victor Ritter Bless von Sambucchi. Diese Weltumseglung mit den neuausgemusterten Seekadetten des Jahres 1900 dauerte von 1. Mai 1900 bis 16. September 1901.

Kreuzer LEOPARD (1530 t, im Jahre 1885 in Newcastle vom Stapel gelaufen) unter dem Kommando von Fregattenkapitän Friedrich Ritter Müller von Elblein. Diese Instruktionsreise, mit einem Teil der neuausgemusterten Seekadetten, führte nach Australien, Polynesien und Ostasien und dauerte von 1. Oktober 1900 bis 1. Oktober 1901.

1901

Korvette SAIDA unter dem Kommando von Fregattenkapitän Richard Lerch. Zwei Zöglingsreisen; die erste nach Ancona (Juli), die zweite nach Korfu, Malta, Neapel, Catania, Venedig und Triest (1. August bis 15. September).

1901 – 1902

Kreuzer SZIGETVAR unter dem Kommando von Fregattenkapitän Alois Prapotnik. Diese Missionsreise führte nach Nordamerika, West- und Nordeuropa und dauerte von 4. Oktober 1901 bis 1. Oktober 1902.

1902

Kreuzer PANTHER unter dem Kommando von Fregattenkapitän Alois Edler von Kunsti. Diese Missionsreise führte nach Marokko und dauerte von 26. Jänner bis 26. Februar 1902. Mit Geschenken für den Sultan von Marokko wurde Gesandter Graf Crenneville-Poutet in Gibraltar eingeschifft.

Korvette SAIDA unter dem Kommando von Fregattenkapitän Karl Graf Lanjus von Wellenburg. Zwei Zöglingsreisen; die erste nach Venedig (Monat Juli), die zweite nach Patras, Piräus, Smyrna, Samos, Syra, Nauplia und Zante (1. August – 15. September).

1902 – 1903

Kreuzer KAISER KALRL VI. (6300 t, am 4. November 1898 in S. Marco vom Stapel gelaufen) unter dem Kommando von Linienschiffskapitän Richard Dreger. Der Panzerkreuzer war als Stationsschiff in Ostasien bestimmt, und die Reise dauerte von 20. September 1902 bis 6. Oktober 1903.

Kreuzer ZENTA unter dem Kommando von Fregattenkapitän Wilhelm Ritter von Böckmann. Diese Missionsreise führte nach Ostafrika, Südamerika und Westafrika und dauerte von 15. Oktober 1902 bis

Kreuzer ZENTA in Südostasien

2. Oktober 1903. Die Reise hatte handelspolitische Ziele, deshalb befand sich der k. u. k. Generalkonsul Fisko an Bord.

1903

Kreuzer KAISER FRANZ JOSEF I. unter dem Kommando von Linienschiffskapitän Friedrich Freiherr von John. Zwei Zöglingsreisen; die erste nach Suda-Bai, Haifa, Smyrna, Vathy auf Samos und Syra (Mitte Juni – 19. August); die zweite nach Patras, Malta, Villefranche, Barcelona, Valencia, Alicante, Algier, Tunis, Alexandria und Valona (bis Ende des Jahres 1903).

Korvette SAIDA unter dem Kommando von Fregattenkapitän Leonidas Pichl. Eine Zöglingsreise nach Korfu, Navarin, Serpho, Piräus, Zante und Ragusa (1. Juni – 18. August).

1903 – 1904

Kreuzer ASPERN unter dem Kommando von Fregattenkapitän Friedrich Grinzenberger. Der Kreuzer war als Stationsschiff in Ostasien bestimmt. Die Reise dauerte von 20. September 1903 bis 22. November 1904.

1904

Kreuzer KAISER FRANZ JOSEF I. unter dem Kommando von Fregattenkapitän Friedrich Freiherr von John. Diese Zöglingsreise führte nach Malta, Villefranche, Marseille, Barcelona und Algier (15. Juni – 16. August).

Korvette SAIDA unter dem Kommando von Fregattenkapitän Leonidas Pichl. Diese Zöglingsreise während der Sommermonate führte nach Zante, Smyrna, Syra, Milos und Korfu.

Eines jener zahlreichen Erinnerungsphotos vor der Al-Aksa-Moschee in Jerusalem

1904 – 1905

Kreuzer KAISERIN ELISABETH unter dem Kommando von Fregattenkapitän Franz Mirtl. Der Kreuzer war als Stationsschiff in Ostasien bestimmt. Die Reise dauerte von 2. Jänner 1904 bis 6. Dezember 1905. Am 8. Juli 1904 wurde in Peking die Kapelle zur Erinnerung der 1900 gefallenen Angehörigen der k. u. k. Kriegsmarine eingeweiht. Am 12. Oktober 1904 beging Quartiermeister Johann Bluma Selbstmord.

1905

Kreuzer FRANZ JOSEF I. unter dem Kommando von Linienschiffskapitän Friedrich Freiherr von John. Diese Übungsreise vom 14. Juni bis 19. August führte die Zöglinge nach Malta, Tunis, Algier, Cartagena, Barcelona, Marseille, Ajaccio und Korfu.

Korvette SAIDA unter dem Kommando von Korvettenkapitän Max Freiherr von Hauser. Diese Instruktionsreise führte in den ersten drei Monaten des Jahres in das Jonische und Ägäische Meer.

1905 – 1906

Kreuzer PANTHER unter dem Kommando von Fregattenkapitän Ludwig Ritter von Höhnel, ab dem 26. April 1906 Fregattenkapitän Körber. Die Missionsreise führte nach Abessinien, Australien und Ostasien und führte zum Abschluß eines Freundschafts- und Handelsvertrages mit Kaiser Menelik von Abessinien. Die Reise dauerte von 15. Jänner 1905 bis 21. Dezember 1906.

1905 - 1908

Kreuzer FRANZ JOSEF I. unter dem Kommando von Fregattenkapitän Ferdinand Bublay. Der Kreuzer war als Stationsschiff für Ostasien bestimmt, und die Reise dauerte von 14. September 1905 bis 16. Dezember 1908.

1907

Panzerkreuzer SANKT GEORG (7300 t, am 8. Dezember 1903 in Pola vom Stapel gelaufen) unter dem Kommando von Linienschiffskapitän Ludwig Ritter von Höhnel.

Kreuzer ASPERN unter dem Kommando von Fregattenkapitän Rudolf Pajer Edler von Mayesberg. Die Missionsreise dieser selbständigen Kreuzerdivision führte nach Nordamerika zur Feier des 300jährigen Jubiläums der ersten bleibenden englischen Besiedlung in Jamestown (Virginia). Der Kreuzerverband stand unter dem Kommando des im Laufe der Reise zum Konteradmiral beförderten Kommodores Linienschiffskapitän Hermann Pleskott. Die Reise dauerte von 26. März bis 10. Juli 1907. Während des Aufenthaltes in den USA desertierten insgesamt 17 Mann von SANKT GEORG und 10 Mann von ASPERN. Allerdings meldeten sich in New York 24 Mann zum Eintritt in die k. u. k. Kriegsmarine, von denen 9 assentiert wurden.

Kreuzer SZIGETVAR unter dem Kommando von Fregattenkapitän Wilhelm Pacher, nach dem Kommandowechsel Fregattenkapitän Karl Edler von Pflügl. Diese Missionsreise führte nach Singapore und dauerte von 1. März bis 7. Mai 1907.

Kreuzer SZIGETVAR in Pola

1907 - 1909

Kreuzer LEOPARD unter dem Kommando von Fregattenkapitän Rudolf Ritter von Benigni. Der Kreuzer war als Stationsschiff in Ostasien bestimmt, und die Reise dauerte von 20. September 1907 bis 13. April 1909.

1908

Kreuzer KAISERIN ELISABETH unter dem Kommando von Fregattenkapitän Freiherr von Hauser. Der Kreuzer wurde am 16. Juni für die Zöglingsreisen in das östliche Mittelmeer in Dienst gestellt. Reisedauer von 18. Juli bis 18. August.

1908 – 1910

Kreuzer KAISERIN ELISABETH unter dem Kommando von Fregattenkapitän Max Herzberg, ab dem Kommandantenwechsel Fregattenkapitän Oskar Hansa. Der Kreuzer war als Stationsschiff in Ostasien bestimmt, seine Reise dauerte von 31. August 1908 bis 15. November 1910. Durch Reißen einer Ankerkette im Yangtsekiang berührte der Kreuzer den Grund, hiebei Spantenbruch, sechs Matrosen kamen ums Leben.

1909

Kreuzer KAISER FRANZ JOSEF I. unter dem Kommando von Linienschiffskapitän Karl Seidensacher. Der Kreuzer wurde am 15. Juni für eine neunwöchige Zöglingsreise in Dienst gestellt, die in das östliche Mittelmeer führte.

1909 – 1910

Kreuzer PANTHER unter dem Kommando von Fregattenkapitän Theodor von Skerl. Der Kreuzer war als Stationsschiff in Ostasien bestimmt, die Reise dauerte von 16. August 1909 bis 15. November 1910.

1910

Kreuzer KAISER FRANZ JOSEF I. unter dem Kommando von Fregattenkapitän Ottokar Schubert. Die Zöglingsreise führte in das westliche Mittelmeer und dauerte von 15. Juni bis 15. August.

Panzerkreuzer KAISER KARL VI. unter dem Kommando von Linienschiffskapitän Elemer Laszlo de Jakabfalva. Diese Missionsreise führte nach Südamerika, zu der am 24. Mai 1910 in Buenos Aires beginnenden Zentenarfeier der Unabhängigkeitserklärung der Provinzen des Rio de la Plata und dauerte von 1. März 1910 bis 10. August 1910. In Rio de Janeiro desertierten 19 und in Buenos Aires weitere 17 Mann.

1910 – 1911

Kreuzer SZIGETVAR unter dem Kommando von Fregattenkapitän Alfred Freiherr von Koudelka und ab 1911 Fregattenkapitän Viktor Edler von Vest. Der Kreuzer war für den Dienst als Stationsschiff in der Levante bestimmt und hatte die erste Mission von 2. Jänner bis 1. Juni 1910. Die zweite Mission als Stationär trat der Kreuzer von 28. September 1910 bis 28. Februar 1911 an.

1911

Kreuzer KAISERIN ELISABETH unter dem Kommando von Fregattenkapitän Ottokar Schubert. Diese Zöglingsreise von 16. Juli bis 30. Juli führte in die Levante.

Schlachtschiff RADETZKY (14500 t, am 3. Juli 1909 in Triest vom Stapel gelaufen) unter dem Kommando von Linienschiffskapitän Paul Fiedler. Diese Reise führte das Schlachtschiff zu den Krönungsfeierlichkeiten für König Georg nach England und dauerte von 5. Juni bis 12. Juli 1911.

Panzerkreuzer KAISERIN UND KÖNIGIN MARIA THERESIA unter dem Kommando von Fregattenkapitän Josef Rodler, vorher Fregattenkapitän Hugo Zaccaria. In zwei Reisen war der Panzerkreuzer als Stationsschiff in der Levante bestimmt. Die erste von 25. Februar bis 15. Juni, die zweite von 14. September bis 29. März 1912.

1911

Wassertender NAJADE (620 t, am 12. August 1891 in Elbing vom Stapel gelaufen) unter dem Kommando von Linienschiffsleutnant Theodor Edler von Gottstein. Dieses Schiff wurde der permanenten internationalen Kommission für die Erforschung der Adria zur Verfügung gestellt, um vom 25. Februar bis zum 8. Dezember 1911 die meteorologischen, hydrographischen und meeresbiologischen Untersuchungen und Beobachtungen durchzuführen.

1912

Kreuzer KAISERIN ELISABETH unter dem Kommando von Fregattenkapitän Viktor Wickershauser. Diese Zöglingsreise von 15. Juni bis 25. Juli führte in das westliche Mittelmeer.

Kreuzer SZIGETVAR unter dem Kommando von Fregattenkapitän Heinrich Ritter von Nauta, später Fregattenkapitän Alfred Cicoli. Bei dieser Reise wurde die Ablösemannschaft für das Stationsschiff in Ostasien überführt, sie dauerte von 1. Jänner 1912 bis 26. März 1912.

1912 – 1913

Panzerkreuzer KAISERIN UND KÖNIGIN MARIA THERESIA unter dem Kommando von Fregattenkapitän Dragutin von Prica. Der Panzerkreuzer nahm seine Aufgabe als Stationsschiff in der Levante auf. Die Reise dauerte von 2. September 1912 bis 29. März 1913.

Kreuzer KAISERIN ELISABETH, das letzte Stationsschiff in Ostasien

1913 - 1914

Kreuzer KAISERIN ELISABETH unter dem Kommando von Fregattenkapitän Richard Makovitz. Der Kreuzer wurde als Stationsschiff für Ostasien bestimmt. Am 11. August 1913 lief ELISABETH mit Kurs Ostasien aus. Bei Kriegsausbruch 1914 nahm der Kreuzer an den Kämpfen mit den Japanern um das deutsche Pachtgebiet Kiautschau bei Tsingtau teil. Vor dem Falle von Tsingtau wurde der Kreuzer am 2. November 1914 von der eigenen Bemannung im Hafen versenkt. Der in Tsingtau kämpfende Teil der Besatzung geriet in japanische Kriegsgefangenschaft.

Obwohl bis Mitte 1914 noch einige Auslandsfahrten von der k. u. k. Kriegsmarine in die Levante, ins östliche und westliche Mittelmeer unternommen wurden, hatte der Kreuzer ELISABETH diese Jahrhunderte alte Tradition der „Missionsfahrten“ und „Transversaden“, wie die Fachausdrücke der Marine lauteten, abgeschlossen. ELISABETH war zu einer Fahrt ohne Rückkehr ausgelaufen, ihr Wrack liegt noch immer vor Tsingtau. Vieles an wissenschaftlichen Daten, welche k. u. k. Kriegsschiffe einst geliefert hatten, wird von den Kartographen und Lotsen auch heute noch genutzt. Läßt sich ein würdigeres, dauerhafteres und zugleich friedlicheres Denkmal für eine Kriegsmarine überhaupt denken?

ANHANG

Literatur- und Quellennachweis

Bildnachweis

Danksagung

Literatur- und Quellennachweis

BENKO, v. Jerolim. Die Schiffs-Stationen der k. u. k. Kriegsmarine in Ostasien.
V: Gerold's Sohn, Wien 1892.

BRACHETKA, Dr. Julius. Schönbrunn und sein Tiergarten.
Selbstverlag, Wien 1947.

BROMMY / LITTROW. Die Marine.
V: Hartleben, Wien-Pest-Leipzig 1878.

CHIARI, Arthur: Als wir noch jung gewesen.
V: Waldheim-Eberle, Wien 1912.

Die österr. arktische Beobachtungs-Station auf Jan Mayen 1882–1883.
V: Gerold & Co, Wien 1882.

FONTANA, Nikolaus. Maria Teresa a le Indie Orientali. La Spedizione alle Isole Nicobari. Faksimilierte Neuausgabe, kommentiert von G. Spilleri.
V: Hirnanatomisches Institut Waldau, Bern 1982.

HAHN, Otto. Die österreichisch-ungarische Nordpol-Expedition.
V: Tempsky u. Freytag, Prag u. Leipzig 1883.

HAMANN, Günther. Die österreichische Kriegsmarine im Dienste der Wissenschaften.
V: Schriften des Heeresgeschichtlichen Museums, Band 8, Wien 1982.

HÖHNEL, Ludwig Ritt. v. Mein Leben zur See, auf Forschungsreisen und bei Hofe.
V: Reimar Hobbing, Berlin 1926.

IHNE, E. Der Nordpolarforscher Carl Weyprecht. Hessische Volksbücher Bd. 17 u. 18.
V: Wilhelm Diehl, Friedberg 1913.

KHUEPACH, Arthur von. Schiffe und Fahrzeuge unserer Kriegsmarine.
V: Krmpotic, Pola 1908.

KINSKY/WILCZEK, Elisabeth. Hans Wilczek erzählt seinen Enkeln – Erinnerungen aus seinem Leben.
V: Leykam, Graz 1933.

KRAUS, Alois. Aus meinem Tagebuch. Reiseskizzen von der Erdumseglung mit SM Fregatte DONAU. Schönbrunn, 1881. Unveröffentlichtes Manuskript.

KOUDELKA, Alfred v. Unsere Kriegsmarine.
V: Hölder, Wien 1899.

LEHNERT, Josef. Um die Erde. 2 Bände.
V: Hölder, Wien 1878.

MAULER/KESSLITZ. Die Missionsreise S. M. Schiff ALBATROS 1895–1898.
Abhandlung der k. k. Geographischen Gesellschaft, Wien 1899.

MAYER/WINKLER. Als die Adria österreichisch war.
V: Edition S., Wien 1986.

MAYER / WINKLER. Als Österreich die Welt entdeckte.
V: Edition S., Wien 1991.

MARINE Gestern Heute. Nachrichten aus dem Marinewesen. Wien-Mistelbach 1974–1984.
Marine-Gesetz-Sammlung. 24. Jahrgänge. Wien 1848–1872.
K. k. Marine-Normal-Verordnungsblätter. 1860–1918. V: K. k. Hof- und Staatsdruckerei, Wien.
Mittheilungen der k. k. Geographischen Gesellschaft in Wien. V: Eduard Hölzl, Wien 1857–1884.
Mittheilungen der k. k. Geographischen Gesellschaft, I. Band, 1. Heft: Bericht über die Versammlung am 17. Februar 1857.
ÖSTERREICHER, Tobias Freiherr von. Aus fernem Osten und Westen. 2 Bände.
V: A. Hartleben, Wien-Pest-Leibzig 1879.
PAYER, Julius. Die österreichisch-ungarische Nordpol-Expedition. V: Hölder, Wien 1876.
POPELKA, Liselotte. Ein österreichischer Maler segelt um die Welt. V: Böhlaus Nachf., Graz-Köln 1964.
RANDA, Alexander: Österreich in Übersee. V: Herold, Wien-München 1966.
Rang-und Einteilungslisten der k. (u.) k. Kriegsmarine. (1869–1918).
RECHBERGER VON RECHKRON, Josef Ritter. Geschichte der k. k. Kriegsmarine, 1. Theil.
V: K. k. Reichs-Kriegs-Ministerium, Marine-Section, Wien 1882.
REICHARD, Egon. Das Tagebuch des Maschinisten Otto Krisch. V: Leykam, Graz-Wien 1973.
ROSENBERG, Gert. Wilhelm Burger. V: Edition Christian Brandstätter, Wien-München 1984.
ROTTAUSCHER, Max von. Als Venedig österreichisch war. V: Herold, Wien 1966.
SALCHER, Dr. Peter. Geschichte der k. u. k. Marine-Akademie. V: Gerold's Sohn, Pola 1902.
SCHERZER, Karl von. Reise der österr. Fregatte NOVARA um die Erde. 3 Bände.
V: Gerold's Sohn, Wien 1862.
SEYFERT, Dr. Richard und Dr. Ad. MAHR. Denkschrift betreffend die Notwendigkeit eines überseeischen Kolonialbesitzes für die Österreichisch-Ungarische Monarchie und die Richtlinien einer solchen Kolonialpolitik.
Als Handschrift gedruckt, Wien 1917.
STERNECK, Maximilian Freiherr von. Reise von Tromsö nach Spitzbergen, Nowaja Zemlja und Rußland.
V: Hydrographisches Amt, Pola 1874.
TOLLNER / KANITSCHEIDER / KOPF. Vierzehn Monate in der Arktis.
V: Tyrolia, Wien-Innsbruck-München 1934.
TREFFER, Günter. Karl von Scherzer, die Weltumseglung der „Novara" 1857–59.
V: Molden, Wien-München-Zürich 1973.

WAGNER, Robert. Thomas Ender in Brasilien. 1817–1818.
Aquarelle und Zeichnungen aus dem Kupferstichkabinett.
V: Kupferstichkabinett der Akademie der bildenden Künste, Wien 1994.
WAWRA, Dr. Heinrich. Skizzen von der Erdumseglung Sr. M. Fregatte „Donau".
Selbstverlag, Wien 1872.
WALLISCH, Friedrich. Sein Schiff hieß Novara.
V: Herold, Wien-München 1966.
ZIEGLER, Johannes. Jahrbücher der k. k. Kriegsmarine. 4 Bände.
V: Gerold's Sohn, 1870–1873.

Amtliche Darstellung des k. (u.) k. Kriegsministeriums, Marinesektion
Unterlagen des Österreichischen Staatsarchives, Kriegsarchiv.

Die Autoren haben die Schreibweise geographischer Bezeichnungen aus den zeitgenössischen Publikationen und Dokumenten übernommen. Auch die Rechtschreibung in den Zitaten und bei Bildtiteln, etwa bei Thomas Ender, wurde beibehalten.

Bildnachweis

Kupferstichkabinett der Akademie der bildenden Künste, Wien
Heeresgeschichtliches Museum Wien
Horst Friedrich Mayer, Wien
Österreichische Staatsdruckerei, Wien
Österreichisches Staatsarchiv/Hofkammerarchiv
Österreichisches Staatsarchiv/Kriegsarchiv, Wien
Georg Pawlik, Wien
Stefan Reitgruber, Wien
Helfried Seemann, Wien
Heinz Stockinger, Wien
Dieter Winkler, Wien

Danksagung

Die Autoren sind folgenden Damen und Herren zu Dank verpflichtet: Dr. Rainer Egger und Dr. Peter Jung vom Österreichischen Staatsarchiv/Kriegsarchiv, Prof. Dr. Heinrich Kraus, der das Tagebuch seines Großvaters zur Verfügung gestellt hat.

Dr. Robert Wagner von der Akademie der bildenden Künste und Dr. Monika Knofler vom Kupferstichkabinett haben ebenso bei der Beschaffung der Illustrationen mitgeholfen wie Dr. Ilse Krumpöck vom Heeresgeschichtlichen Museum.

Der Dank gilt auch Mag. Clementine Beidl und Heribert Steinbauer, der Lektorin und dem Verlagsleiter des Verlages Holzhausen, für Hilfe und Ermunterung beim Entstehen des Buches sowie Ingrid Winter, die die Reinschrift des Manuskripts besorgte.